中国科学院规划教材·会计学及财务管理系列

会计报表编制与分析

主　编　刘东辉

副主编　林　丽　张忠华

科学出版社

北京

内 容 简 介

　　本书介绍了资产负债表、利润表、现金流量表、所有者权益变动表，以及合并财务报表、分部会计报表、会计报表附注的编制方法，涵盖了新《企业会计准则》要求上市公司编制的所有会计报表，并在此基础上阐述了如何运用各种分析方法，对企业偿债能力、盈利能力、营运能力、发展能力，以及企业的综合财务状况、经营状况和面临的风险等进行分析评价。本书重点在于培养会计人员的职业判断能力，以便在实务工作中能够透过表面数据看清企业经营状况的本质，并能够对粉饰的会计报表进行正确识别。

　　本书突出实用性，既可作为高等院校经济管理类专业教材使用，也可供企业经营管理者，银行、证券公司等企业的从业人员，以及证券市场的投资者参考。

图书在版编目（CIP）数据

　　会计报表编制与分析 / 刘东辉主编 .—北京：科学出版社，2013

　　中国科学院规划教材·会计学及财务管理系列

　　ISBN 978-7-03-036486-9

　　Ⅰ.①会… Ⅱ.①刘… Ⅲ.①会计报表－编制－高等学校－教材 ②会计报表－会计分析－高等学校－教材 Ⅳ.①F231.5

　　中国版本图书馆 CIP 数据核字（2013）第 012750 号

责任编辑：张　宁 / 责任校对：黄江霞
责任印制：徐晓晨 / 封面设计：蓝正设计

科 学 出 版 社 出版
北京东黄城根北街16号
邮政编码：100717
http://www.sciencep.com

三河市宏图印务有限公司 印刷

科学出版社发行　各地新华书店经销

*

2013 年 2 月第　一　版　　开本：787×1092 1/16
2017 年 1 月第四次印刷　　印张：15 1/2
字数：368 000

定价：32.00 元

（如有印装质量问题，我社负责调换）

《会计学及财务管理系列教材》 编委会

顾问 于玉林　郭复初

主任 唐现杰

委员（按姓氏笔画排序）

王福胜　龙云飞　任秀梅

刘东辉　孙长江　宋　明

张德刚　李玉凤　邱玉兴

陈丽萍　梁静溪　谭旭红

丛书总序

　　2007 年 5 月，黑龙江省高校会计学教师联合会组织编写的《会计学及财务管理系列教材》由科学出版社出版发行，该系列教材是中国科学院规划教材。其中，《基础会计学》、《高级财务会计》、《会计制度设计》、《财务管理》、《财务通论》被评为普通高等教育"十一五"国家级规划教材，并获得省级优秀教学成果一等奖；《基础会计学》、《财务管理》分别获得黑龙江省第十四届社科成果一等奖、二等奖。该系列教材的再版，是在原系列教材的基础上结合近几年国内外会计及财务管理领域理论、方法及应用的变化和教学内容、教学方法改革的需要，在保持原教材特色与优点的前提下，对会计学及财务管理专业领域的技术方法、阐述内容进行全面修订而形成的系列新作。

　　针对普通地方高校培养应用性、复合型人才需要的《会计学及财务管理系列教材》自出版至今，重印了多次，取得了很好的社会反响。该系列教材已成为哈尔滨商业大学、哈尔滨工业大学、东北农业大学、东北林业大学、东北石油大学、黑龙江大学、黑龙江八一农垦大学和黑龙江科技学院等多所高校经济管理类专业学生的专业课指定教材、硕士研究生入学考试教材，同时作为会计学和财务管理专业课教材，被国内多所高校选用。各高校的教师和同学在使用的过程中给予了该系列教材一致好评，认为该系列教材不仅详细地介绍了理论知识、专业技术，而且运用大量的案例将晦涩的理论知识变得易于理解和掌握，可以说很好地将理论与实践结合了起来，填补理论空白的同时，为学生日后的实践提供了很好的指导。越来越多的高校选择该系列教材作为经济管理类专业学生的指定用书。

　　虽然该系列教材自出版以来取得了一定的成绩，但是我们清楚地知道仍有很多地方需要修订及进一步完善。21 世纪的前 10 年中，会计学及财务管理领域的发展日新月异，无论是国际、国内的理财环境，还是会计学及财务管理运用的具体方法都有了翻天覆地的变化，这也对会计学及财务管理的学习提出了更高的要求。在这样的大环境下，我们绝对不敢停下前进的步伐，必须紧跟发展的大潮，把握发展的方向，紧扣发展的脉搏，为会计学及财务管理的发展贡献力量，并为提高会计学及财务管理的教学质量而努力。各界同仁的支持与肯定就是我们发展的原动力，各方的质疑声更是我们改正的明镜，在各个方面的共同作用下，我们一定会越走越好。我们再版该系列教材的目标就是为了更好地为各位教师、同学服务，你们的满意就是对我们最大的肯定。

　　在再版《会计学及财务管理系列教材》的过程中，我们虽然搜集了大量的素材，作了全面的准备，但是我们发现在相关理论、方法、实务的理解上仍然存在一定的差距，所以不可能对会计学及财务管理领域出现的所有问题都进行全面的阐述。加之编写人员学识所限，教材中难免有不恰当之处，恳请各位读者不吝赐教，以便进一步修订、完善。

　　《会计学及财务管理系列教材》的再版，借鉴和参考了国内外许多专家学者的研究成果，在此一并表示感谢！

2011 年 6 月

前　言

现代企业制度下，企业的经营者和所有者，以及相关利害人（如债权人、政府相关部门、银行、供应商等）都需要了解企业的情况，特别是有关财务方面的信息。企业则要通过财务报告对外提供企业财务状况、经营成果和现金流量等会计信息，而财务报告中最重要的组成部分就是会计报表。编制会计报表是会计信息处理的最后环节，若想最大化地发挥会计报表的作用，就必须学会阅读和分析会计报表。通过分析企业的会计报表，能对公司的财务状况及整个经营情况有所了解，并与其他公司的情况进行比较、分析，对公司的内在价值做出基本评价，从而有利于报告使用者做出正确的判断。通过分析会计报表还可以发现企业经营管理中的问题，从而调整企业的经营策略和投融资决策。

随着新《企业会计准则》的公布实施，我国会计行业经历了又一次变革，进一步实现了与国际会计准则的接轨，这对于全面规范、具体指导企业会计报表的编制与分析具有重要意义。本教材根据新《企业会计准则》编写，主要目的是使学习者掌握资产负债表、利润表、现金流量表、所有者权益变动表，以及相应的合并财务报表、分部会计报表、会计报表附注的编制方法，获得分析企业会计报表的能力，以便在实务工作中能够透过表面数据看清企业经营状况的本质，并能够对粉饰的会计报表进行正确识别。

本书由哈尔滨金融学院刘东辉教授担任主编，由哈尔滨金融学院林丽副教授、哈尔滨商业大学张忠华副教授担任副主编。全书共九章，分别为：第一章，会计报表编制与分析基础；第二章，资产负债表编制与分析；第三章，利润表编制与分析；第四章，现金流量表编制与分析；第五章，合并财务报表编制与分析；第六章，会计报表附注及其分析；第七章，分部会计报表编制与分析；第八章，会计报表综合分析；第九章，会计报表粉饰与识别。其中，第一章至第三章由林丽编写，第四章至第六章由刘东辉编写，第七章至第九章由张忠华编写，全书由刘东辉总纂定稿。

由于编者水平有限，书中难免有疏漏和不妥之处，敬请广大读者提出宝贵意见，以利改进。

编者

2013 年 1 月

目 录

第一章

会计报表编制与分析基础

第一节　会计报表与财务报告

一、财务报告的含义

财务报告也称财务会计报告，是指企业对外提供的反映企业某一特定日期的财务状况和某一会计期间的经营成果、现金流量等会计信息的文件。

财务报告最早出现于 14 世纪，当时由于生产技术快速发展、企业规模迅速扩张，企业除了对经济业务记录外，对企业的资产和负债也进行了汇总，出现了资产负债表的雏形。到 16 世纪，出现了复式记账法，人们将企业收入和支出的余额同时计入了利润表。而后，随着企业规模的扩大和业务的增加，出现了更多的会计信息汇总表，以供投资者了解企业的经营状况和财务状况，如现金流量表和所有者权益（或股东权益，下同）变动表等。

一般国际或区域会计准则针对财务报告都有专门的独立准则。"财务报告"从国际范围来看是较通用的术语，但是在我国现行有关法律和行政法规中使用的是"财务会计报告"术语。为了保持法规体系的一致性，基本准则仍然采用"财务会计报告"术语，但同时又引入了"财务报告"术语，并指出"财务会计报告"又称"财务报告"，从而较好地解决了立足国情与国际趋同的问题。

现代企业制度下，企业的所有权和经营权分离，企业的所有者从由自己经营财产逐步转向由委托经营者经营财产，这样在企业的经营者和所有者之间就存在一种委托代理关系，所有者享有其财产的所有权和经营成果的分配权，经营者则具体负责财产的经营运作，并定期向所有者汇报财产保值增值状况，财务报告是体现双方权利与义务的主要媒介。当然，除企业的所有者和经营者之外，企业的相关利害人还有很多，如债权人、政府相关部门、银行、供应商等，他们都或多或少地要求了解企业的情况，特别是有关财务方面的信息，而经营者为了显示自己完成的义务，也会向有关部门披露财务信息。这样一来就产生了财务信息的需求与供给。政府的有关部门(如我国财政部)或一些民间组织(如美国财务会计准则委员会)则对财务信息的供给与需求加以规范,从而形成了一套有基本固定格式和内在逻辑关系的报表与文字说明综合的体系,这就是我们所说的财务报告。

二、财务报告的基本构成

(一)会计报表与财务报告的关系

会计报表是财务报告的组成部分,是财务报告中最主要的内容。

会计报表包括对外会计报表和对内会计报表。对外会计报表也称财务报表,是会计主体以会计准则为规范编制的,向所有者、债权人、政府及其他有关各方和社会公众等外部使用者提供的反映会计主体财务状况和经营情况的报表。本书中所称会计报表均指对外会计报表。

在我国,严格意义上的财务报告应当包括会计报表、附注、审计报告和其他应披露的信息四部分。其中,会计报表中的基本会计报表要符合财政部会计准则的规定;会计报表中的附注要符合财政部和中国证监会的规定(上市公司);审计报告是指由具有证券相关业务资格的注册会计师遵守审计准则进行审计所出具的报告;企业应披露的其他信息是指应经注册会计师审阅并发表的意见。

(二)财务报告的构成

财务报告不仅包括会计报表,而且包括与会计信息系统有关的其他财务报告。会计报表主要提供反映过去的财务信息;其他财务报告主要提供反映未来的信息,且不限于财务信息。

1. 会计报表

会计报表是对企业财务状况、经营成果和现金流量的结构性表述。一套完整的会计报表至少应当包括资产负债表、利润表、现金流量表、所有者权益变动表以及附注。

资产负债表、利润表和现金流量表分别从不同角度反映企业的财务状况、经营成果和现金流量。资产负债表反映企业在某一特定日期所拥有的资产、需偿还的债务以及股东(投资者)拥有的净资产情况;利润表反映企业在一定会计期间的经营成果,即利润或亏损的情况,表明企业运用所拥有资产的获利能力;现金流量表反映企业在一定会计期间现金和现金等价物流入和流出的情况。

所有者权益变动表反映构成所有者权益的各组成部分当期的增减变动情况。企业的净利润及其分配情况是所有者权益变动的组成部分,相关信息已经在所有者权益变动表及其附注中反映,企业不需要再单独编制利润分配表。

附注是会计报表不可或缺的组成部分,是对在资产负债表、利润表、现金流量表和所有者权益变动表等报表中列示项目的文字描述或明细资料,以及对未能在这些报表中列示项目的说明等。

2. 其他财务报告

其他财务报告的编制基础与方式可以不受会计准则的约束，而以灵活多样的形式提供各种相关的信息，包括定性信息和非会计信息。其他财务报告作为会计报表的辅助报告，提供的信息十分广泛。这种报告既包括货币性和定量信息，又包括非货币性和定性信息；既包括历史性信息，又包括预测性信息。根据现行国际惯例，其他财务报告的内容主要包括管理当局的分析与讨论预测报告、物价变动影响报告和社会责任报告等。

三、财务报告的使用者和作用

(一)财务报告的使用者及其信息需求

财务报告的使用者主要有投资者(包括机构投资者和个人投资者)、贷款提供者(如银行)、商品和劳务供应商、企业管理团队、企业的顾客、企业的雇员、政府管理部门(如税务局、工商局和证监会)、公众和竞争对手等。这些人和机构构成了企业的所谓利害关系集团，由于这些财务报告的使用者与企业经济关系的程度不同，他们对企业财务信息的需求也不同。

1. 投资者

投资者包括现有的投资者和潜在的投资者，他们要做的决策往往在于是否向某一企业进行投资或是否保留其在某一企业的投资，为了做出这类决策，投资者需要了解企业的管理、经营状况以及发展前景和应变能力等，估计企业的未来收益与风险水平。投资者通过企业财务报告提供的信息来评价企业的偿债能力、盈利能力和抵抗风险的能力，从而做出正确的投资决策。

对于上市公司的股东而言，他们还会关心自己持有的公司股票的市场价值。公司的现金(货币资金)流入和流出方面的信息也会吸引他们的注意力，因为良好的现金流量状况不仅可以使公司顺利地维持其经营活动，还可以使公司在分红时能考虑分发适度的现金股利。

2. 贷款提供者

贷款提供者可以分为短期贷款者和长期贷款者。其中，短期贷款者提供的贷款期限在12个月以内，他们对企业资产流动性的关心甚于对其获利能力的关心；长期贷款者则关心其利息和本金是否能按期清偿。对企业而言，能按期清偿到期长期贷款及利息，应以具有长期获利能力及良好的现金流动性为基础。

3. 商品和劳务供应商

商品和劳务供应商与企业的贷款提供者的情况类似。他们在向企业赊销时提供商品或劳务后，即成为企业的债权人。因而他们必须判断企业能否支付所需商品或劳务的价款，从这一点来说，大多数商品和劳务供应商对企业的短期偿债能力感兴趣，他们需要通过财务报告信息来确定企业的资金充足程度和流动性，以此来确定企业的信用额度，以及判断企业按时支付赊购款的能力。另外，某些供应商可能与企业存在着较为持久的、稳固的经济联系，在这种情况下，他们又对企业的长期偿债能力感兴趣。

4. 企业管理团队

企业管理团队受企业股东的委托，对企业股东投入企业的资本的保值和增值负有责任。他们负责企业的日常经营活动，必须确保企业支付给股东与风险相适应的收益，及时偿还到期的银行债务和供应商的货款，并能使企业的各种经济资源得到有效利用。因此，企业管理团队对企业财务状况的各个方面均感兴趣。他们需要包括会计报表在内的各种财务信息，对企业的财务状况进行分析，并且据此对企业的经营、投资和筹资活动做出及时正确的决策。

5. 企业的顾客

在许多情况下，企业可能成为某个顾客的重要的商品或劳务供应商。此时，顾客关心的是企业连续提供商品或劳务的能力，因此，顾客需要根据财务报告信息，通过财务分析来判断企业的长期生存能力，分析企业的长期发展前景及有助于对此做出预计的获利能力指标和财务杠杆指标等，并据此做出是否与企业合作的决策。

6. 企业的雇员

企业雇员通常与企业存在着长久、持续的关系。他们关心工作岗位的稳定性、工作环境的安全性以及获取报酬的前景。因而，他们对企业的获利能力和偿债能力比较感兴趣。企业雇员需要通过对企业的财务信息以及他们掌握的其他内部信息进行分析，来判断企业目前和将来潜在的获利能力和偿债能力。

7. 政府管理部门

政府管理部门考核企业经营理财状况，不仅需要了解企业资金占用的使用效率，预测财务收入增长情况，有效地组织和调整社会资金资源的配置，还需借助财务报表分析，检查企业是否存在违法违纪、浪费国家财产的问题，最后通过综合分析，对企业的发展后劲以及对社会的贡献程度进行分析考察。

8. 公众

社会公众对特定企业的关心也是多方面的。一般而言，他们关心企业的就业政策、环境政策、产品政策等方面。对这些方面，往往可以通过分析财务报告了解企业的获利能力，从而获得明确的印象。

9. 竞争对手

竞争对手希望获取关于企业财务状况的会计信息及其他信息，借以判断企业间的相对效率，并借以调整和完善自己的战略决策。同时，还可为未来可能出现的企业兼并提供信息。因此，他们对企业财务状况的各个方面均感兴趣，如毛利率、提供给客户的信用期限、销售增长的速度等。

（二）财务报告的作用

在财务报告体系中，不同的财务报告表达着不同的内容，其目的不同，所能发挥的作用各有所侧重。综合来看，财务报告的作用有以下三个方面。

1. 有助于所有者和债权人进行合理的投资决策

企业的经济资源来源于两种，一是由所有者提供的永久性资本，二是由债权人提供的信贷资金，从而也就形成了对一个企业所拥有经济资源（资产）的两种要求权或主张权，在会计上分别称其为所有者权益和债权人权益。财务报告应该提供有关企业经济资源来源和对这些资源要求权的状况，以及与此种状况变动有关的信息。所有者和债权人所面对的问题即为投资决策和信贷决策，这两种决策均会求助于企业的财务报告。企业的所有者在出资前需决定对哪一家企业提供永久性资本或购买哪一家公司的股票，控股比例为多少，收购股权或购买股票的价格为多少才比较合理。债权人在决策时需要决定是否向信贷资金申请人提供贷款，是否购买其发行的债券，贷款时是否需要债务人以资产作抵押等。

2. 有助于企业管理当局明确管理责任，不断提高经营管理水平

财务报告信息概括了企业经营活动的实绩。企业的经营管理人员通过将本期的报表资料与本期计划相对比，可以了解本期计划的执行情况，为进一步分析和制定新的经营计划服务；通过将本期报表资料与历史资料对比，可以了解企业的发展趋势和发展速度；通过分析财务报告，可以揭示企业当前的财务状况和本期经营业绩，为改善企业的财务状况和进一步扩大财务成果提供帮助。企业管理人员不仅要重视企业当前的财务状况，保持一定的偿债能力，也要注重企业未来的盈利能力，保持企业财务状况的良好发展势头，树立良好的企业形象，以增强投资者、债权人、政府机构、社会公众等各方面关系人对企业的信心。因此，企业管理人员需要合理安排企业的资产结构，如货币资产、应收账款、存货、固定资产等项目的比例，以及合理安排所有者权益、短期负债和长期负债的资本结构。同样，企业管理人员也需要处理好企业的短期偿债能力与盈利能力之间的关系。企业的短期偿债能力表现为资产的变现能力，即资产的流动性。变现能力与盈利能力是相互矛盾的，变现能力最强的资产，如现金、银行存款和短期投资的有价证券是盈利最低的资产。企业管理人员的主要责任是增强企业的盈利能力，使企业盈利。但如果企业的短期偿债能力不足，就不能使企业去追求最大的利润或最大限度地发挥企业的盈利能力。因为，企业即使盈利，但若短期内无钱还债，也会很快陷入财务困境，甚至走向破产。

3. 有助于政府宏观管理部门做出合理的宏观经济调控决策

在我国，政府宏观管理部门包括国有资产管理部门、财政部门、税务部门和企业主管部门。

国有资产管理部门通过财务报告考核国有资产的保值和增值情况。由于国有企业在各类企业中占主导地位，而国有资产又是国有企业投资的主要部分。作为国有企业，有义务执行国家所制定的各项国有资产管理制度，严格控制费用开支，防止国有资产流失，保证国有资产的保值增值。

财政部门通过企业财务报告了解国民经济发展趋势、产业结构及地区分布状况，以指导国家宏观经济的调控。在市场经济中，国家对经济的调控已不再通过指令性计划来实现，更主要的是运用经济杠杆来调节。因此，财政部门在制定本年度财政政策

时，必须全面了解企业整体经济发展情况，掌握固定资产投资规模、投资方向、经济发展速度及其变化情况，并制定适当的经济政策，使国民经济走上健康运行的轨道。

税务部门通过分析财务报告，检查该单位是否按照税法规定及时和足额地上缴各项税款。企业应该向中央和地方税务机关缴纳各项税款，包括增值税、营业税、资源税、消费税、城市维护建设税、所得税和房产税等。纳税是企业应承担的义务。税收是国家的重要财政收入，同时，税收作为调节经济的杠杆，是引导企业合法经营的重要手段。

企业主管部门通过阅读财务报告，分析企业计划的执行情况，并通过逐级汇总，为国家宏观经济计划的制订和进行宏观调控提供信息。为了保证社会主义市场经济的有序运行，国家需要适时地对市场进行宏观调控，而国家对经济进行宏观调控的主要依据就是各行业主管部门对各类企业所提供的会计报告资料的汇总情况。

四、会计报表编制的基本要求

(1)企业应当以持续经营为基础，根据实际发生的交易和事项，按照《企业会计准则——基本准则》和其他各项会计准则的规定进行确认和计量，在此基础上编制会计报表。

企业不应以附注披露代替确认和计量。以持续经营为基础编制会计报表不再合理的，企业应当采用其他基础编制会计报表，并在附注中披露这一事实。

(2)会计报表项目的列报应当在各个会计期间保持一致，不得随意变更，但下列情况除外：①会计准则要求改变会计报表项目的列报；②企业经营业务的性质发生重大变化后，变更会计报表项目的列报能够提供更可靠、更相关的会计信息。

(3)性质或功能不同的项目，应当在会计报表中单独列报，但不具有重要性的项目除外。性质或功能类似的项目，其所属类别具有重要性的，应当按其类别在会计报表中单独列报。重要性，是指会计报表某项目的省略或错报会影响使用者据此做出的经济决策。重要性应当根据企业所处环境，从项目的性质和金额大小两方面予以判断。

(4)会计报表中的资产项目和负债项目的金额、收入项目和费用项目的金额不得相互抵销，但其他会计准则另有规定的除外。资产项目按扣除减值准备后的净额列示，不属于抵销。非日常活动产生的损益以收入扣减费用后的净额列示，不属于抵销。

(5)当期会计报表的列报，至少应当提供所有列报项目上一可比会计期间的比较数据，以及与理解当期会计报表相关的说明，但其他会计准则另有规定的除外。

会计报表项目的列报发生变更的，应当对上期比较数据按照当期的列报要求进行调整，并在附注中披露调整的原因和性质，以及调整的各项目金额。对上期比较数据进行调整不切实可行的，应当在附注中披露不能调整的原因。

(6)企业应当在会计报表的显著位置至少披露下列各项：①编报企业的名称；②资产负债表日或会计报表涵盖的会计期间；③人民币金额及单位；④会计报表是合并会计报表的，应当予以标明。

(7)企业至少应当按年编制会计报表。年度会计报表涵盖的期间短于一年的，应当披露年度会计报表的涵盖期间，以及短于一年的原因。

对外提供中期财务报告的，还应遵循《企业会计准则第 32 号——中期财务报告》的规定。

(8)按准则规定在会计报表中单独列报的项目，应当单独列报。其他会计准则规定单独列报的项目，应当增加单独列报项目。

五、会计报表编制的法规环境

企业会计报表的编制如果没有一定的法规制约，将会对报表信息质量产生严重的影响。世界各国(地区)大都对企业会计报表的编制与报告内容制定了一些法规，使报表信息的提供者在编制报表时操纵报表信息的可能性受到了限制。

在我国，制约企业编制会计报表的法规体系包括会计制度体系以及约束上市公司信息披露的法规体系。从目前的情况来看，制约我国企业编制会计报表的法规体系中的会计制度体系主要由《中华人民共和国会计法》(简称《会计法》)、《企业会计准则》和《企业会计制度》构成。

1.《会计法》

《会计法》是调整我国经济活动中会计关系的法律总规范，是会计法律规范体系的最高层次，是制定其他会计法规的基本依据，也是指导会计工作的最高准则。《会计法》由全国人民代表大会常务委员会(简称全国人大常委会)制定发布。

2.《企业会计准则》

《企业会计准则》是有关财务会计核算的规范，是企业会计部门从事诸如价值确认、计量、记录和报告等会计活动所应遵循的标准。

我国会计准则体系由基本会计准则、具体会计准则、会计准则应用指南和解释等组成。

(1)基本会计准则。根据《国务院关于〈企业财务通则〉、〈企业会计准则〉的批复》(国函〔1992〕178 号)的规定，财政部对《企业会计准则》(财政部令第 5 号)进行了修订，修订后的《企业会计准则——基本准则》自 2007 年 1 月 1 日起施行。该基本会计准则对会计核算的一般要求以及会计核算的主要方面做出了原则性的规定。同时，基本会计准则也为具体会计准则以及会计制度的制定提供了基本框架。

(2)具体会计准则。具体会计准则是根据基本会计准则的要求而制定的。具体会计准则就经济业务的会计处理以及报表披露等方面做出了具体规定。截至 2010 年 1 月，我国已经发布了 38 项具体会计准则。

(3)会计准则应用指南和解释。2006 年 10 月 30 日，财政部发布了《企业会计准则应用指南》。应用指南是对具体准则的重点和难点问题做出的操作性规定，对于全面贯彻执行新准则具有重要的指导作用，对于为投资者提供更加有价值的信息具有全面的保障作用，对于建设与国际趋同的新准则具有划时代的重要意义。指南和解释是随着《企业会计准则》的贯彻实施，针对实务中遇到的实施问题而对准则做出的具体解释。

为了规范小企业会计确认、计量和报告行为，促进小企业可持续发展，发挥小企业在国民经济和社会发展中的重要作用，财政部制定了《小企业会计准则》，自 2013 年

1月1日起在小企业范围内施行。2004年4月27日发布的《小企业会计制度》同时废止。

3.《企业会计制度》

为了解决企业会计核算与财务信息披露的具体操作问题，财政部曾经根据《企业会计准则》的要求，结合各行业生产经营的不同特点与信息披露的具体要求，将国民经济划分为若干个行业，分行业制定了13个行业会计制度。此外，由于股份有限公司的特殊性，财政部又专门制定了《股份有限公司会计制度》。从2001年1月1日起，行业会计制度和《股份有限公司会计制度》废止，取而代之的是全国统一的《企业会计制度》。

第二节   会计报表分析的含义、目的和意义

一、会计报表分析的含义

会计报表分析是企业财务分析的重要方面，主要是通过收集、整理企业财务报告中的有关数据，并结合其他有关的补充信息，对企业的财务状况、经营成果和现金流量情况进行综合比较，并通过财务指标的高低评价企业的偿债能力、盈利能力、营运能力和发展能力，为企业投资者、债权人和其他利益关系人提供管理决策的依据。

上述定义表明了会计报表分析具有以下三个特征：

(1)会计报表分析是在会计报表所披露信息的基础上，进一步提供和利用财务信息。会计报表分析是以会计报表为主要依据进行的，从提供财务信息的角度看，它是在会计报表所披露信息的基础上，进一步提供和利用财务信息，是会计报表编制工作的延续和发展。

(2)会计报表分析是一个判断、评价和预测的过程。在会计报表分析过程中，通过比较分析，观察经营活动的数量及其差异、趋势、结构比重、比率等方面的变化，了解发生变化的原因，从而对企业的经营活动做出判断。在分析和判断的基础上，再做出评价和预测。所以会计报表分析的全过程也就是通过比较分析，对企业的经营活动及其绩效做出判断、评价和预测的过程。

(3)科学的评价标准和适用的分析方法是会计报表分析的重要手段。会计报表分析要清楚地反映出影响企业经营情况及其绩效的多方面因素，达到全面、客观、公正地做出判断、评价和预测的目的，就必须采用科学的评价标准和多种适用的分析方法，且把单个方面的分析和整体分析相结合。由此可知，科学的评价标准和适用的分析方法在会计报表分析中有着重要作用，它既是分析的重要手段，也是做出判断、评价和预测的基础。

从范围上看，财务分析不仅对会计报表进行分析，而且要对财务报告中与会计信息系统有关的其他财务报告，包括附注、审计报告和企业自己披露的信息等内容进行分析，甚至要对企业的经营活动、资金运动以及外部环境(如金融秩序、生产资料市场、劳动力市场、技术市场、销售市场和产权市场)等进行全面分析。

二、会计报表分析的目的

会计报表能够全面反映企业的财务状况、经营成果和现金流量情况，但是单纯依靠会计报表上的数据还不能直接或全面说明企业的财务状况，特别是不能说明企业经营状况的好坏和经营成果的高低，只有将企业的财务指标与有关的数据进行比较才能说明企业财务状况所处的地位，因此要进行会计报表分析。

最早的会计报表分析，主要是为银行服务的信用分析。由于借贷资本在公司资本中的比重不断增加，银行家需要对贷款人进行信用调查和分析，就逐步形成了偿债能力分析等有关内容。资本市场出现以后，会计报表分析由为贷款银行服务扩展到为各种投资人服务。社会筹资范围扩大，非银行债权人和股权投资人增加，公众进入资本市场。投资人要求的信息更为广泛，逐步形成了盈利能力分析、筹资结构分析和利润分配分析等新的内容，发展出比较完善的外部分析体系。公司组织发展起来以后，经理人员为获得股东的好评和债权人的信任，需要改善公司的盈利能力和偿债能力，逐步形成了内部分析的有关内容，并使会计报表分析由外部分析扩大到内部分析。内部分析不仅可以使用公开报表的数据，而且可以利用内部报表的数据（预算、成本数据等）。内部分析的目的是找出管理行为和报表数据的关系，通过管理来改善未来的会计报表。由于会计报表使用的概念越来越专业化，提供的信息越来越多，报表分析的技术日趋复杂。许多报表使用人感到从会计报表中提取有用的信息日益困难，于是开始求助于专业人士，并促使财务分析师发展成为专门职业。专业财务分析师的出现对报表分析技术的发展具有重要的推动作用。传统的会计报表分析逐步扩展为包括经营战略分析、会计分析、财务分析和前景分析四个部分的更完善的体系。经营战略分析的目的是确定主要的利润动因和经营风险以及定性评估公司的盈利能力，包括行业分析和公司竞争战略分析等内容；会计分析的目的是评价公司会计反映基本经济现实的程度，包括评估公司会计的灵活性和恰当性，以及会计数据的修正等内容；财务分析的目的是运用财务数据评价公司当前和过去的业绩并评估其可持续性，包括比率分析和现金流量分析等内容；前景分析的目的是侧重于预测公司的未来，包括会计报表预测和公司估价等内容。本书主要讨论财务分析的有关内容。与其他分析相比，财务分析更强调分析的系统性和有效性，并强调运用财务数据发现公司存在的问题。

目前，财务分析的理论知识已被广泛地应用于社会经济生活的各个领域。例如，美国会计师事务所 60% 的工作是通过财务分析为投资者和经营管理者提供决策依据的咨询工作；美国银行或政府机构对企业资信和企业债券的评级，要求由一名财务分析专家和一名相关产业领域的专家组成的两人小组进行；企业财会人员、证券经纪人、银行工作人员等都要经过财务分析知识和技能的正规或非正规培训。财务分析学也日益成为各高等院校财经、会计、企业管理和金融等专业的必修课程。

三、会计报表分析的意义

做好会计报表分析工作，可以正确评价企业的财务状况、经营成果和现金流量情况，揭示企业未来的报酬和风险；可以检查企业预算完成情况，考核经营管理人员的业绩，为建立健全合理的激励机制提供帮助。会计报表分析从不同角度看是不同的，这里主要针对会计报表分析对评价企业的过去、现状及未来的作用加以说明。

（1）会计报表分析可以正确评价企业的过去。正确评价过去，是说明现状和揭示未来的基础。会计报表分析通过对实际会计报表等资料的分析，能够准确地说明企业过去的业绩状况，指出企业的成绩和问题及其产生的原因，这不仅对正确评价企业过去的经营业绩十分有益，而且可以对企业投资者和债权人的行为产生正确的影响。

（2）会计报表分析可以全面反映企业的现状。财务会计报表及管理会计报表等资料是企业各项生产经营活动的综合反映。但会计报表的格式及提供的数据往往是根据会计的特点和管理的一般需要而设计的，它不可能全面提供不同目的报表使用者所需要的各方面的数据资料。会计报表分析对于全面反映和评价企业的现状有重要作用。

（3）会计报表分析可用于预测企业的未来。会计报表分析不仅可用于评价过去和反映现状，更重要的是它可以通过对过去和现状的分析与评价，预测企业的未来发展状况与趋势。会计报表分析可以为企业未来财务预测、财务决策和财务预算指明方向；可以准确评估企业的价值及价值创造；可以为企业进行财务危机预测提供必要的信息。

第三节　会计报表分析的基本方法

会计报表分析的方法很多，有基础方法，也有技术方法。最常用的方法有比较分析法、比率分析法、趋势分析法、结构分析法和因素分析法。在进行会计报表分析之前，应充分了解被分析企业的性质、规模及其他情况，然后将上述方法综合运用，最后得出分析结论，从总体上评价企业的财务状况和经营成果。

一、比较分析法

比较分析法又称对比分析法，它是通过经济指标在数量上的比较，来揭示经济指标的数量关系和数量差异的一种方法。会计报表分析者将会计事项中存在的两个或两个以上有内在联系的相关指标进行相互对比。通过比较，会计报表分析者可了解会计事项中的各种情况，发现问题，找出差异，并研究差异发生的原因及其影响程度，得出初步结论，提出解决问题的建议。例如，如果发现销售增长11％时，营业成本增长了18％，也就是说，成本比收入增加得更快，这与我们通常的假设是相悖的。我们通常假设，在产品和原材料价格不变时，营业收入和营业成本同比例增长。现在出现了这种差异，一般有三种可能：一是产品价格下降；二是原材料价格上升；三是生产效率降低。要确定具体的原因，还需要借助其他方法和资料作进一步的分析，但是通过比较分析可以很快地发现需要重点分析的问题和报表项目。

比较分析法的主要作用在于揭示财务活动中的数量关系和存在的差距，从中发现问题，为进一步分析原因、挖掘潜力指明方向。比较分析法是最基本的分析方法，没有比较就没有分析，比较分析法不仅在财务分析中被广泛应用，而且其他分析方法也是建立在比较分析法基础上的。

（一）比较分析法的形式

根据分析目的和要求的不同，比较分析法分为以下三种形式。

(1)实际指标与预算比较。实际指标与预算(计划或定额)比较，可以揭示实际与预算(计划或定额)之间的差异，了解该项指标的完成情况。

(2)本期指标与上期指标或历史最好水平比较。本期指标与上期指标或历史最好水平比较，可确定前后不同时期有关指标的变动情况，了解企业生产经营活动的发展趋势和管理工作的改进情况。

(3)本企业指标与国内外同行业先进指标比较。本企业指标与国内外同行业先进指标比较，可以找出本企业与先进企业之间的差异，推动本企业改善经营管理方法，赶超先进水平。

（二）比较分析法应注意的问题

进行比较时采用的指标应在时期、范围、内容、项目、计算方法上大致一样，若口径不一致或环境条件不同，应按规范的方法换算后再作比较，否则得出的结论没有可比性。

二、比率分析法

比率是相对数，是指会计报表分析者在分析过程中，利用报表中一个指标与另一个指标的比例关系，进行比率数值分析的一种方法。比率分析法是通过对财务相对数指标的比较、分析，得出评价结论。采用这种分析方法，要把分析对比的数值变成相对数，计算出各种比率指标，然后进行比较，从确定的比率差异中发现问题。采用这种分析方法，能够将在某些条件下的不同比指标变为可以比较的指标，以利于分析。

（一）比率指标的主要形式

比率指标主要有以下三种形式。

(1)构成比率。构成比率又称结构比率，用以计算某项经济指标的各个组成部分占总体的比重，反映部分与总体的关系。其典型计算公式为

$$构成比率＝某个组成部分数额/总体数额$$

如流动资产占总资产的比重、流动负债占总负债的比重、收不回来的应收账款占全部应收账款的比重等，都属于构成比率指标。利用构成比率指标，可以考察总体中某个部分的形成和安排是否合理，以便协调各项财务活动。

(2)效率比率。效率比率用以计算某经济活动中所费与所得的比例，反映投入与产出的关系，如成本费用与销售收入的比率、成本费用与利润的比率、投资额与收益额的比率、资金占用额与利润的比率等。利用效率比率指标，可以进行得失的比较，考察经营成果，评价经济效益水平。

(3)相关比率。相关比率用以计算在部分与总体关系、投入与产出关系之外具有相

关关系指标的比率,反映有关经济活动的联系,如流动资产与流动负债的比率、现金净流量与净利润的比率等。利用相关比率指标,可以考察有联系的相关业务安排得是否合理,以保障生产经营活动能够顺畅运行。相关比率指标在财务分析中应用十分广泛。

(二)比率分析法应注意的问题

(1)比率指标中的对比指标要有相关性。比率指标从根本上来说都是相关比率指标。对比的指标必须有关联性,把不相关的指标进行对比是没有意义的。在构成比率指标中,部分指标必须是总体指标这个大系统中的一个小系统,小系统只能处在这个大系统中,而且必须全部处在这个大系统中,这样才有比较的可能。在效率比率指标中,投入与产出必须有因果关系,费用应是为取得某项收入而花费的费用,收入必须是花费相应的耗资而实现的收入。没有因果关系的得失比较不能说明经济效益水平。相关比率指标中的两个对比指标也要有内在联系,这样才能评价有关经济活动之间是否协调均衡,安排是否合理。

(2)比率指标中对比指标的计算口径要一致。同比较分析法一样,在同一比率中的两个对比指标在计算时间、计算方法、计算标准上应当口径一致。特别要注意的是,如果比率指标中的对比指标是两个含义不同的指标,由于取得的资料来源不同,可能所包括的范围有一定差异,使用时必须使其口径一致,以便于对比。有些容易混淆的概念,如主营业务收入和其他业务收入、现销收入和赊销收入、营业利润和主营业务利润等,使用时也必须注意划清界限。

(3)采用的比率指标要有对比的标准。财务比率能从指标的联系中揭露企业财务活动的内在关系,但它所提供的只是企业某一时点或某一时期的实际情况。为了说明问题,还需要选用一定的标准与之对比,以便对企业的财务状况做出评价。通常用做对比的标准有以下几种。

一是预定目标。预定目标是指企业自身制定的、要求财务工作在某个方面应该达到的目标。将实际完成的比率与预定的经营目标比较,可以确定差异,发现问题,为进一步分析差异产生的原因提供线索。

二是历史标准。历史标准是指本企业在过去经营中实际完成的数据,它是企业已经达到的实际水平。将企业本期的比率与历史上已达到的比率对比,可以分析和考察企业的财务状况和整个经营活动的改进情况,并预测企业财务活动的发展趋势。

三是行业标准。行业标准是指本行业内同类企业已经达到的水平。行业内同类企业的标准有两种,一种是先进水平,另一种是平均水平。将本企业的财务比率与先进水平对比,可以了解本企业同先进企业的差距,挖掘本企业潜力,提高经济效益;将本企业的财务比率与平均水平对比,可以了解本企业在行业中所处的地位,明确努力的方向,处于平均水平以下者要追赶平均水平,达到平均水平者应追赶先进水平。

四是公认标准。公认标准是指经过长期实践经验的总结,为人们所共同接受,达到约定俗成程度的某些标准。例如,反映流动资产与流动负债关系的流动比率的一般公认标准为 2:1,速动比率的一般公认标准为 1:1。企业分析时可以此为标准,借以评价企业的流动比率是否恰当及偿债风险的大小。

(三)比率分析法的局限性

尽管对企业的报表进行比率分析可以使信息使用者获得许多关于企业财务状况的信息，但是，对企业报表的比率分析仍不足以对企业的财务状况整体做出全面评价。其主要原因有以下几个方面。

(1)报表信息并未完全反映企业可以利用的经济资源。列入报表的仅是可以利用的、可以用货币计量的经济资源。实际上，企业有许多经济资源由于受客观条件的制约或者受会计惯例的制约而并未在报表中得到体现。例如，企业的人力资源、历史悠久的企业账外存在的大量无形资产，均不可能在报表中予以反映。因此可以说，报表仅反映了企业经济资源的一部分。

(2)受历史成本原则的制约，企业的报表资料使未来决策的准确性受到限制。会计信息处理中广泛坚持的历史成本原则，使会计信息在通货膨胀面前的信任度大大降低。坚持历史成本原则，将不同时点的货币数据简单相加，在严重通货膨胀时期会使信息使用者不知道他所面对的会计信息的实际含义，这样的会计信息使现在和未来的经济决策的准确性受到限制。

(3)会计政策运用上的差异使企业难以做到自身历史与未来的对比、企业与企业间的对比。由于存在会计政策的差异问题，企业在不同会计年度间采用不同会计方法以及不同企业以不同会计方法为基础形成的信息具有极大的不可比性。

(4)企业对会计信息的人为操纵可能会误导信息使用者。由于存在信息传递过程的不对称，在企业对外形成其财务报告之前，信息提供者往往对信息使用者所关注的财务状况、经营成果进行粉饰，并尽力满足信息使用者对企业财务状况的期望。这就难免形成"你想看什么，我尽力提供什么"，"你希望我的业绩如何，我就编出什么样的业绩让你看"的思维与实践。其结果极有可能使信息使用者所看到的财务报告信息与企业实际状况相距甚远，从而误导信息使用者做出错误决策。因此，对企业财务状况的全面分析与评价，除考虑货币因素外，还应注意非货币性因素，并加强信息使用者对误导信息的抵御与防范。

三、趋势分析法

趋势分析法是将两期或两期以上的连续数期财务报告中的相同指标或比率进行对比，分析它们增减变动的方向、数额和幅度的一种方法。采用这种方法可以揭示企业的财务状况、经营成果和现金流量的变化，分析引起变化的主要原因和变动的性质，并预测企业未来的发展前景。

(一)趋势分析法的主要指标

趋势分析法是研究上市公司成长性的方法，通过分析上市公司历年的销售、净利润、加权平均每股收益等财务指标的变化，来发现它们的发展趋势。

1. 销售增长率

历年销售增长率的一般计算公式为

$$r = \sqrt[n]{\frac{S_n}{S_0}} - 1$$

其中，r 为 n 年的销售增长率；S_0 为初始年份的销售额；S_n 为 n 年后的销售额；n 一般为奇数，如 3、5。这样算出的增长率也叫销售的复利增长率或环比增长率。

【例 1-1】 以某公司 2009～2012 年的销售变化为例，其 2009 年的主营业务收入净额为 2 204 454 415.56 元，2012 年的主营业务收入净额为 3 953 640 138.96 元。因此，$n = 3$（年）；2 204 454 415.56 元是初始年份的销售额，即 S_0；3 953 640 138.96 元是 3 年后的销售额，即 S_n。应用前述公式计算 3 年的年均销售增长率如下：

$$r = \sqrt[3]{\frac{3\ 953\ 640\ 138.96}{2\ 204\ 454\ 415.56}} - 1 = 21.5\%$$

所以，该公司 3 年的年均销售增长率为 21.5%，而同业均值仅为 6.78%，前者高出后者 14.72 个百分点。

【例 1-2】 如果我们考虑上述公司 2007～2012 年的年均销售增长率，由于其 2007 年的主营业务收入净额为 914 703 675.36 元，经过 5 年的增长达到 3 953 640 138.96 元。那么根据上述公式计算 5 年的年均销售增长率如下：

$$r = \sqrt[5]{\frac{3\ 953\ 640\ 138.96}{914\ 703\ 675.36}} - 1 = 34.01\%$$

所以，该公司 5 年的年均销售增长率为 34.01%，而同业均值仅为 14.02%，前者高出后者 19.99 个百分点。

2. 净利润增长率

历年净利润增长率的一般计算公式为

$$r = \sqrt[n]{\frac{P_n}{P_0}} - 1$$

其中，r 为 n 年的净利润增长率；P_0 为初始年份的净利润额；P_n 为 n 年后的净利润额；n 一般为奇数，如 3、5。这样算出的增长率也叫净利润的复利增长率或环比增长率。

【例 1-3】 上述公司 2009 年和 2012 年的净利润分别为 341 298 375.86 元和 768 112 120.07 元。因此，$n = 3$（年）；341 298 375.86 元是初始年份的净利润额，即 P_0；768 112 120.07 元是 3 年后的净利润额，即 P_n。应用前述公式计算 3 年的年均净利润增长率如下：

$$r = \sqrt[3]{\frac{768\ 112\ 120.07}{341\ 298\ 375.86}} - 1 = 31.05\%$$

所以，该公司 3 年的年均净利润增长率为 31.05%，而同业均值仅为 1.4%，前者高出后者 29.65 个百分点。

【例 1-4】 上述公司 2007 年和 2012 年的净利润分别为 216 927 477.38 元和 768 112 120.07 元。此处，$n = 5$（年）；216 927 477.38 元是初始年份的净利润额，即 P_0；768 112 120.07 元是 5 年后的净利润额，即 P_n。应用前述公式计算 5 年的年均净

利润增长率如下：

$$r=\sqrt[5]{\frac{768\ 112\ 120.07}{216\ 927\ 477.38}}-1=28.77\%$$

所以，该公司 5 年的年均净利润增长率为 28.77%，而同业均值仅为 10.37%，前者高出后者 18.40 个百分点。

3. 加权平均每股收益增长率

历年加权平均每股收益增长率的一般计算公式为

$$r=\sqrt[n]{\frac{\mathrm{EPS}_n}{\mathrm{EPS}_0}}-1$$

其中，r 为加权平均每股收益的年均复利增长率；n 为年份；EPS_0 为初始年份的加权平均每股收益；EPS_n 为 n 年后的加权平均每股收益。

【例 1-5】　上述公司 2009 年和 2012 年的加权每股收益分别是 0.858 7 元和 1.600 2 元，应用前述公式计算 3 年的年均加权平均每股收益增长率如下：

$$r=\sqrt[3]{\frac{1.600\ 2}{0.858\ 7}}-1=23.06\%$$

所以，该公司 3 年的年均加权平均每股收益增长率为 23.06%，而同业均值为 −6.55%。

【例 1-6】　上述公司 2007 年和 2012 年的加权平均每股收益分别是 0.64 元和 1.600 2 元，应用前述公式计算 5 年的年均加权平均每股收益增长率如下：

$$r=\sqrt[5]{\frac{1.6002}{0.64}}-1=20.12\%$$

所以，该公司 5 年的年均加权平均每股收益增长率为 20.12%，而同业均值为 −1.65%。

(二)趋势分析法应注意的问题

(1)计算口径必须一致。同其他分析方法一样，用以进行对比的各个时期的指标，在计算口径上必须一致。由于经济政策、财务制度发生重大变化而影响指标内容时，应将指标调整为同一口径。

(2)偶然因素产生特殊影响时，分析时应加以剔除。天灾人祸等偶然因素对财务活动产生特殊影响时，分析时应加以剔除，必要时对价格变动因素也要加以调整。

(3)财务指标有显著变动时应重点研究。分析中如发现某项财务指标在一定时期内有显著变动，应将其作为分析重点，研究其产生的原因，以便采取对策，趋利避害。

四、结构分析法

结构分析法也叫共同比报表分析法，顾名思义，就是将每张会计报表中的某一账户的“总额”设定为 100%，而将同一报表的其他账户余额与前述“总额”相比，并将结果以百分比的形式表示，这样得到的报表中的每一项都是以百分数表示的。资产负债表的“总额”是“资产总计”；利润表的“总额”是主营业务收入净额；现金流量表的“总额”

是"现金流入合计"和"现金流出合计"。我们可以在结构分析中引入趋势分析，即将不同期间的报表中的同一账户的百分比数进行比较，以便发现企业在资本、资产结构，以及现金流量结构和利润结构方面的变化趋势。

【例 1-7】 金星公司共同比利润表分析。该公司 2012 年和 2011 年共同比利润表如表 1-1 所示。

表 1-1　金星公司共同比利润表

项目	2012 年	2011 年	差异
一、营业收入	100.00	100.00	0.00
减：营业成本	48.84	47.65	1.19
营业税金及附加	5.43	7.09	-1.66
销售费用	14.86	13.59	1.27
管理费用	5.88	8.42	-2.54
财务费用	-0.36	-0.46	0.10
资产减值损失	1.20	1.30	-0.10
加：公允价值变动损益	0.77	0.65	0.12
投资收益			
其中：对联营企业和合营企业的投资收益			
二、营业利润	24.92	23.06	1.86
加：营业外收入	0.01	0.01	0.00
减：营业外支出	0.03	0.01	0.02
其中：非流动资产处置损失			
三、利润总额	24.90	23.06	1.84
减：所得税	6.04	4.17	1.87
四、净利润	18.86	18.89	-0.03
五、每股收益			
（一）基本每股收益			
（二）稀释每股收益			

我们将表 1-1 中金星公司 2012 年和 2011 年共同比报表对比可以发现，该公司的利润表结构相当稳定：2012 年和 2011 年的营业利润率（每 100 元销售产生的主营业务利润）基本相等；2012 年销售费用率与 2011 年相比增加了 1.27 个百分点，而 2012 年管理费用率与 2011 年相比却下降了 2.54 个百分点；2012 年利润总额率虽然与 2011 年相比增加了 1.84 个百分点，但是由于每 100 元销售所负担的所得税 2012 年比 2011 年增加了 1.87 个百分点，故导致销售净利润率 2012 年比 2011 年略微下降了 0.03 个百分点。

五、因素分析法

一个经济指标往往是由多种因素组合而成的，只有把这种综合性的指标分解为它的各种构成要素，才能了解指标完成好坏的真正原因。这种把综合性指标分解为各因素的方法称为因素分析法。由于各种因素之间相互关系的复杂性不同，因素分析法又有多种具体方法，通常的因素分析法主要有比率因素分解法和差异因素分解法。

（一）比率因素分解法

比率因素分解法是指把一个财务比率分解为若干个影响因素的方法。例如，资产收益率可以分解为资产周转率和销售净利率两个比率的乘积。

（二）差异因素分解法

差异因素分解法又分为定基替代法和连环替代法。

1. 定基替代法

定基替代法是测定比较差异成因的一种定量方法。分别用标准值（历史的、同行业企业的或预算的标准）替代实际值，以测定各因素对财务指标的影响。

【例1-8】　某公司的本年实际利润与预算利润的比较数据如下：

实际销售收入：58万元（10万件×5.8元/件）。

预算销售收入：66万元（11万件×6.0元/件）。

差异：8万元（不利）。

用定基替代法计算分析影响预算完成的因素：

(1)数量变动影响金额＝预算价格×实际数量－预算价格×预算数量＝预算价格×数量差异＝6×（10－11）＝－6（万元）。

(2)价格变动影响金额＝实际价格×预算数量－预算价格×预算数量＝价格差异×预算数量＝（5.8－6）×11＝－2.2（万元）。

这种分析方法得出的差异是"纯粹"的价格（或数量）差异，但是两种差异之和[－2.2－6＝－8.2（万元）]不一定等于总的差异（－8万元）。另外的－0.2万元差异是由于价格和数量共同起作用而形成的"混合差异"，无法分配给特定责任人。

2. 连环替代法

连环替代法是用来分析引起某个经济指标变动的各个因素影响程度的一种方法。在几个相互联系的因素共同影响着某一经济指标的情况下，可应用这一方法来计算各个因素对经济指标变动的影响程度。计算步骤是：首先，衡量某一因素对一个经济指标的影响时，假定只有这一因素在变动，而其余因素都不变；其次，确定各个因素的替代顺序，一般而言，实物量指标在前，货币量指标在后，数量指标在前，质量指标在后，大范围指标在前，小范围指标在后，按照排列顺序依次替代计算；最后，将几个指标与该因素替代前指标相比较，确定因素变动所造成的影响。

接例1-8，采用连环替代法计算分析影响预算完成的因素：

(1)数量变动影响金额＝预算价格×实际数量－预算价格×预算数量＝预算价格×数量差异＝6×（10－11）＝－6（万元）。

(2)价格变动影响金额＝实际价格×实际数量－预算价格×实际数量＝价格差异×

实际数量＝(5.8－6)×10＝－2(万元)。

　　把混合差异归属于某个责任人不一定合理,它是两个因素共同作用的结果。按照连环替代法,各影响因素的差异之和[－2－6＝－8(万元)]等于总差异,便于将全部差异分配给不同的责任人,也便于核对计算的正确性。

第二章

资产负债表编制与分析

第一节 资产负债表的作用和结构

一、资产负债表的性质和作用

（一）资产负债表的性质

资产负债表是指反映企业在某一特定日期的财务状况的报表，属于静态报表。它是以"资产＝负债＋所有者权益"这一会计等式为理论依据，按照一定的分类标准和一定的次序，将企业在一定日期的资产、负债和所有者权益予以适当排列，按照一定的编制要求而形成的。它表明企业在某一特定日期所拥有或控制的经济资源、所承担的现有义务和所有者对净资产的要求权。

(1)资产反映由过去的交易或事项形成的、由企业拥有或控制的、预期会给企业带来经济利益的资源。资产应当按照流动资产和非流动资产两大类别在资产负债表中列示，在流动资产和非流动资产类别下再进一步按性质分项列示。

流动资产是指预计在一个正常营业周期中变现、出售或耗用，或者主要为交易目的而持有，或者预计在资产负债表日起一年内(含一年)变现的资产，或者自资产负债表日起一年内交换其他资产或清偿负债的能力不受限制的现金或现金等价物。资产负债表中列示的流动资产项目通常包括货币资金、交易性金融资产、应收票据、应收账款、预付账款、应收利息、应收股利、其他应收款、存货和一年内到期的非流动资产等。

非流动资产是指流动资产以外的资产。资产负债表中列示的非流动资产项目通常包括长期股权投资、固定资产、在建工程、工程物资、固定资产清理、无形资产、开发支出、长期待摊费用和其他非流动资产等。

(2)负债反映在某一特定日期企业所承担的、预期会导致经济利益流出企业的现时义务。负债应当按照流动负债和非流动负债两大类别在资产负债表中列示，在流动负债和非流动负债类别下再进一步按性质分项列示。

流动负债是指预计在一个正常营业周期中清偿，或者主要为交易目的而持有，或者自资产负债表日起一年内(含一年)到期应予以清偿，或者企业无权自主地将清偿推迟至资产负债表日后一年以上的负债。资产负债表中列示的流动负债项目通常包括短期借款、应付票据、应付账款、预收账款、应付职工薪酬、应交税费、应付利息、应付股利、其他应付款和一年内到期的非流动负债等。

非流动负债是指流动负债以外的负债。资产负债表中列示的非流动负债项目通常包括长期借款、应付债券和其他非流动负债等。

(3)所有者权益是企业资产扣除负债后的剩余权益，反映企业在某一特定日期股东(或投资者)拥有的净资产的总额，它一般按照实收资本(或股本，下同)、资本公积、盈余公积和未分配利润分项列示。

对资产负债表的解读和分析历来是企业财务报告分析的重点，尤其是对债权人和投资者进行偿债能力分析和资本保值分析有着重要意义。另外，对资产结构的分析也有助于判断企业的盈利能力。

(二)资产负债表的作用

(1)资产负债表能够帮助报表使用者了解企业所掌握的各种经济资源，以及这些资源的分布与结构。资产负债表将企业所拥有或控制的资产按经济性质、用途等分类成流动资产、长期投资、无形资产等，各项目之下又具体分成明细项目，如流动资产项下又分为货币资金、存货等。这样，报表使用者就可以一目了然地从资产负债表上了解到企业在某一特定时日所拥有的资产及其结构。

(2)资产负债表能够反映企业资金的来源构成，即债权人和所有者各自的权益。资产负债表的资产方反映了企业拥有的经济资源及其结构，即企业资金的占用情况。企业资金的来源，一是债权人提供，二是所有者投资及其积累。资产负债表将债权人权益和所有者权益分类列示，并根据不同性质将负债又分为流动负债和非流动负债，将所有者权益又分为股本、资本公积、盈余公积、未分配利润，这样，企业的资金来源及其构成情况便可在资产负债表中得到充分反映。

(3)通过对资产负债表的对比和分析，可以了解企业的财务实力、偿债能力和支付能力，也可以预测企业未来的盈利能力和财务状况的变动趋势。

(4)资产负债表可衡量企业的财务弹性。财务弹性是指企业面对未预期的现金需求或投资机会时，能采取有效策略以改变现金流量的金额与时间的能力，也就是企业使用财务资源以适应生存环境变迁的能力。我们可以通过资产负债表来评估企业在不影响正常运营的条件下变卖非流动资产取得现金的能力。

通过了解企业资产项目的构成，可以分析企业资产的流动性和财务弹性，进而判断企业的偿债能力和支付能力。通过对企业资产结构和权益结构的分析，可以了解企业筹集资金和使用资金的能力，即企业的财务实力。另外，资产是未来收益的源泉，也会在将来转化为费用，因而，通过了解企业资产项目的构成，还可以对企业未来的盈利能力做出初步判断。

二、资产负债表的格式和结构

资产负债表有报告式和账户式两种格式。

(一)报告式

报告式资产负债表是上下结构,上半部列示资产,下半部列示负债和所有者权益。其具体排列形式又有两种:一是按"资产=负债+所有者权益"的原理排列;二是按"资产-负债=所有者权益"的原理排列。报告式资产负债表的优点在于便于编制比较资产负债表,即在一张报表中,除列出本期的财务状况外,还可增设几个栏目,分别列示过去几期的财务状况。其缺点是资产和权益间的恒等关系并不一目了然。报告式资产负债表的简化格式见表2-1。

表 2-1 资产负债表

编制单位:××公司 　　　　　2012 年 12 月 31 日 　　　　　单位:元

项目	金额
资产	5 058 200
流动资产	3 558 800
非流动资产	8 617 000
资产合计	
负债	2 179 400
流动负债	666 000
长期负债	2 845 400
负债合计	
所有者权益	5 000 000
实收资本	204 940
盈余公积	566 660
未分配利润	5 771 600
所有者权益合计	

(二)账户式

账户式资产负债表是左右结构,即按照"T"形账户的形式设计资产负债表,将资产列在报表左方(借方),负债及所有者权益列在报表右方(贷方),左右两方总额相等。账户式资产负债表的优缺点与报告式资产负债表正好相反。资产和权益间的恒等关系一目了然,但要编制比较资产负债表或做些旁注可能比较困难。

我国企业的资产负债表采用账户式结构。左方为资产项目,大体按资产的流动性大小排列,流动性大的资产如"货币资金"、"交易性金融资产"等排在前面,流动性小的资产如"长期股权投资"、"固定资产"等排在后面。右方为负债及所有者权益项目,一般按要求清偿时间的先后顺序排列,"短期借款"、"应付票据"、"应付账款"等需要在一年以内或者长于一年的一个正常营业周期内偿还的流动负债排在前面,"长期借款"等在一年以上才需偿还的非流动负债排在中间,在企业清算之前不需要偿还的所有者权益项目排在后面。账户式资产负债表中的资产各项目的合计等于负债和所有者权益各项目的合计,即资产负债表左方和右方平衡。因此,账户式资产负债表可以反映资产、负债、所有者权益之间的内在关系,即"资产=负债+所有者权益"。我国企业资产负债表的基本格式和内容见表 2-2。

表 2-2 资产负债表

编制单位:ABC 股份有限公司　　　　2012 年 12 月 31 日　　　　　　　单位:元

项目	期初余额	期末余额	项目	期初余额	期末余额
流动资产:			流动负债:		
货币资金	1 506 300	1 347 820	短期借款	600 000	800 000
交易性金融资产	210 000	90 000	应付票据	234 000	
应收票据	468 000	1 170 000	应付账款	843 800	843 800
应收账款	299 100	763 100	预收账款		
预付账款	100 000	100 000	应付职工薪酬	210 000	322 000
应收利息			应交税费	46 600	84 600
应收股利			应付利息	1 000	1 000
其他应收款	10 000	10 000	应付股利		78 000
存货	2 158 000	1 577 280	其他应付款	50 000	50 000
一年内到期的非流动资产	0		一年内到期的非流动负债		
其他流动资产	0		其他流动负债		
流动资产合计	4 751 400	5 058 200	流动负债合计	1 985 400	2 179 400
非流动资产:			非流动负债:		
可供出售金融资产			长期借款	1 216 000	666 000
持有至到期投资			应付债券		
长期应收款			长期应付款		
长期股权投资	250 000	250 000	专项应付款		
投资性房地产			预计负债		
固定资产	1 600 000	1 539 800	递延所得税负债		
工程物资			其他非流动负债		
在建工程	1 000 000	1 228 000	非流动负债合计	1 216 000	666 000
固定资产清理			负债合计	3 201 400	2 845 400
无形资产	590 000	530 000	所有者权益(或股东权益):		
开发支出			实收资本(或股本)	5 000 000	5 000 000
长期待摊费用	160 000		资本公积		
递延所得税资产		11 000	减:库存股		

续表

项目	期初余额	期末余额	项目	期初余额	期末余额
其他非流动资产			盈余公积	100 000	204 940
非流动资产合计	3 600 000	3 558 800	未分配利润	50 000	566 660
			所有者权益(或股东权益)合计	5 150 000	5 771 600
资产总计	8 351 400	8 617 000	负债和所有者权益总计	8 351 400	8 617 000

三、资产负债表的编制方法

资产负债表各项目均需填列"期初余额"和"期末余额"两栏。其中"期初余额"栏内各项数字应根据上年年末资产负债表的"期末余额"栏内所列数字填列。

"期末余额"栏主要有以下几种填列方法:

(1)根据总账科目余额填列。如"交易性金融资产"、"短期借款"、"应付票据"、"应付职工薪酬"等项目,根据"交易性金融资产"、"短期借款"、"应付票据"、"应付职工薪酬"各总账科目的余额直接填列。

(2)根据若干个总账科目余额计算填列。如"货币资金"项目,需根据"库存现金"、"银行存款"、"其他货币资金"三个总账科目的期末余额的合计数填列;"存货"项目,应根据"材料采购"(或"在途物资"、"商品采购")、"原材料"、"库存商品"、"委托加工物资"、"包装物"、"低值易耗品"、"材料成本差异"(或"商品进销差价")、"生产成本"、"自制半成品"、"产成品"等科目借贷方余额的差额计算填列;"未分配利润"项目,应根据"本年利润"和"利润分配"科目余额计算填列。

(3)根据明细账科目余额计算填列。如"应付账款"项目,需要根据"应付账款"和"预付账款"两个科目所属的相关明细科目的期末贷方余额计算填列;"应收账款"项目,需要根据"应收账款"和"预收账款"两个科目所属的相关明细科目的期末借方余额计算填列。

(4)根据总账科目和明细账科目余额分析计算填列。如"长期借款"项目,需要根据"长期借款"总账科目余额扣除"长期借款"科目所属的明细科目中将在一年内到期,且企业不能自主地将清偿义务展期的长期借款后的金额计算填列。

(5)根据有关科目余额减去其备抵科目余额后的净额填列。如资产负债表中的"应收票据"、"应收账款"、"存货"、"长期股权投资"、"在建工程"等项目,应当根据"应收票据"、"应收账款"、"存货"、"长期股权投资"、"在建工程"等科目的期末余额减去"坏账准备"、"存货跌价准备"、"长期股权投资减值准备"、"在建工程减值准备"等科目余额后的净额填列;"固定资产"项目,应当根据"固定资产"科目的期末余额减去"累计折旧"、"固定资产减值准备"备抵科目余额后的净额填列;"无形资产"项目,应当根据"无形资产"科目的期末余额减去"累计摊销"、"无形资产减值准备"备抵科目余额后的净额填列。

四、资产负债表的局限性

1. 资产负债表多数项目采用历史成本计价，不能真正反映企业的财务状况

按照会计准则的规定，企业大部分资产在入账时是按取得时的实际成本入账的(仅有部分项目按公允价值反映，如交易性金融资产、投资性房地产等)，因此，资产负债表中的大部分项目也都是以历史成本列示的。而在通货膨胀的环境下如果依然采用历史成本原则编制会计报表，则会影响到会计报表项目的真实性，并且会使得某些个别资产的历史成本明显地脱离现行市价，从而影响到报表在表述企业财务状况时的可靠性。

资产负债表中还有一些项目是按照公允价值计量的，运用得当的公允价值会提高会计信息的有用性；但是如果运用不恰当，则会导致会计信息成为"数字游戏"，从而违背公允价值的精神和目标。

2. 资产负债表遗漏了很多无法用货币表示的重要经济资源和义务的信息

货币计量是重要的会计假设，它本身含有两重意义：一是会计信息是能用货币表述的信息；二是货币的币值稳定。而企业有一些重要的经济资源和义务因无法用货币计量，会计工作就不会将其纳入资产负债表中，如企业的人力资源，以及非交易事项数据(如自创商誉等)，若未能将这些项目在资产负债表中进行反映，则报表对企业财务状况的反映就不够全面。

此外，货币的币值稳定这一假设本身在现实生活中也受到了持续通货膨胀的冲击。由于通货膨胀的影响，资产负债表所提供的财务信息就不能反映企业现实的财务状况，从而导致报表本身信息的失真。

3. 资产负债表的信息有会计估计，存在被美化的可能

在资产负债表中，有许多项目无法精确计量，而必须加以估计，如各项资产减值准备、固定资产折旧年限、无形资产的摊销年限等。企业在会计核算过程中，会计估计是不可避免的，企业也根据当时的情形进行了合理的估计，但随着时间的推移、环境的变化，进行会计估计的基础可能发生变化，从而导致资产负债表所提供的信息缺乏真实性与可靠性。如果企业人为操纵了相关数据，报表就存在被美化的可能。

4. 资产负债表的解读还需依赖报表使用者的判断

资产负债表提供了企业某一时点的财务状况，是进行财务报表分析的基础，但有些企业出于种种考虑，可能对一些偿债能力和经营效率等方面的信息不予直接披露，甚至含糊其辞。为了做出正确判断，报表使用者必须利用各种知识去判断，甚至需要收集企业在媒体上发表的其他相关的非会计信息，从而正确理解会计信息。

第二节　资产类项目编制与分析

一、资产类项目分析概述

资产是指由过去的交易或事项形成的、由企业拥有或控制的、预期会给企业带来经济利益的资源。资产是企业的一项重要资源，是资产负债表中的一个基本要素，企业通过对资产的有效运用，才能达到其经济目的。对资产项目的分析，主要关注以下几个方面：

一是对资产总额进行分析。一般来说，企业的资产总额越大，则表明其生产经营规模越大，经济实力越强。

二是对资产的流动性进行分析。资产的流动性是衡量资产质量的一把重要的尺子，也为分析企业的偿债能力提供了基础。同时，对资产流动性的分析也有助于企业做出恰当的筹资决策。

三是对资产的质量及获利能力进行分析。不同资产对企业获利能力的影响是不同的，资产的获利能力往往与流动性成反向关系。因此，合理的资产结构应当是在保证流动性和正常偿债的前提下，尽量提高资产的获利性。

二、流动资产项目编制与分析

(一)货币资金

货币资金是指企业在生产经营过程中处于货币形态的流动资产，它具有可立即作为支付手段并被普遍接受等特性，包括库存现金、银行存款和其他货币资金。该项目应根据"库存现金"、"银行存款"和"其他货币资金"等账户的期末余额合计填列。

对货币资金的分析，最主要的是分析其持有量是否合理。企业持有货币资金，可以满足交易性需要、预防性需要和投机性需要。但是由于货币资金的盈利能力较差，并不能持有太多现金，以保证企业的整体盈利能力。在判断企业的货币持有量是否合理时，应考虑以下因素：

(1)企业的资产规模、业务收支规模。一般而言，企业的资产总额越大，相应的货币资金规模也越大；企业收支越频繁且绝对数额越大，则处于货币资金形态的资产也就越多。

(2)企业和行业特点。不同行业的企业，其合理的货币资金结构也会有所差异，有时甚至差异很大，如金融业、保险业与生产企业相比，在相同资产规模条件下，所需的货币资金量却不尽相同。

(3)企业的筹资能力。如果企业资信状况较好且有优良的业绩作为支撑，在资本市场上就能较容易筹到资金，向金融机构负债也比较容易，因此企业就没必要持有大量现金。

(4)企业对货币资金的应用能力。货币资金如果停留在货币形态，则只能用于支付而无法创造收益，如果企业的财务人员能够妥善地利用货币资金进行投资活动，则会提高企业的获利水平。

(二)交易性金融资产

交易性金融资产是指企业为了近期内出售而持有的金融资产，如企业以差价为目的从二级市场购入的股票、债券、基金等。该项目应根据"交易性金融资产"科目的期末余额填列。

1. 交易性金融资产的交易目的和流动性分析

企业投资交易性金融资产的目的是为了利用暂时闲置的资金，购入能够随时变现的有价证券，以获得高于银行存款利率的收益。因此，交易性金融资产具有容易变现、持有时间较短、盈利与亏损难以把握等特点。报表分析时，就着重考察交易性金融资产的交易目的和变现能力。

2. 交易性金融资产的计量

交易性金融资产的计量是以公允价值为基本计量属性，无论是在其取得时的初始计量，还是在资产负债表日的后续计量，均以公允价值计量。企业在持有交易性金融资产期间，其公允价值变动在利润表上以"公允价值变动损益"计入当期损益；出售交易性金融资产时，不仅要确认出售损益，还要将原计入"公允价值变动损益"的金额转入"投资收益"。分析交易性金融资产的质量特征时，应关注其公允价值这一计量属性，着重分析该项目的营利性大小。

3. 交易性金融资产的规模

企业投资交易性金融资产，是为了将暂时闲置的货币资金进行运作，以获得额外收益。

若企业的交易性金融资产规模过大，必然影响企业的正常生产经营。一般来说，拥有一定量的交易性金融资产，表明企业除了自身的生产经营活动以外，具有多方出击的理财思路。

4. 交易性金融资产的投资质量分析

企业理财的效果如何，需要通过对交易性金融资产投资进行质量评价而做出准确的判断。一是关注同期利润表中的"公允价值变动损益"及其在会计报表附注中对该项目的详细说明，看因交易性金融资产投资而产生的公允价值变动损益为正还是为负；二是关注同期利润表中的"投资收益"及其在会计报表附注中对该项目的详细说明，看因交易性金融资产而产生的投资收益为正还是为负，收益率是否高于同期银行存款利率。

（三）应收票据

应收票据是指企业因销售商品、提供劳务等经营活动收到的商业汇票，包括商业承兑汇票和银行承兑汇票。该项目应根据"应收票据"科目的期末余额减去"坏账准备"科目中有关应收票据计提的坏账准备期末余额后的金额填列。

对于应收票据的质量分析，主要考虑商业承兑汇票和银行承兑汇票的比例，因为商业承兑汇票存在票据到期时付款人无法支付款项的风险。企业持有的应收票据在到期前可以进行贴现，但票据贴现实际上是企业融通资金的一种形式，对企业而言，票据贴现是一项或有负债，若已贴现的票据金额过大，则可能会对企业的财务状况产生较大影响。因此，还要了解企业是否存在已贴现的商业汇票，分析其对企业未来偿债能力的影响程度。

（四）应收账款

应收账款是指企业因销售商品、提供劳务等经营活动应收取的款项，作为一种商业信用形式，赊销以及由此产生的应收账款具有发生坏账的风险。该项目应根据"应收账款"和"预收账款"科目所属各明细科目的期末借方余额合计减去"坏账准备"科目中有关应收账款计提的坏账准备期末余额后的金额填列。如"应收账款"科目所属明细科目期末有贷方余额的，应在资产负债表"预收款项"项目内填列。

1. 应收账款规模的分析

应收账款的规模受众多因素的影响，应结合企业的经营方式及所处行业的特点、企业的信用政策来分析。对于大部分工业企业，其往往采用赊销方式，因而应收账款比较多；对于商业行业的零售企业，其大部分业务是现金销售业务，因而应收账款相对较少。企业所采用的信用政策对应收账款的规模大小也有直接的影响。如果企业放松信用政策，会刺激销售，增加应收账款，发生坏账的可能性就较大；如果企业紧缩信用政策，则会制约销售，减少应收账款，发生坏账的可能性就较小。

2. 应收账款质量的分析

应收账款的质量，是指债权转化为货币的能力。对于应收账款的质量分析，主要是通过对债权的账龄进行分析。一般来说，未过信用期或已过信用期但时间较短的债权出现坏账的可能性比已过信用期且时间较长的债权出现坏账的可能性要小。时间越长，发生坏账的可能性越大。结合报表附注中的账龄资料，通过对账龄资料的分析，同时结合债务人的信誉情况，可以获得有关债权质量好坏的信息。

3. 对债权周转情况的分析

可借助于应收账款周转率、应收账款平均收账期等指标进行分析。在一定的赊账政策条件下，企业应收账款平均收账期越长，债权周转速度越慢，债权的变现性也就越差。

4. 坏账准备政策的影响

坏账准备的计提比例客观地反映了企业对应收账款风险程度的认识。采用备抵法计提坏账准备的企业，要特别关注坏账准备计提的合理性。根据一致性原则，企业计提坏账准备的方法和比例一经确定，不得随意变更。对于企业随意变更坏账准备计提方法和比例的情况要予以分析，首先应查明企业是否在报表附注中对变更计提方法予以说明；其次应分析这种变更是否合理，是正常的会计变更还是为了调节利润。可以通过阅读会计报表的相关附注，结合当年的实际业绩以及审计报告内容，分析判断其合理性，从而在一定程度上判断该项目的质量。

（五）预付账款

预付账款是指企业按照合同规定预付的款项。该项目应根据"预付账款"和"应付账款"科目所属各明细科目的期末借方余额合计数，减去"坏账准备"科目中有关预付账款计提的坏账准备期末余额后的金额填列。如"预付账款"科目所属明细科目期末有贷方余额的，应在资产负债表"应付账款"项目内填列。在资产负债表中，预付账款是一种特殊的流动负债，因为除了一些特殊情况，预付账款是不会引致现金流入的，即这种债权在收回时，只是存货的流入而不是现金的流入。

判断预付账款的规模是否合适，主要应考虑采购特定存货的市场供求状况。一般而言，预付账款不构成企业流动资产的主体部分，若企业预付账款金额过高或时间较长，则可能预示着企业有非法转移资金、非法向有关单位提供贷款等不法行为。

（六）应收股利

应收股利是企业应收到的现金股利和应收取的其他单位分配的利润。该项目应根据"应收股利"科目的期末余额减去"坏账准备"科目中有关应收股利计提的坏账准备期末余额后的金额填列。

企业在取得交易性金融资产、可供出售的金融资产和长期股权投资时，应将支付的价款中所包含的、已宣告但尚未发放的现金股利，以及持有期间被投资单位宣告发放现金股利或利润的，按应享有的份额通过应收股利来反映。应收股利的变现能力很强，属于质量较高的流动资产。该项目应结合"交易性金融资产"、"可供出售金融资产"和"长期股权投资"等项目进行分析。

（七）其他应收款

其他应收款是指企业除应收票据、应收账款、预付账款、应收股利等以外的其他各种应收、暂付款项。其包括各种赔款、罚金、存出保证金、应向职工个人收取的各种垫付款项等。该项目应根据"其他应收款"科目的期末余额，减去"坏账准备"科目中有关其他应收款计提的坏账准备期末余额后的金额填列。

其他应收款与主营业务产生的债权相比较，其数额不应过大。此外，其他应收款也有可能隐藏企业的违规行为，如非法拆借资金、给个人的销售回扣等，因而应警惕企业将该项目作为企业成本费用和利润的调节器。

（八）存货

存货是指企业在生产经营过程中为销售或耗用储备的各种物资，如各种原材料、燃料、周转材料、在产品、自制半产品、库存商品等。该项目应根据"材料采购"、"原材料"、"库存商品"、"周转材料"、"低值易耗品"、"生产成本"、"委托加工物资"、"委托代销商品"等科目的期末余额合计，减去"代销商品款"、"存货跌价准备"科目期末余额后的金额填列。材料采用计划成本核算，以及库存商品采用计划成本核算或售价核算的企业，还应按加或减材料成本差异、商品进销差价后的金额填列。

1. 存货规模的分析

从资金占用角度分析，若存货数量过多，资金占用较大，会影响企业的资金周转，最终会导致企业生产中断，使经营难以为继；若存货过少，也会影响企业正常的生产经营，使企业坐失销售良机。所以必须使存货规模与企业生产经营活动保持平衡。企业应关注存货总量与资金占用的关系、存货规模与存货结构的关系。

2. 存货发出计价方法的分析

存货在发出时，应采用先进先出法、加权平均法或个别计价法来确定发出存货的实际成本。发出存货的计价方法作为一项会计政策，企业应结合自身的生产经营特点、存货实物流转特点合理地确定，一经确定不得随意变更。分析时应注意结合会计报表附注，查明企业是否已对存货计价方法变更予以说明，并分析变更是否合理，是正常的会计政策调整还是为了调节利润。

3. 存货货龄的分析

货龄是指存货自入库到还未被领用、仍在仓库的时间，也就是存货占用的储存时间。货龄是以入库的时间作为起点进行计算的，超过正常货龄的原材料就是非正常的原材料，需要对其入库时间和品种进行详细的分析，查明原因。货龄会影响存货的流动性和质量，库存周期过长的商品自然会使存货的变现能力降低。一般来说，货龄越长，存货的周转速度越慢。因此，分析时必须考虑存货的周转速度、企业的存货日常管理制度，并结合企业的行业特点、企业的生产经营情况进行综合考虑。

4. 存货跌价准备计提的分析

存货为企业实物资产，种类繁多，数量庞大，且价格经常出现波动。通过对存货跌价准备计提的分析，考察跌价准备计提的合理性，关注企业是否存在利用存货项目进行潜亏挂账的问题，或是通过巨额计提存货跌价准备调节利润的现象。此外，还应结合企业经营的外部环境，尤其是商品市场未来的价格趋势，考察存货数量过大、过小或结构不平衡对企业未来盈利能力的影响。

三、非流动资产项目编制与分析

非流动资产是指企业不能在一年内或超过一年的一个营业周期内转化为货币的资产，主要包括可供出售金融资产、持有至到期投资、长期应收款、长期股权投资、投资性房地产、固定资产、在建工程、固定资产清理、无形资产、商誉、长期待摊费用、递延所得税资产、其他非流动资产等。

（一）可供出售金融资产

可供出售的金融资产通常有两种情况：一是基于风险管理、战略投资的需要直接指定的可供出售的非衍生金融资产；二是不能分类为交易性金融资产、持有至到期投资及贷款和应收账款项目的投资，包括在活跃市场上有报价的债券投资、股票投资和基金投资等。该项目应根据"可供出售金融资产"科目的期末余额，减去"可供出售金融资产减值准备"科目期末余额后的金额填列。

可供出售金融资产分析时需考虑以下几个方面：

（1）判断金融资产的分类是否恰当，即划分为可供出售的金融资产是否符合其确认标准。

（2）公允价值变动的处理是否恰当。根据《企业会计准则》的相关规定，可供出售的金融资产应当以公允价值进行后续计量，公允价值变动产生的利得和损失，除减值损失和外币货币性金融资产形成的汇兑差额外，应当直接计入所有者权益（资本公积——其他资本公积）。如果可供出售的金融资产的公允价值发生较大幅度或持续下降，可以认定该金融资产发生了减值，应当确认资产减值损失。在确认可供出售金融资产减值损失时，原来已经直接计入所有者权益（即计入资本公积）的公允价值下降形成的累计损失一并转出，计入减值损失。因此，分析可供出售金融资产公允价值变动时区分具体情况，分别计入权益或损益。

（3）金融资产的重分类问题。企业因持有意图或能力发生改变，将持有至到期投资重新分类为可供出售金融资产，重新分类日该投资剩余部分的账面价值与公允价值之间的差额计入所有者权益，在该可供出售金融资产发生减值或终止确认时转出，计入当期的损益。因此，要特别注意企业在金融资产重分类时的会计处理是否正确，是否存在为了粉饰经营业绩而将持有的可供出售金融资产的公允价值变动损益直接确认为当期损益的行为。

（二）持有至到期投资

持有至到期投资是指到期日固定、回收金额固定或可确定，且企业有明确意图和能力持有至到期的非衍生金融资产。其包括企业持有的在活跃市场上有公开报价的国债、企业债券、金融债券等。该项目应根据"持有至到期投资"科目的期末余额，减去"持有至到期投资减值准备"科目期末余额后的金额填列。

持有至到期投资的目的主要是定期收取利息、到期收回本金，并力图获得长期稳定的收益。对持有至到期投资的分析，主要从以下几个方面进行。

（1）持有至到期投资的项目构成及债务人分析。对持有至到期投资而言，虽然投资者按照约定，将定期收取利息、到期收回本金，但是债务人能否定期支付利息、到期偿还本金，取决于债务人在需要偿还的时点是否有足够的现金。因此，有必要对持有至到期投资的投资项目或投资对象的具体构成进行分析，并在此基础上对债务人的偿债能力作进一步的判断，从而评价持有至到期投资的质量。

（2）持有至到期投资收益的分析。企业购买国债、企业债券或金融债券是持有至到期投资的主要内容，其投资收益为定期收取的利息。对持有至到期投资收益的分析，首先应当根据当时的金融市场情况，判断投资的回报水平，即收益率的高低。一般来说，持有至到期投资的收益率应高于同期的银行存款利率。另外还要注意，持有至到期投资的投资收益是按照权责发生制原则确定的，并不与现金流入量相对应，即无论投资企业是否收到利息，都要按应收利息计算出当期的投资收益。大多数情况下，投资收益的确认都先于利息的收取，由此会导致投资收益与现金流入的不一致。

（3）持有至到期投资的减值分析。当持有至到期投资发生减值时，应当将其账面价值减记至预计未来现金流量的现值。计提持有至到期投资减值准备不仅会导致持有至到期投资账面价值的减少，而且会影响当期的利润总额，因此一些企业可能出于某种不良动机，通过少提或多提减值准备来达到虚增或虚减持有至到期投资账面价值和利润的目的。按照我国相关会计准则的规定，对持有至到期投资、贷款和应收账款等金融资产，确认减值损失后如有客观证据表明该金融资产价值已恢复，且客观上与确认该损失后发生的事项有关(如债务人的信用评级已提高)的，原确认的减值损失应当予以转回。对此应当尤为注意，要特别警惕企业是否存在利用持有至到期投资减值准备的计提和转回人为操纵利润的情形。

(三)长期股权投资

长期股权投资是企业持有的对其子公司、合营企业及联营企业的权益性投资，以及企业持有的对被投资单位不具有控制、共同控制或重大影响，并且在活跃市场中没有报价、公允价值不能可靠计量的权益性投资。该项目应根据"长期股权投资"科目的期末余额，减去"长期股权投资减值准备"科目期末余额后的金额填列。

企业进行长期股权投资的目的多种多样，有的是为了建立和维持与被投资企业之间稳定的业务关系，有的是为了控制被投资企业，有的是为了增强企业多元化经营的能力，创造新的利润源泉。由于长期股权投资期限长，金额通常很大，因而对企业的财务状况影响较大。另外，由于长期股权投资数额大、时间长，其间难以预料的因素很多，因而风险也会很大，一旦失败，将会给企业带来重大的、长期的损失和负担，有时可能是致命的打击。长期股权投资的分析可以从以下几个方面进行。

1. 长期股权投资构成分析

长期股权投资构成分析主要是从企业投资对象、投资规模、持股比例等方面进行分析。通过对其构成进行分析，可以了解企业投资对象的经营状况及其收益等方面的情况，从而有助于判断长期股权投资的质量。

2. 关注长期股权投资核算方法的选择

长期股权投资的核算方法包括成本法和权益法，核算方法的选择取决于投资企业与被投资企业的关系。

当投资企业能够对被投资企业实施控制时，日常核算应当采用成本法，待编制合并会计报表时再按权益法进行调整。另外，对于投资企业对被投资企业不具有共同控制或重大影响，并且在活跃市场中没有报价、公允价值不能可靠计量的长期股权投资，也采用成本法核算。成本法是指以长期股权投资的初始投资成本作为登记"长期股权投资"账户的依据，账面金额一般不受被投资企业净资产变动的影响。当投资企业对被投资企业具有共同控制或重大影响时，对长期股权投资的核算应当采用权益法。采用权益法核算，投资企业的"长期股权投资"账面价值随被投资企业当期的盈利或亏损而上下浮动；而采用成本法核算，投资企业的"长期股权投资"账面价值不随被投资企业当期的盈利或亏损上下浮动。个别企业正是利用成本法核算的这个"空间"，选择其他股权投资来转移企业的资产，或将经营失误在此长期挂账。

3. 长期股权投资盈利能力分析

长期股权投资的收益分为两部分：一是股利收益，二是买卖股权的差价收益。股利收益的多少不仅取决于被投资企业的股利政策，还与企业采用成本法和权益法进行会计核算有关。在成本法下，长期股权投资以取得股权时的初始投资成本计价，其后，除了投资企业追回投资、收回投资等情形外，长期股权投资的账面价值一般保持不变。

投资企业确认投资收益，仅限于所获得的被投资企业对累积净利润的分配额。权益法最初以初始投资成本计价，以后根据投资企业享有被投资企业所有者权益份额的变动对投资账面价值进行调整，属于被投资企业当年实现的净利润影响的所有者权益的变动，投资企业按持股比例计算应享有的份额，增加长期股权投资的账面价值，并确认为投资收益；反之，属于被投资企业当年发生的净亏损影响的所有者权益的变动，投资企业按应享有的份额确认为投资损失。

4. 长期股权投资减值准备分析

长期股权投资减值准备分析，不仅要准确判断长期股权投资减值准备计提是否合理，还要注意，长期股权投资减值损失一经确认，在以后会计期间不得转回。在实务中，对有市价的长期股权投资是否应当计提减值准备进行判断比较容易；然而对于无市价的长期股权投资，如果无法获得被投资企业详细可靠的资料，就难以对投资企业是否应当计提减值准备做出正确的判断。遇到这种情形，报表使用者只有深入分析，才不至于发生偏差。

（四）投资性房地产

投资性房地产是指为赚取租金或资本增值，或两者兼有而持有的房地产。即企业持有这类房地产的目的不是自用，而是用于投资。其主要包括已出租的土地使用权、持有并准备增值后转让的土地使用权和已出租的建筑物。企业采用成本模式计量投资性房地产的，该项目应根据"投资性房地产"科目的期末余额，减去"投资性房地产累计折旧（摊销）"和"投资性房地产减值准备"科目期末余额后的金额填列；企业采用公允价值模式计量投资性房地产的，该项目应根据"投资性房地产"科目的期末余额填列。

作为投资性房地产，企业持有的目的是为了赚取租金或资本增值，或二者兼而有之；而企业自用的房地产，即为生产商品、提供劳务或者经营管理而持有的房地产和房地产开发企业作为存货的房地产，则分别属于固定资产和存货，并非投资性房地产。

对投资性房地产的分析还要重点关注其计量。投资性房地产的初始计量是采用成本模式，与固定资产的初始计量较为接近，但其后续计量则有成本模式和公允价值模式两种。具体来说，当有确凿的证据表明投资性房地产的公允价值能够持续可靠地取得时，可以对投资性房地产采用公允价值模式进行后续计量，否则采用成本模式进行后续计量。并且，企业对投资性房地产的计量模式一经确定，不得随意变更，如果原来按成本模式计量的投资性房地产以后具备了采用公允价值模式计量的条件，可以转为公允价值模式，但应当作为会计政策变更处理。但是，已采用公允价值模式计量的投资性房地产，不得从公允价值模式转为成本模式。采用公允价值模式计量的，不对投资性房地产计提折旧或进行摊销，应当以资产负债表日投资性房地产的公允价值为基础调整其账面价值，公允价值与原账面价值之间的差额计入当期损益。

（五）固定资产

固定资产是指同时具有下列特征的有形资产：①为生产商品、提供劳务、出租或经营管理而持有的；②使用寿命超过一个会计年度。该项目应根据"固定资产"科目的期末余额减去"累计折旧"和"固定资产减值准备"科目期末余额后的金额填列。

一般而言,固定资产属于企业的劳动资料,代表了企业的扩大再生产能力。固定资产具有占用资金数额大、资金周转时间长的特点,是企业资产管理的重点。对固定资产的分析,可从以下几个方面入手。

1. 固定资产规模分析

解读固定资产,首先应对其总额进行数量判断,即将固定资产与资产总额进行比较。如前所述,这种分析应当结合行业、企业生产经营规模以及企业经营生命周期来开展。例如,就行业特征来说,一般而言,固定资产占资产总额的比重,商品流通业较低,为30%左右;工业较高,为40%左右;而饭店服务业为50%左右;航天制造业为60%左右。

2. 固定资产折旧政策分析

由于计提固定资产折旧具有一定的灵活性,所以如何进行固定资产折旧会给固定资产账面价值带来很大的影响。因此,在实务中,一些企业往往利用固定资产会计政策选择的灵活性,虚增或虚减固定资产账面价值和利润,结果造成会计信息失真。因此,财务分析人员必须认真分析企业的固定资产会计政策,正确评价固定资产账面价值的真实性。

在分析固定资产折旧政策时,应关注以下几个方面:

(1)分析企业固定资产预计使用寿命和预计净残值确定的合理性。分析时,应注意固定资产预计使用寿命和预计净残值的估计是否符合会计准则的规定,是否与企业的实际情况相符。固定资产的预计使用寿命和预计净残值会对计提折旧总额和各期折旧额产生影响,企业应当根据固定资产的性质和使用情况合理地确定,并且,一经确定不得任意变更。实务中有的企业在固定资产没有减少的情况下,通过延长折旧年限,使得各期折旧费用大幅降低,转眼之间就"扭亏为盈",对于这样的会计信息失真现象,报表使用者在分析时应持谨慎态度,并予以调整。

(2)分析企业固定资产折旧方法的合理性。固定资产的折旧方法包括年限平均法、工作量法、双倍余额递减法、年数总和法等。企业应当根据与固定资产有关的经济利益的预期实现方式,合理选择固定资产折旧方法。但在实务中,某些企业往往利用折旧方法的选择,来达到调整固定资产净值和利润的目的。

(3)观察企业固定资产折旧政策前后各期是否保持一致。固定资产的预计使用寿命、预计净残值和折旧方法一经确定,不得任意变更。虽然固定资产折旧政策的变化对企业现金流量没有任何影响,但会对当期利润和财务状况产生影响。对固定资产占资产总额比重较大的企业,折旧政策的调整对当期利润的影响十分重大,成为某些上市公司调节利润的手段。所以,企业变更固定资产折旧政策,可能隐藏着一些不可告人的秘密。

3. 固定资产减值准备政策分析

首先应注意企业是否依据《企业会计准则》规定计提固定资产减值准备,计提是否准确。在实际工作中,往往存在这种现象:固定资产明明实质上已经发生了减值,如因技术进步已经陈旧过时不能使用，但企业却不提或少提固定资产减值准备，这样不但虚夸了固定资产，而且还虚增了利润，结果造成会计信息失真，企业潜亏严重。

其次，由于固定资产一旦发生减值，往往意味着发生了永久性减值，其价值很难在以后会计期间恢复，因此，我国会计准则规定，固定资产减值准备一经计提，在以后会计期间不得转回。

（六）在建工程

在建工程本质上是正在形成中的固定资产，它是企业固定资产的一种特殊表现形式。该项目应根据"在建工程"科目的期末余额，减去"在建工程减值准备"科目期末余额后的金额填列。

在建工程占用的资金属于长期资金，但是投入前属于流动资金。如果工程管理出现问题，会使大量的流动资金沉淀，甚至造成企业流动资金周转困难。因此，在分析该项目时，应深入了解工程的工期长短，及时发现存在的问题。

对在建工程的分析还要注意其转为固定资产的真实性和合理性，谨防企业利用在建工程完工虚增资产和收入的造假行为。

（七）无形资产

无形资产是指企业拥有或控制的没有实物形态的可辨认非货币性资产。该项目应根据"无形资产"科目的期末余额，减去"累计摊销"和"无形资产减值准备"科目期末余额后的金额填列。

对无形资产的分析，可从以下几个方面进行。

1. 无形资产的规模和盈利能力分析

无形资产是商品经济高度发达的产物，看似无形，却如同一双看不见的手，给企业的生存和发展以巨大影响。伴随着科技进步特别是知识经济时代的到来，无形资产对企业生产经营活动的影响越来越大。在知识经济时代，企业控制的无形资产越多，可持续发展能力和竞争能力就越强，因此企业应重视对无形资产的培育。另外，还要注意考察无形资产的类别比重，借以判断无形资产的质量。具体来说，专利权、商标权、著作权、土地使用权、特许权等无形资产价值质量较高，且其价值易于鉴定；而一旦企业的无形资产以非专利技术等不受法律保护的项目为主，则容易产生资产的"泡沫"。

2. 无形资产摊销政策分析

企业应当正确地分析判断无形资产的使用寿命，对于无法预见无形资产为企业带来经济利益期限的，应当视为使用寿命不确定的无形资产，对该类无形资产不应摊销；使用寿命有限的无形资产则应当考虑与该项无形资产有关的经济利益的预期实现方式，采用适当的摊销方法，将其应摊销金额在使用寿命期内系统合理地摊销。分析时应仔细审核无形资产的摊销是否符合会计准则的有关规定。尤其是无形资产使用寿命的确定是否正确；有无将本能确定使用寿命的无形资产作为使用寿命不确定的无形资产不予摊销；摊销方法的确定是否考虑了经济利益的预期实现方式；摊销方法和摊销年限有无变更、变更是否合理等。

3. 无形资产减值分析

无形资产是一种技术含量很高的特殊资源，它的价值确认存在着高风险。因此，无形资产发生减值也是一种正常现象。分析时一方面要注意无形资产减值准备计提的合理性，另一方面也要注意无形资产减值准备一经确认，在以后期间也不得任意转回。

（八）商誉

商誉是指在非同一控制下的企业合并中，购买方付出的合并成本超出合并中取得的被购买方可辨认净资产公允价值的差额。该项目应根据"商誉"科目的期末余额，减去相应减值准备后的金额填列。

商誉是一项特殊的资产，它只有在企业合并中才有可能产生并确认，代表了被购买企业的一种超额获利能力。企业合并所形成的商誉，至少应当在每年年度终了时进行减值测试。初始确认后的商誉，以其成本扣除累计减值准备后的金额计量。对该项目的分析，主要是结合企业会计政策的说明，判断商誉确认和商誉减值测试的正确性，从而分析商誉价值的真实性。

（九）长期待摊费用

长期待摊费用是指企业已经发生但应由本期和以后各期负担的分摊期在一年以上（不含一年）的各项费用，如以经营租赁方式租入的固定资产发生的改良支出等。该项目应根据"长期待摊费用"科目的期末余额减去将于一年内（含一年）摊销的数额后的金额填列。

长期待摊费用实质上是按照权责发生制原则对费用的资本化，该项目根本没有变现性，其数额越大，表明资产的质量越低。因此，对企业而言，这类资产数额应当越少越好，占资产总额的比重越低越好。

在分析长期待摊费用时，应注意企业是否存在根据自身需要将长期待摊费用当做利润的调节器的情况。即在不能完成利润目标或者相差很远的情况下，将一些影响利润的本不属于长期待摊费用核算范围的费用转入；而在利润完成情况超目标时，又会出于"以丰养欠"的考虑，加快长期待摊费用的摊销速度，将长期待摊费用大量提前转入摊销，以达到降低和隐匿利润的目的，为以后各期经营业绩的提高奠定基础。

（十）其他非流动资产

其他非流动资产是指除上述资产以外的，由于某种特殊原因，个业不得随意支配的资产。这种资产一经确定，未经许可，企业无权支配和使用，但仍应加强管理，并单独予以存放和核算。就其数量判断而言，既为"其他"，其数额不应过大，若数额较大，则需要进一步分析。

除了特准储备物资，企业的其他长期资产往往是不正常的，如待处理海关罚没物资、税务纠纷冻结物资、未决诉讼冻结财产、海外纠纷冻结财产等。这些挂在账上的所谓"资产"，能否保障变现不能确定。显然，这种资产的质量极差。另外，即便是特准储备物资，其变现性和流动性也是很差的。这是因为特准储备物资是专为特大自然灾害所储备的，因此非常重要，任何单位、个人未经有关部门批准不得随意处理。所以，在分析资产的流动性和偿债能力时，一般应将其他非流动资产扣除。

第三节　负债类项目编制与分析

一、负债类项目分析概述

负债是指由企业过去的交易或者事项形成的、预期会导致经济利益流出企业的现时义务。负债代表了债权人权益，它与所有者权益均对企业的资产有要求权。

从负债的定义可以看出，负债至少具有以下两个基本特征：首先，负债是基于过去的交易或事项而产生的、由企业承担的现时义务。现时义务是指企业在现行条件下已承担的义务，未来发生的交易或事项形成的义务不属于现时义务，不应当确认为负债。其次，负债的清偿预期会导致经济利益流出企业，即现时义务的履行通常意味着企业放弃含有经济利益的资产，以满足对方的要求。

企业经营所需资金的来源有两个，一是所有者投资，二是从银行或其他债权人处借款。企业所需资金全部来源于投资者是不现实的，而且也不一定对投资者有利。因此，企业应当合理地利用借款。负债的好处在于：①恰当地利用借款，可以给企业带来较好的收益。企业将借来的钱投入生产，如果投资报酬率大于利息率，就会给企业带来高于利息的收益，借入的款项越多，给企业带来的收益就越多，这对股东显然是有利的。当然，如果投资报酬率小于利息率，利用借款所产生的收益不足以弥补应支付的利息，这时的借款反而给企业带来了损失。因此，确定一个合理的举债金额，以及如何使用这笔借款，将会对企业的生产产生重大影响。②借款利息可以在税前扣减。根据我国税法规定，利息可以在税前扣减，但支付给投资者的利润却不能在税前扣减。在考虑所得税因素后，企业实际负担的利息应是扣除所得税后的余额。

当然，借款不能是无限度的，要考虑企业的财务状况，即是否能到期偿还。偿债能力成为衡量企业财务实力的重要指标，可见，对负债或偿债能力的分析历来是财务报告分析的重点。

一般来说，企业的偿债能力是以资产变现能力来衡量的。资产按其变现能力的强弱，可以分为流动资产和长期资产。因此，为了便于分析企业的财务状况和偿债能力，对于负债也通常按流动性或者偿债的紧迫性分为流动负债和非流动负债。企业负债的大小及其结构影响着企业的财务状况和偿债能力，它不论对企业还是对企业的债权人都是很重要的。在对企业的偿债能力进行分析时，不同的债权人对企业的偿债能力有不同关注，短期债权人关注的是企业在一年或一个营业周期内有多少债务必须偿还，可用于偿还的流动资产有多少；长期债权人所关注的是企业长远的获利能力和经济效益，因为企业即使当前拥有雄厚的财力，并不等于说长期债务到期时，企业就有了可靠的偿还保证，长期债权人要从企业长期负债的多少以及企业拥有的全部资产结构和未来的获利能力等方面做出企业将来对长期负债偿还能力的判断。

在分析负债项目时还要特别注意的是，由于负债率过高会影响公司的偿债能力，因负债而产生的利息会减少利润，因而有些公司会采取隐瞒负债的做法。对此，会计报表使用者应当引起重视，具体应结合对公司生产经营以及现金流量的分析，判断企业负债披露的真实性和完整性。

二、流动负债项目编制与分析

流动负债是指预计在一个正常营业周期中清偿，或者主要为交易目的而持有，或者自资产负债表日起一年内（含一年）到期应予以清偿，或者企业无权自主地将清偿推迟至资产负债表日后一年以上的负债。流动负债主要包括短期借款、应付票据、应付账款、预收账款、应付职工薪酬、应付股利、应交税费、应付利息、其他应付款等。

流动负债具有以下特点：

(1)筹资成本低。一般来说，流动负债利率较低，有些应付款项甚至无需支付利息，因而筹资成本较低。

(2)期限短。流动负债的期限一般都在1年以下，有时为半年、3个月、1个月，甚至更短。

(3)金额小。流动负债的金额一般不会太大。

(4)到期必须偿还。流动负债发生的频率最高，一般到期必须偿还，否则将会影响企业信用，以后再借将会发生困难。

(5)流动负债一般只适合企业流转经营中短期的、临时性的资金需要，不适合固定资产等非流动资产。

(一)短期借款

短期借款是指企业向银行或其他金融机构等借入的期限在1年(含1年)以下的各种借款。该项目应根据"短期借款"科目的期末余额填列。

企业因生产周转或季节性原因等出现资金暂时短缺时，可向开户银行或其他金融机构申请短期贷款，以保证生产经营的正常进行。我国企业这一项目在流动负债总额中所占的份额较大，在进行分析时，应注意分析短期借款的以下问题：

(1)短期借款应与流动资产规模相适应。从财务角度观察，短期借款筹资快捷，弹性较大。任何一个企业在生产经营中都会发生或多或少的短期借款。短期借款的目的就是为了维持企业正常的生产经营活动，因此，短期借款必须与当期流动资产，尤其是存货项目相适应。一般而言，短期借款应当以小于流动资产的数额为上限。

(2)短期借款应与企业当期收益相适应。经营卓越有效的企业并不在乎短期借款数额绝对数的高低，而应注重其产出是否大于投入，即运营效率是否高于借款利率。

(二)应付票据

应付票据是指企业因购买材料、商品等而开出、承兑的商业汇票，包括银行承兑汇票和商业承兑汇票。该项目应根据"应付票据"科目的期末余额填列。

根据《中华人民共和国票据法》规定，商业汇票的偿付期限最长不得超过 6 个月，是企业一种到期必须偿付的"刚性"债务。企业的应付票据如果到期不能支付，不仅会影响企业的信誉，影响以后资金的筹集，而且还会招致银行的处罚。按照规定，如果应付商业汇票到期，企业的银行存款账户余额不足以支付票款，银行除退票外，还要比照签发空头支票的规定进行处罚。因此在进行报表分析时，应当认真分析企业的应付票据，了解应付票据的到期情况，预测企业未来的现金流量，评价应付票据的偿还能力。

（三）应付账款

应付账款是指企业因赊购材料、商品或接受劳务供应等经营活动应支付的款项。该项目应根据"应付账款"和"预付账款"科目所属各明细科目的期末贷方余额合计数填列；如"应付账款"科目所属明细科目期末有借方余额的，应在资产负债表"预付账款"项目内填列。

应付账款属于企业的一种短期资金来源，是企业最常见、最普遍的流动负债，一般不用支付利息，有的供货单位为刺激客户及时付款还规定了现金折扣条件。企业利用商业信用大量赊购，推迟付款，但隐含的代价是增大了企业的信誉成本，如果不能按期偿还应付账款，可能导致企业信誉殆尽，以后无法再利用这种资金来源，从而影响企业未来的发展。一旦引起法律诉讼，则会使企业遭受更大损失，甚至导致企业破产。因此，在对应付账款进行分析时，应注意观察其中有无异常情况，测定企业未来的现金流量，对应付账款的偿还能力做出正确判断。

（四）预收账款

预收账款是指企业按照合同规定向购货单位预收的款项。预收账款是一种特殊的债务，其在偿付时不是以现金支付，而要以实物（存货）支付，所以，预收账款的偿还一般不会对现金流量产生影响。该项目应根据"预收账款"和"应收账款"科目所属各明细科目的期末贷方余额合计数填列；如"预收账款"科目所属各明细科目期末有借方余额，应在资产负债表"应收账款"项目内填列。

预收账款是一种"良性"债务，对企业来说，预收账款越多越好。因为预收账款作为企业的一项短期资金来源，在企业发送商品或提供劳务前可以无偿使用；在企业发送商品和劳务后立即转化为企业的收入。

预收账款的另一个重要作用在于，由于预收账款一般是按收入的一定比例预交的，通过预收账款的变化可以预测企业未来营业收入的变动。

（五）应付职工薪酬

应付职工薪酬是指企业根据有关规定应付给职工的各种薪酬，包括职工工资、奖金、津贴和补贴，职工福利费，医疗、养老、失业、工伤、生育等社会保险费，住房公积金，工会经费、职工教育经费，非货币性福利等因职工提供服务而产生的义务。应付职工薪酬包括职工在职期间和离职后提供给职工的全部货币性薪酬和非货币性福利。

在分析应付职工薪酬时，需要综合考虑企业人工成本核算的完整性和准确性，应注意企业是否通过该项目来调节利润，即利用不合理的预提方式提前确认费用和负债，从而达到隐瞒利润、少缴税款的目的。当然，如果企业应付职工薪酬余额过大，尤其是期末数额比期初数额增加过大，则可能意味着企业存在拖欠职工工资的行为，而这有可能是企业资金紧张、经营陷入困境的表现。

（六）应付股利

应付股利（利润）是指企业根据股东大会或类似机构审议批准的利润分配方案确定分配给投资者的现金股利或利润。该项目应根据"应付股利"科目的期末余额填列。

值得注意的是，股份有限公司可采用的股利分配形式有现金股利与股票股利。而股票股利实质是所有者权益结构调整的重大财务决策，不涉及现实负债问题，所以，资产负债表上所反映的应付股利（利润）指的是企业应付而未付的现金股利。应着重分析企业应付而未付的利息数额是否巨大，有无足够的现金流进行支付。

（七）应交税费

应交税费是指企业应向国家税务机关交纳而尚未交纳的各种税金和专项收费。该项目应根据"应交税费"科目的期末贷方余额填列；如"应交税费"科目期末为借方余额，应以"—"号填列。

应交税费是企业应向国家和社会承担的义务，具有较强的约束力。由于应缴税费涉及的税种和收费项目较多，在分析此项目时，应当首先了解欠税的内容，有针对性地分析企业欠税的原因。如该项目为负数，则表示企业多交的应当退回给企业或由以后年度抵交的税金。

（八）其他应付款

其他应付款是指企业除应付票据、应付账款、预收账款、应付职工薪酬、应付股利、应交税费、应付利息等经营活动以外的其他各项应付、暂收的款项，如应付租入包装物租金、存入保证金等。该项目应根据"其他应付款"科目的期末余额填列。

在资产负债表中该项目的数额与主营业务的债务相比不应过大，且时间也不易过长。否则，其他应付款项目中就可能隐含企业之间的非法资金拆借、转移营业收入等违规挂账行为。

三、非流动负债项目编制与分析

非流动负债是指流动负债以外的负债，主要包括长期借款、应付债券、长期应付款、专项应付款、预计负债等。非流动负债主要用于企业生产经营的投资建设，满足企业扩大再生产的需要，因而具有债务金额大、偿还期限长、分期偿还的特征。在分析非流动负债时，应对其总额进行数量判断，即将非流动负债与负债总额进行比较。一般来说，非流动负债占负债总额的比重，成长型企业较高，成熟型企业较低。

（一）长期借款

长期借款是指企业向银行或其他金融机构等借入的期限在 1 年以上（不含 1 年）的各项借款。该项目应根据"长期借款"总账科目的期末余额扣除"长期借款"科目所属的明细科目中将在一年内到期，且企业不能自主地将清偿义务展期的长期借款后的金额计算填列。

长期借款期限长、利率高，且是固定的，主要适用于补充长期资产需要。它可以一次性还本付息，也可以分次还本付息。相对于长期债券而言，长期借款具有以下优点：

（1）融资速度快。长期借款的手续比发行债券简单得多，得到借款所花费的时间较短。

（2）借款弹性大。借款时企业与银行直接交涉，有关条件可以谈判确定；用款期间发生变动，亦可与银行再协商。而债券融资所面对的是社会广大投资者，协商改善融资条件的可能性很小。

（3）借款成本相对较低。长期借款利率一般低于债券利率，且由于借款属直接融资，融资费用也较少。

在进行报表分析时，应对长期借款的数额、增减变动及其对企业财务状况的影响予以足够的重视。有一定数量的长期借款，表明企业获得了金融机构的有力支持，拥有较好的商业信用和比较稳定的融资渠道。不过，长期借款也有一定的缺点，主要表现在有较多的限制和约束，企业必须严格按借款协议规定的用途、进度等使用借款，这在一定程度上可能会约束企业的生产经营和借款的作用。分析长期借款时应注意以下问题：

（1）与固定资产、无形资产的规模相适应。长期借款的目的就是为了满足企业扩大再生产的需要，金融机构对于发放此项信贷有明确的用途和控制。因此，长期借款必须与当期固定资产、无形资产的规模相适应。一般而言，长期借款应当以小于固定资产与无形资产之和的数额为上限。否则，企业有转移资金用途之嫌，如将长期借款用于炒股或期货交易等。

（2）长期借款利息费用的处理。与短期借款相比，长期借款除借款期限较长外，其不同点还体现在对借款利息费用的处理上。对此，必须关注会计报表附注中关于借款费用的会计政策，分析长期借款利息费用会计处理（资本化或费用化）的合理性。

（二）应付债券

应付债券是指企业为筹集长期使用资金而发行的债券。该项目应根据"应付债券"科目的期末余额填列。

相对于长期借款而言，发行债券需要经过一定的法定手续，但对款项的使用没有过多的限制。但也要注意应付债券的规模应当与固定资产、无形资产的规模相适应。同长期借款的目的一样，应付债券也是为了满足企业扩大再生产的需要，因此，应付债券必须与当期固定资产、无形资产的规模相适应。另外，应付债券是企业面向社会募集的资金，债权人分散，如果企业使用资金不利或转移用途，将会波及企业债券的市价和企业的声誉。所以，在进行报表分析时，应对应付债券的数额、增减变动及其对企业财务状况的影响予以足够的关注。

（三）长期应付款

长期应付款是指企业除长期借款和应付债券以外的其他各种长期应付款，包括应付融资租入固定资产的租赁费、以分期付款方式购入固定资产等发生的应付款项等。该项目应根据"长期应付款"科目的期末余额，减去相应的"未确认融资费用"科目期末余额后的金额填列。

与长期借款和应付债券相比，融资租赁和分期付款方式在获得固定资产的同时借到一笔资金，然后分期偿还资金及其利息，有利于减轻一次性还本付息的负担，但同时也意味着在未来一定期间内企业每年都会发生一笔固定的现金流出。因此，在进行报表分析时，应结合会计报表附注中对长期应付款具体项目的披露，对长期应付款的数额、增减变动及其对企业未来财务状况的影响予以足够的关注。

（四）专项应付款

专项应付款是企业取得的政府作为企业所有者投入的具有专项或特定用途的款项。该项目应根据"专项应付款"科目的期末余额填列。

企业在收到该款项时将其作为负债，用于特定的工程项目，待工程项目完工形成长期资产时，专项应付款应转入资本公积。可见，专项应付款不仅一般无需偿还，还会在将来增加所有者权益，再加上能够获得国家专项或特定用途的拨款往往意味着企业获得了国家的政策支持，因此，专项应付款也可以看做一项良性债务，其数额越大，意味着未来净资产越有可能获得较大增加。

（五）预计负债

预计负债是因或有事项而确认的负债。或有事项是指过去的交易或事项形成的，其结果须由某些未来事项的发生或不发生才能决定的不确定事项，如对外提供担保、未决诉讼、产品质量保证等。与或有事项相关的义务满足一些条件时，应当确认为预计负债，并在资产负债表中列示；否则，则属于或有负债，或有负债只能在表外披露，不能在表内确认。该项目应根据"预计负债"科目的期末余额填列。

分析预计负债应注意以下几点。

1. 预计负债的确认必须满足一定的条件

根据会计准则，与或有事项相关的义务同时满足下列条件时，才可以确认为预计负债：①该义务是企业承担的现时义务；②履行该义务很可能导致经济利益流出企业；③该义务的金额能够可靠计量。正确区分预计负债和或有负债是对预计负债进行分析的前提和关键。由于预计负债的确认不仅会增加企业的债务，还会增大费用，降低利润，因此，首先要对预计负债确认的合理性进行判断。即要对照上述条件，分析企业是否为了隐瞒利润将未满足条件的或有负债确认为预计负债；抑或将本已满足确认条件的或有事项仍然仅作表外披露，不予确认。解读时，可以借助会计报表附注中或有事项的有关说明和其他资料进行判断。

2. 预计负债的确认是一个持续过程

与其他传统会计要素的确认和计价不同，预计负债在初始计量后，还需要根据资产负债表日的最佳估计数对预计负债的账面价值进行复核或调整，也就是说，预计负债往往需要经过多次确认和计量。

3. 预计负债并不一定代表了未来实际需要偿还的金额

预计负债的数额是企业根据一些客观条件进行估计的结果，估计数并不一定与最终的结果一致。例如，对于预期会败诉的被告而言，因为未决诉讼将产生一项预计负债，但其最终结果都是由诉讼的最终调节或判决来决定。因此，预计负债与实际负债可能存在差异，也存在一定的转化期限。

第四节　所有者权益项目编制与分析

一、所有者权益项目分析概述

所有者对企业净资产的要求权形成企业的所有者权益。因此，所有者权益实质上是指所有者在企业资产中享有的经济利益，其金额为资产减去负债后的余额。具体而言，所有者权益在资产负债表上反映为实收资本(或股本)、资本公积、盈余公积、未分配利润四个部分。所有者权益分析可以向投资者、债权人等提供有关资本来源、净资产的增减变动、分配能力等与其决策相关的信息。因此，在进行报表分析时，应对所有者权益的金额、增减变动及其对企业财务状况的影响予以足够的重视。

首先，进行总量判断。资产总额代表了一个企业的生产经营规模，掌握一个企业的资产总额固然重要，但更要关注其净资产有多少，因为净资产表明企业生产经营的最终结果，表明企业实际的财务实力。如果一个企业绝大部分资产都来源于负债，净资产规模和比重过小，表明企业的资产大多需要用于偿债，而一旦资金周转出了问题，甚至有可能陷入破产清算的边缘。

其次，进行结构分析。即将所有者权益项目分为内部和外部两大类，然后进行期末与期初的对比分析。实收资本和资本公积来源于企业外部(投资人)的资本投入，而盈余公积和未分配利润(二者合称"留存收益")则来源于企业内部(经营者)的资本增值。外部所有者权益的持续增长，只能说明投资额的加大，代表了企业外延式扩大再生产的能力；而内部所有者权益的持续增长，才意味着企业经营者的资本保值、增值能力，表明企业拥有充裕的自由资金和良好的偿债能力，代表了企业内涵式扩大再生产的能力。

对所有者权益项目进行分析时可结合企业的另一张基本会计报表——所有者权益变动表进行。

二、所有者权益项目编制与分析

(一)实收资本

实收资本是投资者按照企业章程或合同、协议的约定，投入企业形成法定资本的价值。该项目应根据"实收资本"科目的期末余额填列。

实收资本一般情况下无须返还给投资者，它是企业持续经营最稳定的物质基础。实收资本包括国家、其他单位和个人对企业的各种投资。企业资本的来源及其运用受企业组织形式、相关法律的约束较多。股份有限公司与其他企业比较，最显著的特点是将企业的全部资本划分为等额股份，并通过发行股票的方式来筹集股本。股东以其认购股份对公司承担有限责任。股本是指股东按照企业章程或合同、协议的约定，实际投入企业的资本。

分析实收资本首先应看实收资本的规模。实收资本揭示了一个企业生产经营的物质基础。实收资本总额越大，企业的物质基础就越雄厚，经济实力就越强。其次考察实收资本的增减变动情况。除非企业出现增资、减资等情况，实收资本在企业正常经营期间一般不会发生变动。实收资本的变动将会影响企业投资者对企业的所有权和控制权，而且对企业的偿债能力、获利能力等都会产生影响。当然，企业投资者增加投入资本，会使营运资金增加，表明投资者对企业的未来充满信心。

(二)资本公积

资本公积是企业收到的投资者出资额超出其在股本中所占份额的部分(股本溢价)，以及直接计入所有者权益的利得和损失等。其中，形成股本溢价的原因有溢价发行股票、投资者超额缴入资本等；直接计入所有者权益的利得和损失是指不应计入当期损益、会导致所有者权益发生增减变动的、与所有者投入资本或者向所有者分配利润无关的利得或者损失，如企业的长期股权投资采用权益法核算时，因被投资企业除净损益以外所有者权益的其他变动，投资企业按应享有份额而增加或减少的资本公积；可供出售金融资产在持有期间的公允价值变动损益等。该项目应根据"资本公积"科目的期末余额填列。

1. 资本公积的性质

了解资本公积与实收资本(或股本)、留存收益的区别有助于深刻理解资本公积的性质。资本公积与实收资本的区别主要表现在：

(1)从来源和性质看，实收资本是指投资者按照企业章程或合同、协议的约定实际投入企业，并依法进行注册的资本，它体现了企业所有者对企业的基本产权关系；资本公积是投资者的出资中超出其在注册资本中所占份额的部分，以及直接计入所有者权益的利得和损失，它不直接表明所有者对企业的基本产权关系。

(2)从用途看，实收资本的构成比例是确定所有者参与企业财务经营决策的基础，也是企业进行利润分配(或股利分配)的依据，同时还是企业清算时确定所有者对净资产的要求权的依据；资本公积的用途主要是用来转增资本(或股本)，资本公积不体现各所有者的占有比例，也不能作为所有者参与企业财务经营决策或进行利润分配（或股利分配）的依据。

资本公积与留存收益的区别体现在：留存收益是企业从历年实现的利润中提取或形成的留存于企业的内部积累，来源于企业生产经营活动实现的利润；资本公积的来源不是企业实现的利润，而主要来自资本溢价（或股本溢价）等。

2. 资本公积项目来源的可靠性

由于资本公积是所有者权益的有机组成部分，而且它通常会直接导致企业净资产的增加，因此，应特别注意企业是否存在通过资本公积项目来改善财务状况的情况。如果该项目的数额本期增长过大，就应进一步了解资本公积的构成。因为有的企业为了小集团利益，通过虚假评估来虚增净资产（如通过将自用房地产转换为采用公允价值模式计量的投资性房地产，且对该资产的公允价值进行操纵），以达到粉饰资产负债率和企业信用形象的目的。

（三）留存收益

留存收益是指企业从历年实现的利润中提取或形成的留存于企业的内部积累，主要包括计提的盈余公积和未分配利润。留存收益是留存在企业的一部分净利润，一方面可以满足企业维持或扩大再生产经营活动的资金需要，保持或提高企业的获利能力；另一方面可以保证企业有足够的资金用于偿还债务，保护债权人的权益。所以，留存收益增加，将有利于保全资本、增强企业实力、降低筹资风险、缓解财务压力。对留存收益分析的主要内容是：了解留存收益的变动总额、变动原因和变动趋势；分析留存收益的组成项目，评价其变动的合理性。

1. 盈余公积

盈余公积是指企业按照有关规定从净利润中提取的积累资金。公司制企业的盈余公积包括法定盈余公积和任意盈余公积。法定盈余公积是指企业按照规定的比例从净利润中提取的盈余公积，任意盈余公积是指企业按照股东会或股东大会决议提取的盈余公积。企业提取的盈余公积可用于弥补亏损、扩大生产经营、转增资本或派发现金股利等。该项目应根据"盈余公积"科目的期末余额填列。

分析盈余公积应注意以下问题：

（1）总量判断。由于盈余公积是企业净利润中形成的，主要用于满足企业维持或扩大再生产经营活动的资金需要，其既无使用期限，亦无需支付利息。因此，企业应尽可能地多计提盈余公积，这样既可以提高企业的偿债能力，又能提高企业的获利能力。但考虑到投资者的经济利益，盈余公积的提取数额又受到一定的限制。分析时，应注意盈余公积是否按规定计提及使用。

（2）结构判断。分析法定盈余公积和任意盈余公积的结构有助于了解企业的意图。例如，任意盈余公积所占比重较大，说明企业意在加强积累，谋求长远效益。

2. 未分配利润

未分配利润是企业实现的净利润经过弥补亏损、提取盈余公积和向投资者分配利润后留存在企业的、历年结存的利润。该项目应根据"本年利润"和"利润分配"科目的余额计算填列。未弥补的亏损在该项目内以"—"号填列。

由于未分配利润相对于盈余公积而言，属于未确定用途的留存收益，所以，企业在使用未分配利润上有较大的自主权，受国家法律法规的限制比较少。分析时应注意，未分配利润是一个变量，既可能是正数（未分配的利润），也可能是负数（未弥补的亏损）。可将该项目的期末与期初配比，以观察其变动曲线和发展趋势。

第五节　资产减值准备明细表编制与分析

一、资产减值准备明细表的性质和作用

资产减值准备明细表是反映企业在一定会计期间各项资产减值准备的增减变动情况的报表。根据新《企业会计制度》规定，企业应当定期或者至少于每年年度终了时，对各项资产进行全面检查，并根据谨慎性原则的要求，合理地预计各项资产可能发生的损失，对可能发生的各项资产损失计提减值准备。为了全面反映企业各项资产的减值情况，给会计信息使用者提供对决策有用的信息，便于深入分析资产减值情况，对企业的未来发展前景做出预测，要求企业编制资产减值准备明细表。

企业通过确认资产价值，可将长期积累的不良资产泡沫予以消化，提高资产的质量，使资产能够真实地反映企业未来获取经济利益的能力。同时，通过确认资产减值，还可使企业减少当期应纳税款，增加自身积累，提高其抵御风险的能力。另外，企业对外披露的会计信息中通过确认资产减值，可使利益相关者相信企业资产已得到优化，对企业盈利能力和抵御风险能力更具信心。我国目前关于资产减值准备的规定不仅说明了谨慎性原则的重要性，也有效地避免了资产的虚增导致企业利润的虚增，同时保证了企业财务资料的真实性、可比性。

当然，运用谨慎性原则并不意味着企业可以设置秘密准备，否则就属于滥用谨慎性原则，将视为重大会计差错处理。通过对可能发生的各项资产损失进行比较充分的估计，一方面扩大了计提资产减值准备的口径，同时缩小了企业通过关联交易来操纵利润的空间；另一方面，能真正体现出资产必须具有能够带来预期经济利益的属性，以提供更加稳健的会计信息，并防范风险。

二、资产减值准备明细表的格式和结构

资产减值准备明细表是新《企业会计制度》中要求企业编制的、说明企业资产减值情况的报表，是资产负债表的附表，包括表首、正表两部分。其中，表首说明报表名称、编制单位、编制日期、报表编号、货币名称、计量单位等；正表是资产减值准备明细表的主体，具体说明资产减值准备明细表的各项内容，包括坏账准备、存货跌价准备、长期股权投资减值准备、固定资产减值准备、无形资产减值准备等内容。每个项目中，又分为年初余额、本年增加数、本年转回数、年末余额四栏，分别列示其年度变化过程或结果。其格式如表2-3所示。

表 2-3 资产减值准备明细表

编制单位： ××年度 单位：元

项目	年初余额	本年增加数	本年转回数	年末余额
一、坏账准备合计				
二、存货跌价准备合计				
三、可供出售金融资产减值准备				
四、持有至到期投资减值准备				
五、长期股权投资减值准备				
六、投资性房地产减值准备				
七、固定资产减值准备				
八、工程物资减值准备				
九、在建工程减值准备				
十、生产性生物资产减值准备				
其中：成熟生产性生物资产减值准备				
十一、油气资产减值准备				
十二、无形资产减值准备				
十三、商誉减值准备				
十四、其他				

三、资产减值准备明细表的分析

下面对资产减值准备明细表中企业计提的部分资产减值准备项目进行分析。

（一）坏账准备

企业在期末分析各项应收款项的可收回性时，预计可能产生的坏账损失，并对可能发生的坏账损失计提坏账准备。计提的方法由企业自行确定。

应注意各项应收款项可收回的可能性的大小，防止企业滥用会计估计，从而计提秘密准备。

（二）存货跌价准备

企业在期末对存货进行全面清查时，如由于存货毁损、全部或部分陈旧过时或销售价格低于成本等原因，存货成本高于可变现净值，应按可变现净值低于存货成本部分计提存货跌价准备。

分析时应注意可变现净值的运用，可变现净值是指企业在正常生产经营过程中，以估计售价减去估计完工成本以及销售所必需的估计费用后的价值，即目前重新取得相同存货所需的成本。提取存货跌价准备的计量标准未选择市价，是因为市价的选择往往带有很大的主观性。

（三）可供出售金融资产减值准备

当有客观证据表明可供出售金融资产发生减值时，应当计提减值准备，确认减值损失。可供出售金融资产期末以公允价值计量，期末公允价值有时高于成本，有时低于成本，但现行会计准则规定公允价值低于成本不一定要确认减值。只有发生了对可供出售金融资产预计未来现金流量有不利影响（且这种影响能够可靠计量）的事项，才表明该可供出售金融资产发生了减值。

期末应对可供出售金融资产进行逐项检查，以确定可供出售金融资产是否已经发生减值。

（四）持有至到期投资减值准备

企业应当在资产负债表日对持有至到期投资的账面价值进行检查，有客观证据表明该资产已发生减值的，应当计提减值准备。持有至到期投资确认减值损失后，如有客观证据表明该资产的价值得以恢复，且客观上与确认该损失后发生的事项有关，原确认的减值损失应当予以转回，计入当期损益。但是，该转回后的账面价值不应超过假定不计提减值准备情况下该持有至到期投资在转回日的摊余成本。

期末应对持有至到期投资进行逐项检查，以确定持有至到期投资是否已经发生减值。

（五）长期股权投资减值准备

每年年末，企业应对长期股权投资的账面价值进行检查。如果出现减值迹象，应对其可收回金额进行估计。可收回金额应当根据长期股权投资的公允价值减去处置费用后的净额与长期股权投资预计未来现金流量的现值两者之中的较高者确定。

期末应对长期股权投资进行逐项检查，以确定长期股权投资是否已经发生减值。

（六）固定资产减值准备

企业应当在期末对固定资产逐项进行检查，如果由于技术陈旧、损坏、长期闲置等原因，其可收回金额（可收回金额是指资产的销售净价与预期从该资产的持续使用和使用寿命结束时的处置中形成的预计未来现金流量的现值两者之中的较高者）低于其账面价值，对可收回金额低于账面价值的差额，应当计提固定资产减值准备。

应注意分析企业利用减值准备调整各年盈亏的情况，固定资产计提减值准备后账面价值减少，在折旧率、折旧方法、残值率不变的条件下，以后各期因折旧额减少而利润额增加。这种盈余管理无需通过大量冲回减值准备即可实现，具有更强的隐蔽性。

（七）无形资产减值准备

企业应定期对无形资产的账面价值进行检查，至少于每年年末检查一次，并对无形资产的可收回金额（同上）进行估计，将无形资产的账面价值超过可收回金额的部分确认为减值准备，对可收回金额低于账面价值的差额，应当计提无形资产减值准备。

无形资产减值准备应按照单项项目进行计提，分析时应注意计提的合理性与充分性，因为对无形资产减值的确认和计量远远超出会计人员的专业能力，需要企业外部的专业技术评估机构才能认定。

（八）在建工程减值准备

企业在建工程预计发生减值时，如长期停建并且预计在 3 年内不会重新开工的在建工程，按照账面价值与可收回金额孰低计量，对可收回金额低于账面价值的差额，应当计提在建工程减值准备。

（九）商誉减值准备

商誉作为企业的一项资产，是指企业获取正常盈利水平以上收益（即超额收益）的一种能力，是企业未来实现的超额收益的现值，具体表现为在企业合并中购买企业支付的买价超过被购买企业净资产公允价值的部分。

商誉减值是指对企业在合并中形成的商誉进行减值测试后，确认相应的减值损失。商誉减值准备是按照账面价值与公允价值减去处置费用后的净额、预计未来现金流量的现值二者中的较高者进行确定的。

第六节　所有者权益变动表编制与分析

一、所有者权益变动表的性质和作用

（一）所有者权益变动表的含义与性质

企业财务报表体系包括资产负债表、利润表、现金流量表、所有者权益变动表和附注。所有者权益变动表作为财务报告中的主要报表之一，其地位和重要作用显而易见。

所有者权益变动表是一张反映企业在一定期间内构成所有者权益的各组成部分的增减变动情况的报表，属于年度会计报表。它反映三个方面的内容：一是因资本业务而导致所有者权益总额发生变动的项目，即所有者投入资本和向所有者分配利润；二是所有者权益项目内部的变动，如提取盈余公积；三是综合收益导致的所有者权益的变动。综合收益又由两部分构成，一是直接计入所有者权益的利得和损失，二是净利润。

所有者权益是企业资产扣除负债后由所有者享有的剩余权益，是企业自有资本的来源，它的数量多少、内部结构变动等都会对企业的财务状况和经营发展趋势产生影响，该报表已成为报表使用者十分关注的主要报表之一。

（二）所有者权益变动表的作用

（1）有利于揭示企业抵御财务风险的实力，为报表使用者提供企业盈利能力方面的信息。所有者权益是企业的自有资本，也是企业生产经营、承担债务责任、抵御财务风险的物质基础。所有者权益的增减变动直接决定着企业经济实力的强弱变化，即企业承担债务责任、抵御财务风险的实力变化。而所有者权益的增加主要源于企业利润的增长，所以该表也间接地反映出企业的盈利能力，从而为报表使用者提供企业盈利能力方面的信息。

（2）有利于对企业的保值增值情况做出正确判断，揭示所有者权益增减变动的原因。所有者权益变动表反映企业自有资本的质量，揭示所有者权益变动的原因，为报表使用者正确地评价企业的经营管理工作提供信息。所有者权益的增减变动有多种原因，该表全面记录了影响所有者权益变动的各个因素的年初余额和年末余额。通过每个项目年末和年初余额的对比以及各项目构成比例的变化，揭示所有者权益变动的原因及过程，从而为报表使用者判断企业自有资本的质量、正确评价企业的经营管理工作提供信息。

（3）有利于了解企业净利润的分配去向以及评价利润分配政策。所有者权益变动表反映企业股利分配政策及现金支付能力，为投资者的投资决策提供全面信息。该表既有资产负债表中的项目内容（所有者权益），又有利润表中的项目内容（净利润），还包括利润分配的内容。同时，向所有者支付多少利润又取决于公司的股利分配情况，该表不仅向投资人或潜在投资人提供了有关股利分配政策和现金支付能力方面的信息，而且通过这一过程将新《企业会计准则》"四大"主要报表有机地联系在一起，为报表使用者全面评价企业的财务状况、经营成果和企业发展能力提供了全面的信息。

（三）所有者权益变动表分析的目的

（1）通过对所有者权益变动表的分析，可以清晰地体现会计期间所有者权益各个项目的变动规模与结构，了解变动趋势，反映公司净资产的实力，提供保值增值的重要信息。

（2）通过对所有者权益变动表的分析，可以进一步从全面收益角度报告更全面、更有用的财务业绩信息，以满足报表使用者投资、信贷及其他经济决策的需要。

（3）通过对所有者权益变动表的分析，可以反映会计政策变更的合理性以及会计差错更正的幅度，具体报告会计政策和会计差错更正对所有者权益的影响数额。

（4）通过对所有者权益变动表的分析，可以反映股权分置、所有者权益分配政策、再筹资方案等财务政策对所有者权益的影响。

二、所有者权益变动表的格式和内容

（一）所有者权益变动表的格式

所有者权益变动表包括表首、正表两部分。其中，表首说明报表名称、编制单位、编制日期、报表编号、货币名称、计量单位等；正表是所有者权益变动表的主体，具体说明所有者权益变动表的各项内容，包括实收资本（或股本）、资本公积、法定盈余公积和任意盈余公积、未分配利润等。每个项目中，又分为年初余额、本年增加数、本年减少数、年末余额四小项，每个小项中，又分别按具体情况列示其不同内容。所有者权益变动表的格式见表 2-4。

表 2-4 所有者权益变动表

编制单位：ABC 股份有限公司 　　　　　2012 年度 　　　　　单位：元

项目	本年金额					
	实收资本	资本公积	减：库存股	盈余公积	未分配利润	所有者权益合计
一、上年年末余额	5 000 000			100 000	50 000	5 150 000
加：会计政策变更						
前期差错更正						
二、本年年初余额	5 000 000			100 000	50 000	5 150 000
三、本年增减变动金额（减少以"一"号填列）				104 940	516 660	621 600
（一）净利润					699 600	699 600
（二）直接计入所有者权益的利得和损失						
1. 可供出售金融资产公允价值变动净额						
2. 权益法下被投资单位其他所有者权益变动的影响						
3. 与计入所有者权益项目相关的所得税影响						
4. 其他						
上述（一）和（二）小计					699 600	699 600
（三）所有者投入和减少资本						
1. 所有者投入资本						
2. 股份支付计入所有者权益的金额						
3. 其他						
（四）利润分配				104 940	−104 940	0
1. 提取盈余公积				104 940	−104 940	0
2. 对所有者的分配					−78 000	−78 000
3. 其他						
（五）所有者权益内部结转						
1. 资本公积转增资本						

续表

项目	本年金额					
	实收资本	资本公积	减：库存股	盈余公积	未分配利润	所有者权益合计
2. 盈余公积转增资本						
3. 盈余公积弥补亏损						
4. 其他						
四、本年年末余额	5 000 000			204 940	566 660	5 771 600

（二）所有者权益变动表的内容

所有者权益变动表在一定程度上体现了企业全面收益的特点，除列示直接计入所有者权益的利得和损失外，同时包含最终属于所有者权益变动的净利润，从而构成企业的综合收益。

从反映的时间看，所有者权益变动表包括上年金额和本年金额两部分，列示两个会计年度所有者各项目的变动情况，便于对前后两个会计年度的所有者权益总额和各组成项目进行动态分析。

从反映的项目看，所有者权益变动表反映的内容可分为五个方面：

(1)所有者权益各项目本年年初余额的确定。一般情况下，本年的年初余额等于上年的年末余额。但如果企业年度内发生会计政策变更和会计差错更正等事项，需要对上年所有者权益进行调整的，企业在上年年末余额的基础上，将会计政策变更和会计差错更正的影响金额在该表中单独列示，将上年年末余额调整为本年年初余额。

(2)本年度取得的影响所有者权益增减变动的收益和利得或损失。其中企业正常生产经营产生的净利润以及直接计入当期损益的利得和损失包含在净利润中；企业发生的直接计入所有者权益的利得和损失需要单列项目反映。

(3)所有者投入和减少资本引起的所有者权益的增减变化。因企业经营方向调整或规模的变化，需要增加或减少资本的，所有者权益变动表应予以反映，包括所有者投入资本、股份支付计入所有者权益的金额等。

(4)利润分配引起的所有者权益各项目的增减变化。新《企业会计准则》将利润分配的内容放在所有者权益变动表中，并且所有者权益变动表由原来的附表上升为主表，充分说明了该表的重要性。利润分配反映企业经营成果的用途或去向，主要包括提取盈余公积金、对所有者的分配等。

(5)所有者权益内部项目之间的相互转化。其主要包括资本公积转增资本、盈余公积转增资本、盈余公积弥补亏损等。所有者权益内部项目之间的相互转化会引起资本结构的变化，但不会影响总额。

三、所有者权益变动表的编制

所有者权益变动表各项目应当根据当期净利润、直接计入所有者权益的利得和损失项目、所有者投入资本和向所有者分配利润、提取盈余公积等情况分析填列。

在该表中，直接计入当期损益的利得和损失应包含在净利润中。直接计入所有者权益的利得和损失应单列项目反映，主要包括三项：一是可供出售金融资产公允价值变动净额；二是权益法下被投资单位其他所有者权益变动的影响；三是与计入所有者权益项目相关的所得税影响。

四、所有者权益变动表的分析

对所有者权益变动表进行分析，主要应从所有者权益增减变动和利润分配两个方面进行。

（一）所有者权益增减变动分析

所有者权益增减变动分析，就是根据所有者权益变动表的资料和其他报表资料，分析企业所有者权益总额以及各具体项目的增减变动情况和变动趋势，以揭示增减变动的原因、存在的问题和差距。

所有者权益增减变动分析主要包括所有者权益增减变动比较分析和所有者权益增减变动比率分析。

1. 所有者权益增减变动比较分析

比较分析是指通过同类财务指标在不同时期或不同情况下数量上的比较，揭示指标间差异或趋势的一种方法。就所有者权益增减变动而言，主要是对前后期所有者权益总额、所有者权益具体项目进行差异额和差异率分析，以了解指标完成情况和变动趋势，从而找到努力的方向。

在分析所有者权益增减变动时，重点分析本年增减变动金额状况与资本公积变动情况。

1）本年增减变动金额状况分析

本年增减变动金额是所有者权益变动表的核心部分，反映所有者权益从年初到年末的增减变化全过程及原因。具体内容如下：

（1）净利润。该项目与利润表中的"净利润"一致。需要说明的是，净利润中包括直接计入当期损益的利得和损失。

（2）直接计入所有者权益的利得和损失。利得与收入不同，它不是经常性的收入，而是带有偶然性质的所得。将这种上下年之间没有可比性的偶然收益单独列示，向报表使用者披露增减的详细原因，有利于报表使用者对企业的财务状况、经济实力做出正确的判断。

（3）所有者投入和减少资本。企业的实收资本因各种情况会发生增减变化，所有者权益变动表要求单独列示以下三项内容：

第一，所有者投入资本。所有者投入资本通常采用如下形式：投资者追加投入的资本；分配股票股利，在办理增资手续后增加的股本；公司发行的可转换公司债券按规定转为股本；与债权人协商，将重组债务转为资本等。该项内容会引起企业实收资本（或股本）的增加。

第二，股份支付计入所有者权益的金额。企业以权益结算的股份支付换取职工或其他方提供服务的，应在行权日，根据实际行权的权益工具数量计算确定应计入实收资本(或股本)的金额，将其转入实收资本(或股本)。该项内容也会引起企业实收资本(或股本)的增加。

第三，企业实收资本减少。引起企业实收资本减少的主要原因包括两种：一是资本过剩；二是发生重大亏损需要减少实收资本。企业减少注册资本，须按照法定程序报经批准。股份有限公司采用收购本企业股票方式减资的，按注销股票的面值总额减少股本。购回股票支付的价款超过面值总额的部分，应依次冲减资本公积和留存收益；购回股票支付的价款低于面值总额的，所注销库存股的账面余额与所冲减股本的差额作为增加资本或股本溢价处理。另外，中外合作经营企业根据合同规定在合作期间归还投资者的投资时，也会引起资本的减少。

(4)利润分配。企业的税后净利润应按规定的程序进行分配，包括提取盈余公积、计算应付现金股利或利润等，剩余的部分为未分配利润。所有者权益变动表要求单独列示以下两项利润分配的内容：

第一，提取盈余公积。一般企业提取盈余公积包括法定盈余公积和任意盈余公积两部分。盈余公积项目反映的内容还包括中外合作经营企业在经营期间用利润归还的投资，金融企业计提的"一般风险准备"，外商投资企业计提的"储备基金"、"企业发展基金"和"职工奖励及福利基金"等。

第二，对所有者(或股东)的分配。企业在按规定计提了盈余公积等基金后，应制定股利分配方案。企业经股东大会或类似机构决议，分配给股东或投资者的现金股利或利润，记入"应付股利"；分配给股东或投资者的股票股利，在办理增资手续后，转作股本。

(5)所有者权益内部结转。所有者权益内部各项目之间的结转不会引起所有者权益总额的变化。所有者权益变动表要求单独列示以下三项内容：

第一，资本公积转增资本。资本公积转增资本是指企业为扩充资本的需要，经股东大会或类似机构决议，将资本公积的一部分转为实收资本，该业务不增加所有者权益总额，但改变了资本结构。

第二，盈余公积转增资本。其形式与资本公积转增资本类似，但是盈余公积转增资本所减少的是留存收益，是利润和资本之间的转化，因此它与资本公积转增资本有本质的区别。

第三，盈余公积弥补亏损。弥补以前年度的经营亏损的途径包括三种，用盈余公积补亏只是其中的一种，企业还可以用以后年度的税前利润(现行规定为5年内)和税后利润弥补亏损。金融企业用一般风险准备弥补亏损的，也应在该项目中有所反映。

2)资本公积变动情况分析

资本公积不同于实收资本，实收资本是投资者对公司的原始投入，而资本公积是由特定来源形成的，除股本溢价外，主要来自非所有者投入。从性质上讲，资本公积属于所有者权益，有特定的使用流向，是一种"准资本"。在对所有者权益变动表进行分析时，要了解其形成过程，破解其使用流向，以便于投资者对公司的自有资本质量做出准确的判断。

资本公积增加的原因包括：

(1)资本溢价。其包括公司收到投资者投入的股本与在股本中所占份额的差额；公司发行的可转换公司债券按规定转为股本时形成的差额；企业将重组债务转为股本时形成的差额；企业经股东大会或类似机构决议，用资本公积转增股本时形成的差额等。

(2)其他资本公积。按新《企业会计准则》的规定，其他资本公积包括：企业的长期股权投资采用权益法核算的，在持股比例不变的情况下，被投资单位除净损益以外所有者权益的其他变动形成的；企业以权益结算的股份支付换取职工或其他方提供服务时，按权益工具授予日的公允价值模式计量形成的；企业自用房地产或存货转换为采用公允价值模式计量的投资性房地产时，按转换日的公允价值计价形成的；企业将持有至到期投资重分类为可供出售金融资产时，在重分类日按该项持有至到期投资的公允价值计价形成的；在资产负债表日，可供出售金融资产的公允价值高于其账面余额形成的；在资产负债表日，满足运用套期会计方法条件的现金流量套期和境外经营净投资套期产生的利得，属于有效套期部分形成的。

资本公积减少的原因主要是转增资本。分析时要注意转增资本的额度，以及转增资本后的股数和新的股权比例情况。可通过转增资本前后的股本收益率、每股盈利、每股净资产等指标进一步加以分析。

2. 所有者权益增减变动比率分析

比率分析是通过计算同一时日或同一时期相关财务指标的比值，来揭示它们之间的关系及其经济意义，借以评价企业财务状况和经营成果的一种方法，具体包括相关比率分析和构成比率分析。

(1)相关比率分析。与所有者权益有关的相关比率有资本报酬率、净资产收益率、保值增值率、负债权益比率(产权比率)、附加资本(附加资本是指企业权益资本扣除实收资本后的余额，即表示企业用所有者实际投资带来的资本积累)对实收资本比率。通过与标准、前期、同行比较，找出差距，分析原因。

(2)构成比率分析。对所有者权益总体结构、所有者权益各具体项目内部结构(编制百分比所有者权益变动表)比对分析，以揭示增减变动原因。

(二)利润分配分析

利润分配分析应包括利润分配活动全面分析、利润分配项目分析和利润分配政策分析。

1. 利润分配活动全面分析

利润分配活动全面分析主要是对利润分配的规模、结构的变动情况和利润分配的变动趋势进行分析。通过分析，揭示利润分配规模、结构和趋势变动的原因，并对其变动情况及变动的合理性做出评价。

(1)利润分配规模及其变动分析。利润分配规模及其变动分析，就是要对企业本期净利润分配的各项实际数与前期的实际数进行对比，以揭示各主要分配渠道分配额的增减变动情况，确定增减变动的原因及其变动的合理性。对利润分配规模及其变动分析，主要是将所有者权益变动表的数据，与公司历史年度数据对比，分析各项分配项目的变动数量和变动率。

(2)利润分配结构及其变动分析。利润分配结构是指各分配渠道的分配额占可供分配利润总额的比重，通过结构分析可以反映利润分配项目与总体的关系及其变动情况。

(3)利润分配变动趋势分析。利润分配变动趋势分析是依据企业若干会计期间的所有者权益变动表所提供的利润分配情况，选择某一会计期间的资料作为基期，设该会计期间各个项目数额为100%，然后将其他会计期间相同项目的数据按基期项目数的百分比列示，进行序时的、连续的对比，以了解其发展变化趋势。

2.利润分配项目分析

利润分配项目分析主要是对企业留用利润和利润(或股利)分配进行分析，通过分析影响留用利润和利润(或股利)分配的因素，研究企业股利与留存收益之间比例关系确定的合理性。

(1)企业留用利润的分析。企业留用利润包括盈余公积(法定盈余公积、法定公益金、任意盈余公积)和未分配利润。对企业留用利润的分析可以从我国法律环境、所有者因素、公司因素及其他方面着手进行分析。

(2)企业利润(或股利)分配的分析。股利是公司按所有者所持股份的比例分配给所有者的本期或累计盈余利润。对企业股利分配的分析可以结合企业不同生命周期、企业收益的稳定性等方面进行分析。

3.利润分配政策分析

利润分配政策分析主要是对股利分配政策和股利支付方式的选择进行分析，通过了解股利分配政策(如剩余股利政策、固定股利政策、固定股利比例政策、不分配股利政策、正常股利加额外股利政策等)、股利支付方式的类型(如现金股利、财产股利、负责股利、股票股利等)及其优缺点，结合利润分配项目分析，评价企业选择股利政策的适当性与合理性。

第七节　应交增值税明细表编制与分析

一、应交增值税明细表的性质和作用

应交增值税明细表是资产负债表的重要附表，是反映企业一定时期内应交增值税和未交增值税情况的报表。通过该表可以全面地了解企业应交增值税的应交、已交、未交情况以及进项税额、销项税额、出口退税和进项税额转出等详细资料。

二、应交增值税明细表的格式和结构

应交增值税明细表的格式见表2-5。

表 2-5　应交增值税明细表

编制单位：　　　　　　　　　　　　　　　年　月　　　　　　　　　　　　　单位：元

项目	行次	本月数	本年累计数
一、应交增值税			
1. 年初未抵扣数（以"－"号填列）	1		
2. 销项税额	2		
出口退税	3		
进项税额转出	4		
转出多交增值税	5		
	6		
	7		
3. 进项税额	8		
已交税金	9		
减免税款	10		
出口抵减内销产品应纳税额	11		
转出未交增值税	12		
	13		
	14		
4. 期末未抵扣数（以"－"号填列）	15		
二、未交增值税			
1. 年初未交数（多交数以"－"号填列）	16		
2. 本期转入数（多交数以"－"号填列）	17		
3. 本期已交数	18		
4. 期末未交数（多交数以"－"号填列）	19		

三、应交增值税明细表的分析

1. 年初未抵扣数项目

该项目反映的是企业年初尚未抵扣的增值税税额。该项目根据"应交税费——应交增值税"明细账的借方余额填列，或以"－"号填列。

2. 销项税额项目

该项目反映的是企业销售货物或提供应税劳务应收取的增值税税额。该项目应根据"应交税费——应交增值税"明细科目"销项税额"专栏的记录填列。

3. 出口退税项目

该项目反映企业因出口货物退回的增值税税款。该项目应根据"应交税费——应交增值税"明细科目"出口退税"专栏的记录填列。

4. 进项税额转出项目

该项目反映企业购进的货物、在产品、产成品等发生非正常损失以及其他原因而不应从销项税额中抵扣,按规定应转出的进项税额。该项目应根据"应交税费——应交增值税"明细科目"进项税额转出"专栏的记录填列。

5. 转出多交增值税项目

该项目反映企业月度终了转出多交的增值税税额。该项目应根据"应交税费——应交增值税"明细科目"转出多交增值税"专栏的记录填列。

6. 进项税额项目

该项目反映企业购入货物或接受应税劳务而支付的、准予从销项税额中抵扣的增值税税额。该项目应根据"应交税费——应交增值税"明细科目"进项税额"专栏的记录填列。

7. 已交税金项目

该项目反映企业已交纳的增值税税额。该项目应根据"应交税费——应交增值税"明细科目"已交税金"专栏的记录填列。

8. 减免税款项目

该项目反映企业按规定可以减免的增值税税额。该项目应根据"应交税费——应交增值税"明细科目"减免税款"专栏的记录填列。

9. 出口抵减内销产品应纳税额项目

该项目反映企业按照规定计算的出口货物的进项税额抵减内销产品的应纳税额。该项目应根据"应交税费——应交增值税"明细科目"出口抵减内销产品应纳税额"专栏的记录填列。

10. 转出未交增值税项目

该项目反映企业月度终了转出未交的增值税税额。该项目应根据"应交税费——应交增值税"明细科目"转出未交增值税"专栏的记录填列。

11. 未交增值税项目

未交增值税各项目应根据"应交税费——未交增值税"明细科目的有关记录填列。

第八节　与资产负债表有关的财务比率计算与分析

一、短期偿债能力分析

(一)短期偿债能力分析的意义

短期偿债能力,是指一个企业流动资产与流动负债的比例关系。短期偿债能力的作用主要表现在:短期偿债能力关系到企业能否健康发展;短期偿债能力关系到债权人的权益;短期偿债能力关系到投资人的利益。

在分析企业短期偿债能力时，资产的流动性问题至关重要。因为资产流动性的强弱直接影响企业的偿债能力，而企业偿债能力的强弱关系到企业的生死存亡。近年来，我国的资本市场、金融市场、国际贸易等领域取得了长足的发展，与企业存在一定现实和潜在利益的单位和个人越来越多，企业经营情况和偿债能力受到了更多的关注，这促使我们更有必要研究企业的偿债能力。

（二）影响企业短期偿债能力的因素

1. 公司的融资能力

如果公司有较强的融资能力，如与银行等金融机构保持良好的信用关系，随时能够筹集到大量的资金来按期偿付债务和支付利息，可提高公司的支付能力。

2. 公司准备变现的长期资产

由于一些原因，公司可能将一些长期资产很快出售变成现金，以增加公司的短期偿债能力。

3. 公司的偿债信誉

如果公司的长期偿债能力一直很好，即公司信用良好，当公司短期偿债能力方面暂时出现困难时，公司可以很快通过发行债券和股票等方法来解决短期资金短缺，提高短期偿债能力。这种提高公司偿债能力的因素，取决于公司自身的信用状况和资本市场的筹资环境。

4. 公司的或有负债

按照会计准则规定，或有负债不作为负债登记入账，只需在表外作相应的披露即可。但是，影响或有负债的多种因素处于不断变化之中，随着时间的推移和事态的进展，或有负债对应的潜在义务有可能转化为现实义务，并且现时义务的金额也能够可靠计量，在这种情况下，或有负债就转化为企业的预计负债，应当予以确认。而预计负债一经确认，将会增加公司的偿债负担。

（三）短期偿债能力的主要指标分析

1. 营运资金

营运资金是指流动资产与流动负债之间的差额。其计算公式为

$$营运资金＝流动资产－流动负债$$

营运资金从绝对数的角度说明了企业的短期偿债能力。营运资金越多，说明企业的短期偿债能力越强，若营运资金为负，说明企业面临较大的财务风险。但营运资金并不是越高越好，因为从企业自身的角度来看，流动资产的获利能力不强，保持较高的营运资金，对以盈利为目的的企业来说较为不利。

另外，在进行分析时应注意，营运资金指标作为一个绝对数指标，不同行业营运资金的规模有很大区别，不同规模的企业间营运资金的区别也很大，所以不同行业、不同企业之间的营运资金缺乏可比性，实务中营运资金的单独分析没有多少实际意义，必须结合短期偿债能力的其他评价指标进行分析。

【例 2-1】　根据表 2-2 的资料，计算 ABC 股份有限公司营运资金的相关数据。

表 2-6　ABC 股份有限公司营运资金

项目	2012 年年初	2012 年年末	差异额
流动资产	4 751 400	5 058 200	306 800
流动负债	1 985 400	2 179 400	194 000
营运资金	2 766 000	2 878 800	112 800

从表 2-6 中可看出，2012 年年末，该公司流动资产远大于流动负债，短期偿债能力较强，并且年末营运资金比年初有一定幅度的增长，说明企业的短期偿债能力还在提高。

2. 流动比率

流动比率是指流动资产与流动负债的比率，它表明企业每百元流动负债有多少流动资产作为偿还的保证，反映企业在短期内用流动资产偿还到期流动负债的能力。其计算公式为

$$流动比率 = \frac{流动资产}{流动负债}$$

一般来说，流动比率越高，代表该企业的短期偿债能力越强，债权的安全保障程度越高；反之，则说明企业的短期偿债能力越弱，债权的安全保障程度越低。但从企业管理的角度来看，过高的流动比率意味着企业资本成本加大和获利能力降低，以致影响企业的盈利能力。

流动比率的经验比值为 2，但不同行业对流动比率合理性的标准界定是不同的，随着企业管理能力的增强，越来越多的企业都试图通过延长应付账款的期限等措施，来更多地利用供应商的资金支持其营运资本的需要，从而使当前企业的流动比率越来越接近于 1。

流动比率与营运资金分别从相对数和绝对数的角度来衡量企业的流动性和短期偿债能力，两者可以配合使用，这样更有利于分析企业的短期偿债能力。

流动比率在运用中应注意以下几点：

(1)流动比率各项要素都来自资产负债表的时点指标，只能表示企业在某一特定时刻一切可用资源及需偿还债务的状态与存量，与未来资金流量并无因果关系。因此，流动比率无法用来评估企业未来资金的流动性。

(2)应收账款的偏差性。应收账款金额的大小往往受销货条件及信用政策等因素的影响，不能将应收账款作为未来现金净流入的可靠指标。报表使用人应考虑使用较为科学的账龄分析方法，从而评估企业应收账款的质量。

(3)存货价值的不确定性。一般情况下，企业均以成本来表示存货的价值，并据以计算流动比率，而实际情况是，经由存货而带来的未来短期现金流入量，除了销售成本外，还有销售毛利，而流动比率未考虑毛利因素。

【例 2-2】　根据表 2-2，计算 ABC 股份有限公司 2012 年年初及年末的流动比率。

$$2012\text{ 年年初流动比率} = \frac{4\,751\,400}{1\,985\,400} = 2.39$$

$$2012\text{ 年年末流动比率} = \frac{5\,058\,200}{2\,179\,400} = 2.32$$

计算表明，该公司的短期偿债能力维持在 2 以上，相对比较合理。

3. 速动比率

速动比率是指速动资产与流动负债的比率。它表明企业每百元流动负债有多少速动资产来保障，是衡量企业流动资产可以立即变现用于偿还流动负债的能力。其计算公式为

$$\text{速动比率} = \frac{\text{速动资产}}{\text{流动负债}}$$

$$\text{速动资产} = \text{流动资产} - \text{存货} - \text{待摊费用}$$

速动比率越高，代表企业的短期偿债能力越强；反之，则说明企业的短期偿债能力越低。但是过高的速动比率，说明企业不能把足够的流动资金投入到存货、固定资产等生产、经营领域，错失良好的获利机会。

速动比率的经验比值为 1，速动比率可以结合流动比率来分析，这样更具有参考性。如果流动比率较高，即使速动比率较低，企业仍然有能力偿还到期的债务本息，只是企业的短期偿债能力要受到影响。另外，如果流动比率高，速动比率却很低，也说明流动资产中存货占了很大一部分，企业应该注意分析存货的质量以及数量是否合理。

速动比率在运用时应注意以下几点：

(1)与流动比率一样，速动比率是某一时点的静态指标，只是说明了在某一时刻用于偿还流动负债的速动资产，并不能说明企业的未来现金流量。同时，速动资产中的应收账款同样也存在着质量问题，从而影响速动比率的可靠度。

(2)在考察企业速动比率的同时，还应考虑企业在所处行业中的竞争地位以及获利能力。因为有时企业的速动比率虽然较低，但是企业预计在不远的将来会有大量的现金流入，从而缓解财务危机。

【例 2-3】 根据表 2-2，计算 ABC 股份有限公司 2012 年年初及年末的速动比率。

$$2012\text{ 年年初速动比率} = \frac{4\,751\,400 - 2\,158\,000}{1\,985\,400} = 1.31$$

$$2012\text{ 年年末速动比率} = \frac{5\,058\,200 - 1\,577\,280}{2\,179\,400} = 1.6$$

计算表明，该公司的速动比率维持在相对合理的区间内。

4. 现金比率

现金比率是指企业现金及其等价物余额与流动负债的比率，代表企业可以随时偿债的能力或对流动负债支付的及时程度，最能反映企业直接偿付流动负债的能力。其计算公式为

$$\text{现金比率} = \frac{\text{现金及现金等价物余额}}{\text{流动负债}}$$

现金比率越高，说明企业能够随时偿还流动负债的能力越高；反之，则说明企业能够随时偿还流动负债的能力越低。由于资产的流动性和盈利能力通常成反比，在企业的所有资产中，现金是流动性最好的资产，同时也是盈利能力最低的资产。保持较高的现金比率，就会使资产过多地保留在盈利能力最低的现金上，虽然提高了企业的偿债能力，但却降低了企业的获利能力。

【例 2-4】 根据表 2-2，计算 ABC 股份有限公司 2012 年年初及年末的现金比率，假设该公司交易性金融资产均符合现金及现金等价物的条件。

$$2012 \text{ 年年初现金比率} = \frac{1\,506\,300 + 210\,000}{1\,985\,400} = 0.86$$

$$2012 \text{ 年年末现金比率} = \frac{1\,347\,820 + 90\,000}{2\,179\,400} = 0.66$$

计算表明，现金比率年末比年初有所降低，说明了该公司的支付能力下降，且该公司的这一比率明显偏高，持有的现金及其等价物过多，可能会影响到公司的盈利能力。

二、长期偿债能力分析

（一）长期偿债能力分析的意义

长期偿债能力是指企业对债务的承担能力和对偿还债务的保障能力。长期偿债能力的强弱是反映企业财务安全和稳定程度的重要标志，对长期偿债能力的分析，不论是对债务人、债权人还是投资者，都具有十分重要的意义。

1. 有利于了解企业结构的合理性

资本结构合理的企业，拥有较强的、稳定的经济实力，从而能够偿付各种债务，对债权人的权益形成保障。在企业获利能力较强时，保持一定的负债比率，其承担的风险不会很大。但如果是规模较小、获利能力较差的企业，保持较高的负债比率，则具有较高的风险。因此，通过对长期偿债能力的分析，了解企业资本结构的合理性，可以为决策提供重要依据。

2. 有利于债权人了解债权的安全程度

债权人比较关心企业的经营情况和偿债能力，通过长期偿债能力指标的分析，可以真实掌握债务人的经营情况、获利能力以及偿债能力的强弱，以便确定债款及时收回的可能性和安全程度，同时也为债权人的进一步决策提供依据。

3. 有利于投资者确定投资方向

对于投资者来说，投资的目的是寻求较高的投资回报，通过对被投资公司长期偿债能力的分析，可以判断其投资的安全性和营利性。

（二）影响企业长期偿债能力的因素

1. 企业的资本结构

企业的资本分为权益资本和债务资本两个部分，由于企业自有资金很难满足经营的需要，因而负债经营是企业的普遍现象。企业的债务资本在全部资本中所占比重越大，筹资的成本越低，则财务杠杆发挥的作用就越明显，然而，无论企业经营业绩如何，负债都是要偿还本金及利息的，因此，负债有可能为企业带来相应风险。企业的资本结构中若权益资本较高，对债务的保障程度就较高；若债务资本较高，则可能在经营业绩下滑时，经过财务杠杆的放大作用，放大企业的财务风险，进而影响企业的偿债能力。

2. 企业的获利能力

企业的长期负债大多用于长期资产投资，在企业正常生产经营条件下，长期资产投资形成企业的固定生产能力，而偿债的主要资金来源则依靠企业生产经营所得。可见，企业的长期偿债能力是与企业的获利能力密切相关的，企业的获利能力越强，长期偿债能力越强；反之，则长期偿债能力越弱。因此，企业的获利能力是影响其长期偿债能力的重要因素。

3. 长期经营租赁

当企业急需某项设备而又缺乏足够资金时，可以通过租赁方式解决，财产租赁有融资租赁和经营租赁两种形式。融资租赁的资产视同企业的自有资产管理，而经营租赁的资产则不包括在固定资产总额中，但如果企业的经营租赁量比较大、期限比较长，或经常发生经营租赁业务，则实际上就是一种长期筹资行为。由于其租赁费用是由企业以付出现金的形式支付的，此时就会对企业的偿债能力产生影响。因此，如果企业经常发生经营租赁业务，应考虑租赁费用对偿债能力的影响。

（三）长期偿债能力的主要指标分析

1. 资产负债率

资产负债率是指负债总额与资产总额的比率，反映了企业资产总额中有多少是通过负债筹集的。该比率是衡量企业利用债权人资金进行财务活动的能力，以及在清算时对债权人权益的保障程度，是分析企业长期偿债能力的核心指标。

$$资产负债率 = \frac{负债总额}{资产总额} \times 100\%$$

资产负债率是衡量企业负债水平及风险程度的重要标志。一方面，负债增加了企业的风险，负债越多，风险越大；另一方面，债务的成本低于权益的成本，可以改善企业的获利能力，提高股票价格，增加股东财富。企业管理者的任务就是要在利润和风险之间取得平衡。资产负债率越低，表明以负债取得的资产越少，企业运用外部资金的能力越差；资产负债率越高，表明企业通过借债筹资的资产越多，风险越大。因此，资产负债率应保持在一定的水平上。一般认为，资产负债率的适宜水平在40%~60%，但这并不是严格的标准，因为处于不同行业、不同地区的企业以及同一个企业在不同时期，对资产负债率的要求是不一样的。经营风险比较高的企业，为减少财务风险应选择比较低的资产负债率，如许多高科技企业的资产负债率都很低；经营风险比较低的企业，为增加股东收益通常选择比较高的资产负债率，如供水、供电等企业的资产负债率都比较高。对于同一个企业来说，不同时期对资产负债率的要求也是不一样的，当企业处于成长期或成熟期时，企业的前景比较乐观，预期的现金流入也比较高，可适当增大资产负债率，以充分利用财务杠杆的作用；当企业处于衰退期时，预期的现金流入有日趋减少的势头，应采取相对保守的财务政策，降低资产负债率，以降低财务风险。

对资产负债率的分析，要注意从不同的角度考虑。从债权人的角度来看，他们关心的是借给企业的本金和利息能否按时收回，资产负债率越低，表明债权人投入资本的安全性越大，企业对债权人的保障程度越高，因此，债权人希望该比例越低越好；而从股东的角度来看，他们关心的是能否为股东带来收益，较高的资产负债率能够帮助股东获得财务杠杆收益，且不会改变原有的股权结构，因此，股东希望保持较高的资产负债率；而从经营者的角度来看，他们关心的是除了利用债务资本给企业带来好处外，还应尽可能地降低财务风险，因此对他们来说，资产负债率的高低在很大程度上取决于经营者的风险偏好。

【例 2-5】 根据表 2-2，计算 ABC 股份有限公司 2012 年年初及年末的资产负债率。

$$2012 年年初资产负债率 = \frac{3\,201\,400}{8\,351\,400} \times 100\% = 38\%$$

$$2012 年年末资产负债率 = \frac{2\,845\,400}{8\,617\,000} \times 100\% = 33\%$$

计算表明，该公司总体资产负债率偏低，财务风险较小，但未能合理利用负债为所有者创造收益。

2. 产权比率

产权比率是指负债总额与所有者权益的比率，它反映的是投资者对债权人的保障程度。

$$产权比率 = \frac{负债总额}{所有者权益}$$

产权比率越高，表明企业所存在的风险越大，长期偿债能力越弱；产权比率越低，表明企业的长期偿债能力越强，债权人承担的风险越小。但该指标过低时，表明企业不能充分发挥负债所带来的财务杠杆作用；反之，该指标过高时，表明企业过度运用财务杠杆，增加了企业的财务风险。所以，在评价企业的产权比率是否合理时，应从提高获利能力与增加偿债能力两个方面综合进行分析，即在保障债务偿还安全的前提下，应尽可能地提高产权比率。

产权比率是资产负债率的补充，两者都用于衡量企业的长期偿债能力，但两指标在反映长期偿债能力的侧重点方面是有区别的，产权比率侧重于揭示债务资本与权益资本的相互关系，说明企业资本结构的风险性以及所有者对偿债风险的承受能力；资产负债率侧重于揭示总资产中有多少是靠借债取得的，说明债权人权益的受保障程度。

产权比率所反映的偿债能力最终是以净资产为物质保障的，但是，净资产中某些项目，如无形资产、商誉等，其价值具有极大的不确定性，且不易形成支付能力，因此，在使用产权比率进行分析时，必须结合有形净值债务率指标。

【**例 2-6**】 根据表 2-2，计算 ABC 股份有限公司 2012 年年初及年末的产权比率。

$$2012 \text{ 年年初产权比率} = \frac{3\,201\,400}{5\,150\,000} = 0.62$$

$$2012 \text{ 年年末产权比率} = \frac{2\,845\,400}{5\,771\,600} = 0.49$$

计算表明，该公司产权比率较低，说明企业的长期偿债能力较强，债权人承担的风险较小。

3. 有形净值债务率

有形净值债务率是指负债总额与有形净值的比率。有形净值是指所有者权益减去无形资产后的净值。

$$\text{有形净值债务率} = \frac{\text{负债总额}}{\text{所有者权益} - \text{无形资产}}$$

这一比率反映了企业在清算时债权人投入资本受到所有者权益的保护程度，主要用于衡量企业的风险程度和对债务的偿还能力，是一个更保守、更谨慎的产权比率。该指标越大，表明风险越大；反之，则表明企业面临的风险越小以及偿债能力越强。从长期偿债能力来讲，该指标越低越好。

【**例 2-7**】 根据表 2-2，计算 ABC 股份有限公司 2012 年年初及年末的有形净值债务率。

$$2012 \text{ 年年初有形净值债务率} = \frac{3\,201\,400}{5\,150\,000 - 590\,000} = 0.7$$

$$2012 \text{ 年年末有形净值债务率} = \frac{2\,845\,400}{5\,771\,600 - 530\,000} = 0.54$$

计算表明，该公司有形净值债务率较低，且年末比年初指标略有下降，表明企业面临的风险较小，偿债能力较强。

4. 权益乘数

权益乘数是指资产总额与所有者权益总额的比率。它说明了企业资产总额和所有者权益总额的倍数关系，表明该企业的所有者权益支撑着多大规模的投资，是常用的财务杠杆计量方法。

$$\text{权益乘数} = \frac{\text{资产总额}}{\text{所有者权益总额}}$$

权益乘数越小，表明所有者投入企业的资本占全部资产的比重越大，企业的负债程度越低，债权人受保护的程度也越高；反之，表明企业的负债程度越高，财务风险也就越大。

【**例 2-8**】 根据表 2-2，计算 ABC 股份有限公司 2012 年年初及年末的权益乘数。

$$2012 \text{ 年年初权益乘数} = \frac{8\,351\,400}{5\,150\,000} = 1.62$$

$$2012 \text{ 年年末权益乘数} = \frac{8\,617\,000}{5\,771\,600} = 1.49$$

计算表明，该公司年末的权益乘数较年初有所下降，通过不同时期原数据对比，说明该公司的财务风险降低，债权人权益受保护程度加强。

5. 利息保障倍数

利息保障倍数是指息税前利润与利息费用的比率，反映企业用经营所得支付债务利息的能力，用来衡量盈利能力对债务偿付的保证程度。

$$利息保障倍数 = \frac{息税前利润}{利息费用}$$

息税前利润是指扣除利息和税务支出之前的利润，可以用总利润加利息费用求得。该指标是从企业的效益方面来考察其长期偿债能力，一般来说，利息保障倍数至少应等于 1，该指标越高，表明企业支付利息的能力越强，企业对到期债务偿还的保障程度也越高；反之，则表明企业偿债能力越弱。

第三章

利润表编制与分析

第一节　利润表的作用和结构

一、利润表的性质和作用

（一）利润表的性质

利润表是指反映企业在一定会计期间内的经营成果的报表，属于动态报表。通过提供利润表，可以反映企业在一定会计期间的收入、费用、利润（或亏损）的数额和构成情况，帮助财务报表使用者全面了解企业的经营成果，分析企业的获利能力及盈利增长趋势，从而为其做出经济决策提供依据。

（二）利润表的作用

1. 了解和分析企业的经营成果和获利能力

利润表反映的主要内容是企业在一定期间内的所有收益（包括营业收入、公允价值变动收益、投资收益和其他收益）与所有费用（包括营业费用、其他费用与损失），并据以计算出该期间的利润（或亏损）总额。利用该表所反映的会计信息，可以评价一个企业的经营效率和成果，评估投资的价值和报酬，从而能够衡量一个企业在经营管理上的成功程度。比较和分析利润表中各项收入、费用、利得、损失的构成要素，比较企业前后各期和行业间利润表上的投资报酬率、成本利润率、营业利润率等指标，还可以了解企业的获利能力，并可据以预测企业在未来一定时期内的盈利趋势。

2. 解释、评价和预测企业的偿债能力

企业的偿债能力受多种因素的影响，而获利能力是决定偿债能力的一个重要因素。尤其是企业的长期债权人，他们更看重企业的未来发展。因为归根到底，借款本金的偿还和利息的支付都是由借款所产生的效益——获利能力决定的。如果企业的获利能力不强，影响资产的流动性，会使企业的财务状况逐渐恶化，进而影响企业的偿债能力。

3. 为企业管理者的经营决策提供重要参考

企业管理者利用该表可以考核企业利润计划的完成情况，分析利润增减变动的原因，以便进一步找出管理中的漏洞和弊端。通过对利润的形成进行结构分析，找出利润的主要来源渠道，有助于完善经营管理，提高经营管理水平和经济效益。

4. 评价和考核企业管理者的绩效

利润表中的各项数据实际上体现了企业在生产、经营和理财方面的管理效率和效益，是对企业经营绩效的直接反映，是经营者受托责任履行情况的真实写照，因而是所有者考评经营者受托责任履行情况的重要依据。

二、利润表的格式和结构

利润表是通过一定的表格来反映企业的经营成果的。由于不同国家和企业对会计报表信息的需求不完全一样，在利润表中收益和费用的排列方式也不完全相同。目前，世界各国的利润表主要有单步式和多步式两种格式。

（一）单步式

单步式利润表是将当期所有的收入列在一起，然后将所有的费用列在一起，两者相减得出当期净损益。单步式利润表的基本格式和内容见表 3-1。

表 3-1 利润表

编制单位：ABC 股份有限公司　　　　　　2012 年度　　　　　　　　　　单位：元

项目	本期金额	上期金额
一、收入		
营业收入	3 000 000	
投资收益	70 720	
营业外收入	800	
收入合计	3 071 520	
二、费用		
营业成本	1 800 000	
营业税金及附加	10 000	
销售费用	40 000	
管理费用	164 720	
财务费用	80 000	
资产减值损失	44 000	

续表

项目	本期金额	上期金额
营业外支出		
所得税费用	233 200	
费用合计	2 371 920	
三、净利润	699 600	

单步式利润表的优点是比较直观、简单，易于编制。它的缺点在于不能揭示出利润各构成要素之间的内在联系，一些有用的资料，如销售毛利、营业利润、利润总额等中间性信息无法直接从利润表中得到，不便于报表使用者对企业进行盈利分析与预测。

（二）多步式

多步式利润表通常采用上下加减的报告式结构。在多步式利润表中，净利润的计算分解为多个步骤，以提供各种各样的中间信息。我国企业的利润表采用多步式格式（表3-2）。

表3-2　利润表

编制单位：ABC 股份有限公司　　　　　　2012 年度　　　　　　单位：元

项目	本期金额	上期金额
一、营业收入	3 000 000	
减：营业成本	1 800 000	
营业税金及附加	10 000	
销售费用	40 000	
管理费用	164 720	
财务费用	80 000	
资产减值损失	44 000	
加：公允价值变动收益（损失以"-"号填列）		
投资收益（损失以"-"号填列）	70 720	
二、营业利润	932 000	
加：营业外收入	800	
减：营业外支出		
三、利润总额	932 800	
减：所得税费用	233 200	
四、净利润	699 600	
五、每股收益		
（一）基本每股收益		
（二）稀释每股收益		

多步式利润表基本上弥补了单步式利润表的缺陷，它能清晰地反映企业净利润的形成步骤，准确揭示利润各构成要素之间的内在联系，提供了十分丰富的中间信息，便于报表使用者进行企业盈利分析，评价企业的盈利状况。但多步式利润表也存在一定的不足，如加减步骤较多、计算烦琐，且容易使人产生收入与费用的配比有先后顺序的误解。

三、利润表的编制方法

利润表各项目均需填列"本期金额"和"上期金额"两栏。其中"上期金额"栏内各项数据应根据上年该期利润表的"本期金额"栏内所列数字填列。"本期金额"栏内各项数据，除"基本每股收益"和"稀释每股收益"项目外，应当按照相关科目的发生额分析填列。如"营业收入"项目，根据"主营业务收入"、"其他业务收入"科目的发生额分析计算填列；"营业成本"项目，根据"主营业务成本"、"其他业务成本"科目的发生额分析计算填列。其他项目均按照各科目的发生额分析填列。

在多步式利润表中，净利润是分若干个步骤计算出来的，一般可以分为以下几个步骤。

第一步，计算营业利润。

$$营业利润＝营业收入－营业成本－营业税金及附加－销售费用$$
$$－管理费用－财务费用－资产减值损失$$
$$＋公允价值变动收益（或－公允价值变动损失）$$
$$＋投资收益（或－投资损失）$$

其中，营业收入＝主营业务收入＋其他业务收入；营业成本＝主营业务成本＋其他业务成本。

第二步，计算利润总额。

$$利润总额＝营业利润＋营业外收入－营业外支出$$

第三步，计算净利润。

$$净利润＝利润总额－所得税费用$$

普通股或潜在普通股已公开交易的企业，以及正处于公开发行普通股或潜在普通股过程中的企业，还应当在利润表中列示每股收益信息。

$$基本每股收益＝归属于普通股股东的当期净利润/当期发行在外普通股的加权平均数$$

四、利润表的局限性

1. 不包括未实现利润和已支付尚未摊销费用

在收入方面由于有实现原则的影响，利润表只反映企业已实现的利润，而不包括未实现的利润。而这部分往往又是报表使用者较为关注的内容。有些已支付尚未摊销的费用以及数额尚未确定的费用也未在利润表中反映，其也会对利润产生影响。

2. 未考虑物价变动的影响

现行会计利润的计算，只考虑了对原始投入货币资本的保全。在物价变动情况下，货币资本的保全并不能从实物形态或使用效能上保持资本的完整，因而可能造成虚盈实亏。长此下去，企业投资者投入的实物资本将受到逐步侵蚀，经营将受到影响，这是很危险的。

3. 销售成本未反映现时实际价值

由于资产计价是以历史成本为基础的，转入本期已销产品成本并不反映企业资产的真实价值。其利润是由现时收入与历史成本对比计算而成，影响企业经营效果的真实性。

因此，在分析利润表时，必须同时注意它的作用及其存在的局限性，以便得出正确的结论，获得正确的会计信息。

第二节　利润表项目编制与分析

利润表揭示了企业利润的形成过程，或者说反映了利润的基本构成。解读利润表必须关注形成利润的重点项目，以具体了解企业利润形成的主要因素，找出影响企业盈利能力的主要原因，从而为内部经营管理和外部投资决策提供依据。具体来说，对利润表或利润形成过程的分析，首先要从有关收益项目总额之间的内在关系角度考察利润形成的持久性和稳定性；其次再对利润表中各个收入、费用项目进行逐一解读，分析这些项目的真实性、完整性，从而对企业的收益质量进行判断。

一、利润表各项目的编制

(1)"营业收入"项目，反映企业经营主要业务和其他业务所确认的收入总额。该项目应根据"主营业务收入"和"其他业务收入"科目的发生额分析填列。

(2)"营业成本"项目，反映企业经营主要业务和其他业务所发生的成本总额。该项目应根据"主营业务成本"和"其他业务成本"科目的发生额分析填列。

(3)"营业税金及附加"项目，反映企业经营业务应负担的消费税、营业税、城市维护建设税、资源税、土地增值税和教育费附加等。该项目应根据"营业税金及附加"科目的发生额分析填列。

(4)"销售费用"项目，反映企业在销售商品过程中发生的包装费、广告费等费用和为销售本企业商品而专设的销售机构的职工薪酬、业务费等经营费用。该项目应根据"销售费用"科目的发生额分析填列。

(5)"管理费用"项目，反映企业为组织和管理生产经营发生的各种费用。该项目应根据"管理费用"科目的发生额分析填列。

(6)"财务费用"项目，反映企业筹集生产经营所需资金等而发生的筹资费用。该项目应根据"财务费用"科目的发生额分析填列。

(7)"资产减值损失"项目，反映企业各项资产发生的减值损失。该项目应根据"资产减值损失"科目的发生额分析填列。

(8)"公允价值变动收益"项目，反映企业应当计入当期损益的资产或负债公允价值变动收益。该项目应根据"公允价值变动收益"科目的发生额分析填列，如为净损失，以"－"号填列。

(9)"投资收益"项目,反映企业以各种方式对外投资所取得的收益。该项目应根据"投资收益"科目的发生额分析填列,如为投资损失,以"－"号填列。

(10)"营业利润"项目,反映企业实现的营业利润。如为亏损,该项目以"－"号填列。

(11)"营业外收入"项目,反映企业发生的与经营业务无直接关系的各项收入。该项目应根据"营业外收入"科目的发生额分析填列。

(12)"营业外支出"项目,反映企业发生的与经营业务无直接关系的各项支出。该项目应根据"营业外支出"科目的发生额分析填列。

(13)"利润总额"项目,反映企业实现的总利润。如为亏损,该项目以"－"号填列。

(14)"所得税费用"项目,反映企业应从当期利润总额中扣除的所得税费用。该项目应根据"所得税费用"科目的发生额分析填列。

(15)"净利润"项目,反映企业实现的净利润。如为亏损,该项目以"－"号填列。

二、利润表收益项目关系分析

收益质量评价是一个主观过程,企业的报告收益是由不同部分组成的,每个部分对于盈利的持续性和重要性不一样。企业的利润可以分为营业利润与非营业利润、税前利润与税后利润、经常业务利润与偶然业务利润、内部利润与外部利润、经营利润与投资收益等。这些项目的数额和比例关系会导致收益质量不同,在预测未来时有不同意义。因此,在解读利润表时,首先要对收益项目的关系进行分析。本节重点分析以下比例关系。

(一)营业利润与非营业利润

营业活动是公司赚取利润的基本途径,代表公司有目的活动取得的成果。国内外大量的实证研究结果表明,营业利润的持续增长是企业盈利持久性和稳定性的源泉。因此,一个具有发展前景的企业,其营业利润应该远远高于其他利润(如投资收益、公允价值变动收益、处置非流动资产收益等)。如果一个公司的非营业利润占了大部分,则可能意味着公司在自己的行业中处境不妙,需要以其他方面的收入来维持收益,这无疑是危险的。

(二)经常业务利润与偶然业务利润

经常性业务收入因其可以持续不断地发生,应当成为收入的主力。而一次性收入、偶然业务利润(如处置资产所得、短期证券投资收益等)是没有保障的,不能期望它经常地、定期地发生,因而并不能代表企业的盈利能力,偶然业务利润比例较高的企业,其收益质量较低。在一个有效的资本市场上,只能获得与其风险相符的收益率,获得超额收益只是偶然的,不可能长久地依赖它来增加投资者财富。

（三）内部利润与外部利润

内部利润是指依靠企业生产经营活动取得的利润，它具有较好的持续性。外部利润是指通过政府补贴、税收优惠或接受捐赠等从公司外部转移来的收益。一般来说，外部利润的持续性较差，外部利润比例越大，收益的质量越低。这是因为，能够获得补贴收入的大多是公共事业类和环保类等企业，这些企业受国家政策及其他宏观政策影响很大，政策性补贴在很大程度上与其业绩好坏休戚相关。一旦国家政策发生变化，补贴减少，这些企业就可能由"优"变"劣"。当然，如果企业能够在较长时期内获得政府补贴，则其收益水平将在此期间内有一定保障。

三、利润表重点项目解读

（一）营业收入

营业收入是指企业自身营业活动所取得的收入，具体包括主营业务收入和其他业务收入。企业取得的营业收入是其生产经营业务的最终环节，是企业生产经营成果能否得到社会承认的重要标志。同时，营业收入又是许多经济指标（如销售净利率、总资产周转率等）的计算基数。因此，营业收入项目的真实与否，在财务报告分析中至关重要。对营业收入的解读，应重点注意以下几个方面。

1. 营业收入的确认

营业收入的确认具体来讲就是在什么情况下企业可以认为它已经取得了营业收入。例如，销售商品收入在同时满足以下条件时才能予以确认：①企业已将商品所有权上的主要风险和报酬转移给购货方；②企业既没有保留通常与所有权相联系的继续管理权，也没有对已售出的商品实施有效控制；③收入的金额能够可靠地计量；④相关的经济利益很可能流入企业；⑤相关的已发生或将要发生的成本能够可靠地计量。

在明确收入确认条件的基础上，应着重进行以下几个方面的分析：①收入确认时间的合法性分析，即分析本期收入与前期收入或后期收入的界限是否清晰；②特殊情况下企业收入确认的分析，如商品需要安装或检验时收入的确认，以及附有销售退回条件的商品销售收入的确认等。

2. 收入和利得的界限

收入属于企业主要的、经常性的业务收入。收入和相关成本在会计报表中应分别反映。利得是指收入以外的其他收益，通常从偶发的经济业务中取得，属于那种不经过经营过程就能取得或不曾期望获得的收益，如企业接受捐赠或政府补助取得的资产、因其他企业违约收取的罚款、处理固定资产净损益、债务重组利得等。利得属于偶发性的收益，在报表中通常以净额反映。利得是西方国家普遍存在的一个会计要素，在我国以营业外收入为常见形式。由于利得是偶发性的收益，因此是不长久的，在分析时不能将该部分作为企业收入的主流加以关注。

3. 营业收入与资产负债表、现金流量表中相关项目的配比

收入的实现并非只体现在利润表上，由于会计要素之间的联系，考察收入的真实

性、合理性，可以借助其与资产负债表、现金流量表中相关项目之间的配比关系进行判断。

(1)营业收入与企业规模(资产总额)的配比。企业是一个经济实体，其生产经营的目标是创造经济效益，而经济效益必须通过营业收入来取得。因此，企业应保持相当数量的营业收入。分析营业收入数额是否正常，可以将营业收入与资产负债表的资产总额配比。营业收入代表了企业的经营能力和获利能力，这种能力应当与企业的生产经营规模相适应。这种分析应当结合行业特征、企业生产经营规模及企业经营生命周期来开展。例如，主营业务收入占资产总额的比重，处于成长或衰退阶段的企业较低，处于成熟阶段的企业较高；工业企业和商业企业较高，一些特殊行业(如航天、饭店服务业)较低。若二者不配比(过低或过高)，需要进一步查明原因。

(2)营业收入与应收账款的配比。通过将营业收入与应收账款配比，可以观察企业的信用政策是以赊销为主，还是以现金销售为主。一般而言，如果赊销比重较大，应进一步将其与本期预算、企业往年同期实际和行业水平(如国家统计局测算的指标)进行比较，评价企业主营业务收入的质量。

(3)营业收入与相关税费的配比。会计报表中其他一些项目，如利润表中的"营业税金及附加"、"应交税费"，现金流量表中的"支付的各项税费"、"收到的税费返还"等也与营业收入存在一定的配比性。因为营业收入不仅要影响所得税，更重要的是，它还是有关流转税项目的计税基础，取得营业收入不仅会增加资产，也会伴随着税金的支付。

(4)营业收入与其现金流量的配比。营业收入与现金流量表中有关经营活动的现金流量项目之间也应当存在一定的配比关系。如果营业收入高速增长，而"销售商品、提供劳务收到的现金"等经营活动的现金流量却没有相应地增长，则很可能意味着营业收入质量不高，甚至是捏造的。

4. 利用非财务信息分析营业收入的真实性和影响企业盈利能力的因素

企业一定时期的利润关系到企业不同利益集团(如投资人、债权人、经营管理者、职工、国家等)的利益。而收入是利润的源泉，因此，营业收入是人们关注的焦点。真实性可以说是对营业收入的基本质量要求。判断企业的营业收入是否真实，除了上面所提到的一些财务会计方法外，往往还需要借助于其他非财务信息，如企业所在行业的景气指数、企业的市场占有率，甚至一些生活常识等。

5. 对营业收入的构成进行详细分析

对营业收入不仅要了解其总额，还要仔细分析它的具体构成情况。

(1)营业收入的品种构成。从目前的情况来看，大多数企业都从事多种商品或劳务的经营活动。在从事多品种经营的条件下，企业不同商品或劳务的营业收入构成对信息使用者具有十分重要的意义，占总收入比重大的商品或劳务是企业过去业绩的主要增长点。并且，信息使用者还可以利用这一信息对企业未来的盈利趋势进行预测。企业管理者则可以此作为生产经营决策的依据。

(2)营业收入的地区构成。当企业为不同地区提供产品或劳务时，营业收入的地区构成对信息使用者也具有重要价值，占总收入比重大的地区是企业过去业绩的主要增长点。从消费者的心理与行为特征来看，不同地区的消费者对不同品牌的商品具有不同的偏好，不同地区的市场潜力则在很大程度上影响企业的未来发展。

(3)关联方交易在营业收入中的比重。有的公司为了获取不当利益，往往利用关联方交易来进行所谓的"盈余管理"。关联方交易与会计报表粉饰并不存在必然联系，如果关联方交易确实以公允价格定价，则不会对交易的双方产生异常的影响。但事实上有些公司的关联方交易采取了协议定价的方法，定价的高低取决于公司的需要，使得利润在关联方公司之间转移，这种在关联公司内部进行的"搬砖头"式的关联销售是很难有现金流入的，因此这样的收益质量很差。对此，要关注会计报表附注对于关联方交易的披露，分析关联方交易之间商品价格的公平性。

(4)主营业务收入与其他业务收入在总营业收入中的构成。主营业务收入是指企业经营主要业务所取得的收入。其他业务收入则是企业除主营业务以外的其他销售或其他业务所取得的收入，如材料销售、代购代销、包装物出租等收入。通过对主营业务收入与其他业务收入的构成情况分析，可以了解与判断企业的经营方针、方向及效果，进而可分析预测企业的持续发展能力。正常情况下，主营业务收入应当构成营业收入的主要来源，其他业务利润既为"其他"，那么，其所占利润总额的比重不应过大，一般在30%以下。如果一个企业的主营业务收入结构较低或不断下降，其发展潜力和前景显然是值得怀疑的。企业应保持相当数量的主营业务收入，否则，就有副业冲击主业之嫌，表明企业的资源占用可能不尽合理。由于新《企业会计准则》实施后的利润表不再在主表中披露主营业务收入和其他业务收入，因此该项分析应结合会计报表附注中对营业收入的详细解释进行。

(二)营业成本

营业成本是指企业经营业务所发生的实际成本总额，包括主营业务成本和其他业务成本。营业成本是为取得营业收入所发生的代价，通过对成本的分析，可以对企业产品成本水平有所了解，与销售价格相对比，还可以分析企业的盈利情况。

对营业成本进行分析，首先要将营业成本与营业收入配比。将二者之差除以营业收入，即得出一个重要的财务指标——毛利率。企业必须有毛利，才有可能形成核心利润。因此，追求一定规模的毛利和较高的毛利率是企业的普遍心态，也是关注企业的信息使用者的普遍心理期望。必须指出的是，影响企业营业成本水平高低的因素，既有企业不可控的因素(如受市场因素的影响而出现的价格波动)，也有企业可以控制的因素(如在一定的市场价格水平条件下，企业可以通过选择供货渠道、采购批量等来控制成本水平)，还有企业通过成本会计系统的会计核算对企业制造成本的人为处理。因此，对营业成本降低和提高的质量评价，应结合行业、企业经营生命周期等多种因素来进行。

其次，谨防企业操纵营业成本的行为。费用也是影响利润的一个重要变量，营业成本是费用的一个重要项目。某些企业为了满足小集团利益，除了在营业收入上做假以外，还往往在营业成本上做文章，常见的操纵营业成本的方式有：①不转成本，将营业成本作资产挂账，导致当期费用低估，资产价值高估，误导会计信息使用者；②将资产列作费用，导致当期费用高估，资产价值低估，既歪曲了利润数据，也不利于资产管理；③随意变更成本计算方法和费用分配方法，导致成本数据不准确。

（三）营业税金及附加

营业税金及附加是指企业进行日常经营活动应负担的各种税金及附加，包括营业税、消费税、城市维护建设税、资源税和教育费附加等。营业税金及附加也是企业为获取收益所必须承付的代价。

分析时，应将该项目与企业的营业收入配比，并进行前后期间比较。因为企业在一定时期内取得的营业收入要按国家规定交纳各种税金及附加。如果二者不配比，则说明企业有"偷税"、"漏税"之嫌。

（四）销售费用

销售费用是指企业在销售商品和材料、提供劳务的过程中发生的各项费用，包括包装费、运输费、装卸费、保险费、展览费、广告费、商品维修费、预计产品质量保证损失等，以及为销售本企业商品而专设的销售机构（含销售网点、售后服务网点等）的职工薪酬、业务费、折旧费等经营费用。

销售费用是一种期间费用，它是随着时间推移而发生的，与当期商品销售直接相关，而与产品的产量、产品的制造过程无直接关系，因而在发生的当期从损益中扣除。一般来说，在企业的产品结构、销售规模、营销策略等方面变化不大的情况下，企业的销售费用规模变化不会太大。这是因为，变动性销售费用会随着业务量的增长而增长，固定性销售费用则不会发生较大变化。销售费用一般与主营业务收入存在一定的配比关系，因而可以通过该比率的行业水平比较，考察其合理性。在企业业务发展的条件下，企业的销售费用不应当降低，片面追求一定时期内的费用降低，有可能对企业的长期发展不利。

（五）管理费用

管理费用是指企业组织和管理生产经营活动而发生的各种费用。其具体包括的项目内容有企业在筹建期间发生的开办费、董事会和行政管理部门在企业的经营管理中发生的或者应由企业统一负担的公司经费（包括行政管理部门职工薪酬、物料消耗、低值易耗品摊销、办公费和差旅费等）、工会经费、董事会费（包括董事会成员津贴、会议费和差旅费等）、聘请中介机构费、咨询费（含顾问费）、诉讼费、业务招待费、房产税、车船使用税、土地使用税、印花税、技术转让费、矿产资源补偿费、研究费用、排污费等。管理费用也是一种期间费用。对管理费用分析时应注意以下三个方面。

1. 管理费用与主营业务收入配比

通过该比率的行业水平，以及本企业历史水平分析，考察其合理性。一般认为，费用越低，收益越高，事实并非如此。应当根据企业当前经营状况、以前各期间水平及对未来的预测来评价支出的合理性。例如，在分析维护和修理费用时，可以计算两个比率，一是维护和修理费用与销售收入的比率，二是其与固定资产净值的比率，由此可测定维护和修理费用是否在正常和必需的水平上，确定企业是否为了提高当期收益而减少维护和修理费用，这种收益的提高是以未来生产能力的下降为代价的，收益质量较低。又如，研究与开发费用可能是一项费用也可能是一项投资，片面降低研究与开发费用，只能使企业在未来竞争中处于劣势，降低未来收益。

2. 管理费用与财务预算比较

从成本特性角度来看，企业的管理费用基本属于固定性费用，在企业业务量一定、收入量一定的情况下，有效地控制、压缩那些固定性行政管理费用，将会给企业带来更多的收益。管理费用既然是一种与企业的产品成本不直接相关的间接费用，在一定程度上，它也代表了企业生产一线与管理二线的比重，其数额的大小代表了该企业的经营管理理念和水平。管理费用种类繁杂、数额较大，管理不便。对此，可将其与财务预算的数额比较，分析管理费用的合理性。

3. 管理费用与企业规模(资产总额)配比

资产规模的扩大会增加企业的管理要求，如设备的增加、人员扩充等，从而增加管理费用。因此，管理费用与企业规模之间存在一定的配比关系。

（六）财务费用

财务费用是指企业为筹集生产经营所需资金而发生的费用。其具体包括的项目内容有利息支出(减利息收入)、汇兑差额、支付给金融机构的手续费及企业发生或收到的现金折扣等。

企业财务费用的规模变化反映了企业的理财效率和理财质量。财务费用的高低主要取决于三个因素，即贷款规模、贷款利率和贷款期限。

(1)贷款规模。概括地说，如果因贷款规模的原因导致计入利润表的财务费用下降，则企业会因此而改善盈利能力。但是同时也应当注意，企业可能因贷款规模的降低而限制了其自身发展。

(2)贷款利率和贷款期限。从企业融资的角度来看，贷款利率的具体水平主要取决于以下几个因素：一定时期资本市场的供求关系、贷款规模、贷款的担保条件及贷款企业的信誉等。在利率的选择上，可以采用固定利率、变动利率或浮动利率等。

可见，贷款利率中，既有企业不可控制的因素，也有企业可以控制的因素。在不考虑贷款规模和贷款期限的条件下，企业的利息费用将随着利率水平而波动。

应该说，企业的利率水平主要受一定时期资本市场的利率水平的影响。因此，应注意分析企业的财务费用下降是否是由于国家对企业贷款利率的宏观下调而导致的。

解读财务费用还必须注意该项目的赤字问题。对于大多数企业而言，财务费用不会出现赤字。当这种情况出现在企业的存款利息收入大于贷款利息费用的时候，如果数额较大，也不正常。

（七）资产减值损失

资产减值损失是指企业计提各项资产减值准备所形成的损失。根据会计准则的规定，企业应当在会计期末对各项资产进行全面检查，并根据谨慎性原则的要求，合理地预计各项资产可能发生的损失，对可能发生的各项资产减值损失计提相应的减值准备。计提资产减值准备，一方面减少了资产的价值，另一方面也形成了一项费用，减少了企业的利润。对资产减值损失的分析应注意以下几点：

(1)结合会计报表附注，了解资产减值损失的具体构成情况，即企业当年主要是哪些项目发生了减值。

(2)结合资产负债表中有关资产项目，考察有关资产减值的幅度，从而对合理预测企业未来财务状况提供帮助。资产负债表中有关资产项目(如存货、固定资产、无形资产等)是按该项目的账面余额扣除资产减值准备后的净额列示的，因此，可以将有关资产项目的减值损失与减值前的资产账面余额相比较，判断有关资产项目减值的幅度。这对预测企业未来资产减值情况，进而预测未来的财务状况和业绩是有一定益处的。

(3)将当期各项资产减值情况与企业以往情况、市场情况及行业水平配比，以评价过去，掌握现在，分析其变动趋势，预测未来。

(八)公允价值变动损益

公允价值变动收益(或损失)是指企业交易性金融资产等公允价值变动形成的应计入当期损益的利得(或损失)。

对公允价值变动损益的解读应注意，企业对金融资产的初始确认或分类是否正确，以及对有关金融资产公允价值变动损益的处理是否正确，这是关键。注意有无将本应计入所有者权益的公允价值变动损益计入了利润表，或者相反，将本应计入损益的公允价值变动损益计入了所有者权益。

(九)投资收益

投资收益(或损失)是指企业以各种方式对外投资所取得的收益(或发生的损失)。投资收益是企业对外投资的结果，企业保持适度规模的对外投资，表明企业具备较高的理财水平。因为，这意味着企业除了正常的生产经营取得利润之外，还有第二条渠道获取收益。但同时也应注意以下问题：

(1)投资收益是一种间接获得的收益。投资是通过让渡企业的部分资产而换取的另一项资产，即通过其他单位使用投资者投入的资产创造效益后分配取得的，或通过投资改善贸易关系等手段达到获取利益的目的。正是由于对外投资这种间接获取收益的特点，其投资收益的高低及其真实性不易控制。

(2)投资收益与有关投资项目(如交易性金融资产、持有至到期投资)的配比。即要求投资收益应与企业对外投资的规模相适应，一般投资收益率应高于同期银行存款利率，只有这样企业才值得对外投资。同时，对外投资是一把"双刃剑"，如果投资收益连续几个会计期间低于同期银行存款利率，或为负数，则需进一步分析其合理性。

(3)投资收益核算方法的正确性。例如，长期股权投资有成本法和权益法两种核算方法。若不恰当地采用成本法可以掩盖企业的投资损失，或转移企业的资产；而不恰当地采用权益法则可以虚报企业的投资收益。对此，应结合对长期股权投资项目的分析，判断企业核算方法的选择正确与否。

（4）警惕某些公司利用关联交易"制造"投资收益。这样的投资收益往往质量不高，甚至有欺骗投资者的嫌疑。

（十）营业外收入

营业外收入是指企业发生的与其日常活动无直接关系的各项利得，主要包括非流动资产处置利得、盘盈利得、捐赠利得、确实无法支付而按规定程序经批准后转作营业外收入的应付款项等。

（十一）营业外支出

营业外支出是指企业发生的与其日常活动无直接关系的各项损失，主要包括非流动资产处置损失、盘亏损失、公益性捐赠支出、非常损失等。

与营业成本相比，营业外支出既然是营业外发生的开支，其数额不应过大，否则是不正常的。对于企业的营业外支出，应密切关注以下几方面：①企业的经营管理水平是否较低；②是否为关联方交易，转移企业资产；③是否有违法经营行为，如违反经济合同、滞延纳税、非法走私商品；④是否有经济诉讼和纠纷等。

（十二）利润总额

利润总额是由营业利润加上营业外收入、减去营业外支出构成的。也就是说利润总额不仅包括了营业利润，还包括了直接计入损益的利得和损失。对利润总额的分析，一方面要关注其绝对数，并与前期比较，了解企业的发展趋势；另一方面，必须对利润总额的构成进行重点分析。利润总额由营业利润和营业外收支构成，在上述几个因素中，一般来说，营业利润属于主要因素，如果企业的利润总额主要来源于营业外收入，说明公司的营业活动不景气，不能对盈利能力给予过高的评价。

（十三）所得税费用

所得税费用是根据企业应纳税所得额的一定比例上缴的一种税金。对企业而言，所得税是应当计入当期损益的费用，即企业为获得盈利所必须负担的代价（国家税收）。

（十四）净利润

净利润是利润总额减去所得税费用后的余额，是企业经营业绩的最终结果，也是企业利润分配的源泉。净利润的增长是企业成长性的基本表现。在分析净利润增长率时应结合主营业务收入增长率给予评价，当净利润增长率高于主营业务收入增长率时，表明企业主营业务的获利能力在不断提高，企业具有良好的发展前景。

（十五）每股收益

普通股或潜在普通股已公开交易的企业，以及正处于公开发行普通股或潜在普通股过程中的企业，还应当在利润表中列示每股收益信息。每股收益信息包括基本每股收益和稀释后的每股收益，这两个指标的具体计算参见本书其他章。每股收益信息是股东比较关心的指标，显然，每股收益越高，表明股东的报酬越高。不过，有时企业出于稀释股价的考虑，会发放股票股利，这样，每股收益也会相应降低，因此，在判断每股收益尤其是将每股收益进行前后各期的对比时，应考虑股本数额变化的影响，使比较建立在可比的基础上。

第三节　与利润表有关的财务比率计算与分析

一、盈利能力分析的意义

企业的盈利能力是指企业利用各种经济资源赚取利润的能力。盈利是企业的重要经营目标，是企业生存和发展的基础，它不仅关系到企业所有者的权益，也是企业偿还债务的一个重要来源。因此，企业的投资者、债权人及经营管理者都非常关心企业的盈利能力。盈利能力是投资者关注的焦点，同时也是评价企业经营管理水平的重要依据，通过对盈利能力的分析，可以发现经营管理中的重大问题，进而采取措施加以解决，以提高企业的收益水平。

盈利能力分析，是通过研究利润表中有关项目之间的对比关系，以利润表中有关利润项目和资产负债表中有关项目之间的联系，来评价企业当期的经营成果和未来获利能力的发展趋势。在进行企业的盈利能力分析时，主要是对与资产有关的盈利能力分析指标、与销售有关的盈利能力分析指标和与股东有关的盈利能力分析指标进行分析。

二、与资产有关的盈利能力分析指标

(一)资产报酬率

资产报酬率也称资产利润率或投资报酬率，是指企业一定时期内的净利润与平均资产总额的比率。它是反映企业资产综合利用效果的指标，也是衡量企业总资产获利能力的重要指标。其计算公式为

$$资产报酬率 = \frac{净利润}{平均资产总额} \times 100\%$$

其中，

$$平均资产总额 = \frac{期初资产总额 + 期末资产总额}{2}$$

资产报酬率全面反映了企业全部资产的获利水平，企业所有者和债权人对该指标都非常关心。一般而言，该指标越高，表明企业的资产利用效益越好，整个企业的获利能力越强，经营管理水平越高。分析时应注意以下内容：

(1)总资产源于股东投入和债务资本两方面，利润的多少与企业的资产结构有密切关系。因此，评价总资产报酬率时要与企业资产结构、经济周期、企业特点、企业战

略结合起来进行。

（2）应分析连续几年的总资产报酬率，对其变动趋势进行判断，才能取得相对准确的信息，在此基础上再与同行业其他企业进行比较，有利于提高分析结论的准确性。

（二）净资产收益率

净资产收益率是指企业一定时期净利润与平均净资产的比率。它是反映企业自有资金投资收益水平的指标，是企业获利能力指标的核心。其计算公式为

$$净资产收益率 = \frac{净利润}{平均净资产} \times 100\%$$

其中，

$$平均净资产 = \frac{所有者权益年初数 + 所有者权益年末数}{2}$$

净资产收益率是评价企业自有资本及其积累获取报酬水平的最具综合性与代表性的指标，反映企业资本运营的综合效益。通过该指标的综合对比分析，可以看出企业获利能力在同行业中所处的地位，以及与同类企业的差异水平。一般认为，净资产收益率越高，企业自有资本获取收益的能力越强，运营效益越好，对企业投资人和债权人的保证程度越高。

三、与销售有关的盈利能力分析指标

（一）营业毛利率

营业毛利率是指毛利占营业收入的百分比。其计算公式为

$$营业毛利率 = \frac{营业收入 - 营业成本}{营业收入} \times 100\%$$

毛利是指企业的营业收入与营业成本的差额。毛利率反映着每一元收入中包含着多少毛利，用来评价企业营业收入的获利能力。毛利率越高，表明营业收入的获利能力越强；反之，则获利能力越弱。

毛利率指标随行业的不同而高低各异，但同一行业的毛利率一般相差不大，与同行业的平均毛利率相比较，可以揭示企业在价格政策、生产成本控制等方面存在的问题。

（二）营业利润率

营业利润率是指企业一定时期营业利润与营业收入的比率。其计算公式为

$$营业利润率 = \frac{营业利润}{营业收入} \times 100\%$$

营业利润率反映企业营业利润占营业收入的比重，用来评价企业每单位营业收入能带来多少营业利润，表明了企业经营业务的获利能力。如果一个企业没有足够大的营业利润率，将很难形成企业的最终利润。该指标越高，说明企业产品的定价越科学，产品附加值越高，营销策略越得当，发展潜力越大，盈利水平越高。

（三）营业净利率

营业净利率是指净利润与营业收入的百分比。其计算公式为

$$营业净利率 = \frac{净利润}{营业收入} \times 100\%$$

该指标反映每一元营业收入带来的净利润的多少，表示营业收入的收益水平。企业在增加营业收入额的同时，必须相应地获得更多的净利润，才能使营业净利率保持不变或有所提高。通过分析营业净利率的升降变动，可以促使企业在扩大营业的同时，注意改进经营管理，提高盈利水平。

四、与股东有关的盈利能力分析指标

（一）每股收益

每股收益也称每股利润或每股盈余，是指普通股股东每持有一股所能享有的企业利润或需承担的企业亏损。每股收益通常被用来反映企业的经营成果，衡量普通股的获利水平及投资风险，是投资者、债权人等信息使用者据以评价企业盈利能力、预测企业成长潜力，进而做出相关经济决策的一项重要的财务指标。

每股收益的计算包括基本每股收益和稀释每股收益。

基本每股收益只考虑当期实际发行在外的普通股股份，按照归属于普通股股东的当期净利润除以当期实际发行在外普通股的加权平均数计算确定。其计算公式为

$$基本每股收益 = \frac{归属于普通股股东的当期净利润}{当期实际发行在外普通股的加权平均数}$$

当期实际发行在外普通股的加权平均数

$$= \frac{期初发行在外普通股股数 + 当期新发行普通股股数 \times 已发行时间}{报告期时间}$$

$$- \frac{当期回购普通股股数 \times 已回购时间}{报告期时间}$$

每股收益是评价上市公司获利能力的基本指标和核心指标，该指标反映了企业的获利能力，决定了股东的收益质量。每股收益越高，企业的获利能力越强，股东的投资效益就越好，每一股份获得的利润也越多；反之则越差。同时，每股收益还是确定股票价格的主要参考指标，在其他因素不变的情况下，每股收益越高，该种股票的市价上升空间则越大；反之，股票的市价就越低。

（二）市盈率

市盈率也称价格/收益比率，是指普通股每股市价与每股收益的比值，它反映了投资者对每元收益所愿支付的价格，可以用来判断本企业股票与其他企业股票相比其潜在价值，是上市公司市场表现中最重要的指标之一。其计算公式为

$$市盈率 = \frac{每股市价}{每股收益}$$

市盈率是投资者衡量股票潜力、借以投资入市的重要指标。该指标比值越大，说明市场对公司的未来越看好，表明公司具有良好的发展前景，投资者预期能获得很好的回报。但过高的市盈率蕴含着较高的风险，除非公司在未来有较高的收益，才能把股价抬高，否则市盈率越高，则风险越大。

市盈率高低的评价还必须根据当时资本市场平均市盈率进行分析，在健全、完善的资本市场上，能吸引投资者的关键不是市盈率的高或低，而是将市盈率与企业未来的获利前景相结合，发展前景较好、充满扩张机会的新兴行业市盈率普遍较高，而发展前景不佳、成熟工业行业的市盈率普遍较低。

（三）每股股利

每股股利是指上市公司本年发放的普通股现金股利总额与期末普通股股数之间的比率。其计算公式为

$$每股股利=\frac{普通股现金股利总额}{期末普通股股数}$$

每股股利的高低，不仅取决于公司盈利能力的强弱，还取决于公司的股利政策和现金是否充裕。倾向于分配现金股利的投资者，应当比较分析公司历年的每股股利，从而了解公司的股利政策。每股股利越大，则企业股本的盈利能力就越强，股东获取的股利也越多。每股股利能直观地说明股本盈利能力的高低。

如果企业为了今后扩大再生产，现在多留公积金，以增强企业发展的后劲，则当前的每股股利必然会减少；反之，则每股的股利就会相对增多。这也是投资者面对企业长远发展和当前利益所存在的矛盾。

（四）股利支付率

股利支付率也称股利发放率，是指普通股每股股利与每股收益之间的比率。它表明股份公司的净收益中有多少用于股利的分配。其计算公式为

$$股利支付率=\frac{普通股每股股利}{普通股每股收益}\times100\%$$

股利支付率是反映企业一定时期内净利润中股利发放程度的一个指标。股票持有者中，有部分短期投资者是为了获取股利，他们最为关心的问题是，在企业的净收益中有多少能用于发放现金股利，他们希望这一比率越高越好；而对长期投资者来说，他们并不希望这一指标越高越好，因为过多地发放现金股利会影响企业的支付能力、偿债能力和营运能力，他们希望这一指标既能维持企业在资本市场的形象和信心，又不影响企业的支付能力等。股利支付率主要取决于公司的股利政策，没有一个具体的标准来进行判断。对企业来说，如果现金充裕且无重大投资项目，可以发放较高的现金股利；反之，则可能发放较低的现金股利，将现金进行项目投资。

（五）每股净资产

每股净资产是指期末净资产（即年度末股东权益）与年度末普通股股数的比值，也

称每股账面价值或每股权益，是上市公司的又一个重要评价指标。其计算公式为

$$每股净资产＝\frac{年度末股东权益}{年度末普通股股数}$$

该指标说明了每股股票所代表的净资产成本即账面价值，它在理论上提供了股票的最低价值。该指标越高，表明公司普通股每股实际拥有的净资产越大，公司的未来发展潜力越强。但该指标也并非越高越好，一个公司没有负债或未有效运用财务杠杆，均表现为每股净资产较高，但净资产的运用效率即净资产收益率并不一定最好。所以，如果公司有较高的获利水平，在此前提下每股收益指标的上升才表明企业真正具有良好的财务状况。

(六)市净率

把每股净资产和每股市价联系起来，可以说明市场对公司资产质量的评价。反映每股市价和每股净资产关系的比率，称为市净率。

$$市净率(倍数)＝\frac{每股市价}{每股净资产}$$

市净率指标越大，说明企业的资产质量越好，越有发展潜力，市场对其有良好评价，投资者对公司的未来发展有信心，但同时也蕴涵了较大的投资风险；反之，则说明企业资产质量越差，企业没有发展前途。

【例 3-1】　某企业 2012 年度利润表相关资料见表 3-3。

表 3-3　利润表

编制单位：　　　　　2012 年度　　　　　单位：元

项目	本期金额	上期金额
一、营业收入	18 750 000	
减：营业成本	14 540 000	
营业税金及附加	290 000	
销售费用	420 000	
管理费用	510 000	
财务费用	190 000	
资产减值损失		
加：投资收益		
二、营业利润	280 0000	
加：营业外收入	980 000	
减：营业外支出	780 000	
三、利润总额	3 000 000	
减：所得税费用	750 000	
四、净利润	2 250 000	
五、每股收益		
(一)基本每股收益		
(二)稀释每股收益		

要求：(1)计算该企业 2012 年度下列财务指标：营业利润率、营业毛利率、营业净利率。

$$营业利润率 = \frac{2\ 800\ 000}{18\ 750\ 000} \times 100\% = 14.93\%$$

$$营业毛利率 = \frac{18\ 750\ 000 - 14\ 540\ 000}{18\ 750\ 000} \times 100\% = 22.45\%$$

$$营业净利率 = \frac{2\ 250\ 000}{18\ 750\ 000} \times 100\% = 12\%$$

(2)假设该企业 2012 年平均净资产为 30 000 000 元，计算净资产收益率。

$$净资产收益率 = \frac{2\ 250\ 000}{30\ 000\ 000} \times 100\% = 7.5\%$$

第四章

现金流量表编制与分析

第一节 现金流量表的作用和结构

现金是企业的血液,企业的任何日常活动都始于现金而终于现金,企业现金流转的顺畅与否对企业的生存与发展有重大的影响。在一种理想的状态下,企业销售商品或提供劳务完全是以现金形式进行交易,且在不存在任何的资产折旧以及费用摊销的情况下,利润与现金是完全相同的;在现实的经营活动中,遵循权责发生制核算的收入增加并不必然引起现金的增加,费用的增加也并不一定等于现金的流出。因此,一个盈利丰厚的企业却可能因为现金不足而陷入困境乃至破产倒闭。正是基于人们对企业现金流量的重视,现金流量表应运而生。现金流量表是反映企业一定会计期间现金和现金等价物流入和流出信息的报表,是企业会计报表的主表之一。现金流量表说明了企业一定期间内现金流入和流出的原因,是联系资产负债表和利润表的桥梁。

一、现金流量表的作用

现金流量表是以现金为基础编制的财务状况变动表,主要提供有关企业现金流量方面的信息。在实际经济活动中,有些企业利润表上反映的是盈利,但没有现金支付能力,不能偿还到期债务;而有些企业利润表上反映的是亏损,却现金充足,不仅日常经营运转正常,甚至还能对外投资。产生这种情况的原因是,利润表是按权责发生制编制的,而现金流量表是按收付实现制编制的。现金管理已成为企业财务管理的一个重要方面,受到企业管理人员、投资者、债权人以及政府监管部门的关注,具体而言,现金流量表的主要作用表现在以下几个方面:

(1)帮助投资者、债权人通过现金流量分析判断和评价企业获取现金的能力。投资的主要目的是获得收益,无论是股权投资还是债权投资都要关注自身的收益能否实现,这些均取决于公司本身现金流量的金额和时间。只有公司能产生有利的现金流量,才有能力还本付息、支付股利。

（2）帮助投资者、债权人评估企业的偿债能力和支付能力。现金流量表披露的经营活动净现金流入的信息能客观地衡量这些指标。经营活动的净现金流入量从本质上代表了企业自我创造现金的能力。如果经营活动的现金流量充足，则意味着企业充满着活力，并在靠自身经营来赚钱。靠自身创造出现金流，在风险面前的"免疫力"就会增强，其支付能力和偿债能力也就有了坚实的基础和后盾。

（3）帮助投资者、债权人判断和评价企业盈利的质量。利润反映了一个企业的经营成果，是体现企业经营业绩的最重要的一个指标。但利润是按照权责发生制编制的，含有管理层的主观判断，容易被操纵，而且利润不代表企业真正实现的收益。正所谓"钱是赚回来的，利润是算出来的"，一个具有较多利润的企业并不一定具有良好的财务状况，而以收付实现制为基础编制的现金流量表可以弥补这一缺陷。我们可以借助于现金流量表，分析经营活动的现金流量与净利润之间产生差距的原因以及差距的大小，对利润的质量予以透视，从而评判企业盈利的质量。

（4）帮助投资者、债权人分析判断和评价企业发展的战略信息。企业发展的不同阶段对现金的需求是不同的，我们可以通过分析企业现金流量来源与用途的数量变动，判断企业处在什么阶段、状态如何，从而判断企业的发展战略。例如，投资活动现金净流量为负值，而且主要是由非债权性投资活动引起的，说明企业可能正处于扩张阶段，在一般情况下预示着企业在将来会有相应的现金流入。

二、现金流量表的格式和结构

现金流量表一般由两大部分组成，一是现金流量表主表；二是现金流量表补充资料。

现金流量表主表由三部分组成，分别是企业在经营活动中产生的现金流量、在投资活动中产生的现金流量和在筹资活动中产生的现金流量。每一种活动产生的现金流量又分别揭示流入、流出总额，使会计信息更具明晰性和有用性。主表采用报告式结构，按照现金流量的性质，依次分为经营活动产生的现金流量、投资活动产生的现金流量和筹资活动产生的现金流量，最后汇总反映企业现金及现金等价物净增加额。在有外币现金流量及境外子公司的现金流量折算为人民币的企业，主表中还应单设"汇率变动对现金及现金等价物的影响"项目。

现金流量表补充资料包括将净利润调节为经营活动现金流量、不涉及现金收支的重大投资和筹资活动、现金及现金等价物净变动情况等项目。其中将净利润调节为经营活动现金流量所采用的方法称为间接法。这是会计利用其专业语言来具体描述现金流量和相关利润指标之间的关系。

现金流量表格式按一般企业、商业银行、保险公司、证券公司等企业类型予以规定。企业应当根据其经营活动的性质，确定本企业适用的现金流量表格式。政策性银行、信托投资公司、租赁公司、财务公司、典当公司应当执行商业银行现金流量表格式的规定，如有特别需要，可以结合本企业的实际情况，进行必要的调整和补充。担保公司应当执行保险公司现金流量表格式的规定，如有特别需要，可以结合本企业的实际情况，进行必要的调整和补充。资产管理公司、基金公司、期货公司应当执行证券公司现金流量表格式的规定，如有特别需要，可以结合本企业的实际情况，进行必要的调整和补充。

一般企业现金流量表格式见表 4-1 和表 4-2。

表 4-1　现金流量表

编制单位：　　　　　　　　　　　　年　月　　　　　　　　　　　　单位：元

项目	本期金额	上期金额
一、经营活动产生的现金流量：		
销售商品、提供劳务收到的现金		
收到的税费返还		
收到其他与经营活动有关的现金		
经营活动现金流入小计		
购买商品、接受劳务支付的现金		
支付给职工以及为职工支付的现金		
支付的各项税费		
支付其他与经营活动有关的现金		
经营活动现金流出小计		
经营活动产生的现金流量净额		
二、投资活动产生的现金流量：		
收回投资收到的现金		
取得投资收益收到的现金		
处置固定资产、无形资产和其他长期资产收回的现金净额		
处置子公司及其他营业单位收到的现金净额		
收到其他与投资活动有关的现金		
投资活动现金流入小计		
购建固定资产、无形资产和其他长期资产支付的现金		
投资支付的现金		
取得子公司及其他营业单位支付的现金净额		
支付其他与投资活动有关的现金		
投资活动现金流出小计		
投资活动产生的现金流量净额		
三、筹资活动产生的现金流量：		
吸收投资收到的现金		
取得借款收到的现金		
收到其他与筹资活动有关的现金		
筹资活动现金流入小计		

续表

项目	本期金额	上期金额
偿还债务支付的现金		
分配股利、利润或偿付利息支付的现金		
支付其他与筹资活动有关的现金		
筹资活动现金流出小计		
筹资活动产生的现金流量净额		
四、汇率变动对现金及现金等价物的影响		
五、现金及现金等价物净增加额		
加：期初现金及现金等价物余额		
六、期末现金及现金等价物余额		

表 4-2 现金流量表补充资料

补充资料	本期金额	上期金额
1. 将净利润调节为经营活动现金流量：		
净利润		
加：资产减值准备		
固定资产折旧、油气资产折耗、生产性生物资产折旧		
无形资产摊销		
长期待摊费用摊销		
处置固定资产、无形资产和其他长期资产的损失（收益以"—"号填列）		
固定资产报废损失（收益以"—"号填列）		
公允价值变动损失（收益以"—"号填列）		
财务费用（收益以"—"号填列）		
投资损失（收益以"—"号填列）		
递延所得税资产减少（增加以"—"号填列）		
递延所得税负债增加（减少以"—"号填列）		
存货的减少（增加以"—"号填列）		
经营性应收项目的减少（增加以"—"号填列）		
经营性应付项目的增加（减少以"—"号填列）		
其他		
经营活动产生的现金流量净额		
2. 不涉及现金收支的重大投资和筹资活动：		
债务转为资本		

补充资料	本期金额	上期金额
一年内到期的可转换公司债券		
融资租入固定资产		
3. 现金及现金等价物净变动情况:		
现金的期末余额		
减:现金的期初余额		
加:现金等价物的期末余额		
减:现金等价物的期初余额		
现金及现金等价物净增加额		

三、现金流量表的编制方法

1. 现金流量表主表的编制方法

现金流量表主表是采用直接法编制的,它按照现金收入和现金支出的项目类别直接反映企业各项活动产生的现金流量,用纯粹的业务语言来描述企业现金的流入量和流出量,以及由此引起的净现金流量的大小和结果。采用直接法编制现金流量表主表,便于分析企业经济活动中现金流量的来源和用途,有助于预测企业未来的现金流量前景。

从直观的角度看,现金流量表可以通过对现金及其等价物的明细记录(如日记账)按现金流量的分类直接编制(事实上现金及其等价物的日记账可以视同现金流量表),但当现金业务量较大时,进行人工分类并不现实,实务中可以通过对损益表、资产负债表项目调整编制。

采取调整编制的资料来源包括资产负债表项目的期初期末数、损益表的本期发生数及有关账户的明细记录,必要时可能需要追索到原经济业务的具体内容。

现金流量表的具体编制方法有两种,即工作底稿法和 T 形账户法。采用工作底稿法编制现金流量表的程序分为两步:第一步,设计工作底稿并将资产负债表期初期末数、损益表的本期发生数过入工作底稿。第二步,编制调整分录并过入到工作底稿中。编制调整分录时,先以利润表项目为基础,结合资产负债表,然后以资产负债表为基础按顺序逐一分析调整。

现金流量表主表中的前三大项(经营活动产生的现金流量、投资活动产生的现金流量和筹资活动产生的现金流量)均采用上述方法编制。

2."汇率变动对现金及现金等价物的影响"的编制方法

该项目反映企业外币现金流量发生日所采用的汇率与期末汇率的差额对现金的影响数额。

3."现金及现金等价物净增加额"的编制方法

该项目是将表中"经营活动产生的现金流量净额"、"投资活动产生的现金流量净额"、"筹资活动产生的现金流量净额"和"汇率变动对现金及现金等价物的影响"四个项目相加得出的。

4．"期末现金及现金等价物余额"的编制方法

该项目是将计算出来的现金及现金等价物净增加额加上期初现金及现金等价物余额求得的。它应该与企业期末的全部货币资金和现金等价物的合计余额相等。

5．现金流量表补充资料的编制方法

除现金流量表反映的信息外，企业还应该在附注中披露将净利润调节为经营活动现金流量、不涉及现金收支的重大投资和筹资活动、现金及现金等价物净变动情况等信息。也就是要求按间接法编制现金流量表的补充资料。

现金流量表补充资料的编制将在本章第五节详细介绍。

四、现金流量表分析的局限性

1．报表信息的可靠性

可靠性是指企业提供的财务信息以客观的事实为依据，而不受主观意志的左右，确保财务信息准确可靠。事实上，编制现金流量表的各种资料的可靠性受到很多因素的影响，由于报表本身的不可靠，报表分析同样显得不够可靠。

2．报表信息的可比性

可比性要求将不同企业的现金流量表编制建立在相同的会计程序和方法上，便于报表使用者比较分析同一企业在不同时期，以及企业和企业之间的偿债能力和现金流动状况的强弱和优劣。对于同一个企业来说，虽然可比性原则的运用使其有可能进行不同期间的比较，但如果企业的会计环境和基本交易的性质发生变动，则同一个企业不同时期财务信息的可比性便大大减弱。对于不同企业来说，由于不同企业采用的会计处理方法不同，如存货的计价、折旧的摊销、收入的确认以及支出资本化与费用的处理等，从而对分析不同企业的现金状况带来了一定的困难。

3．报表信息的有效性

财务报表中反映的数据是企业过去会计事项影响的结果，根据这些历史数据计算得到的各种分析结论，对于预测企业未来的现金流动只有参考价值，并非绝对有效。

第二节　经营活动产生的现金流量项目编制与分析

一、经营活动产生的现金流量项目的编制

经营活动是指企业投资活动和筹资活动以外的所有交易和事项。企业随着经营活动的开展将会产生经营活动的现金流入量和经营活动的现金流出量。在持续经营的会计基本前提和假设之下，经营活动现金流量反映的是企业经常性的、持续性的资金流入和流出情况。

按照规定，企业应当采用直接法列示经营活动产生的现金流量。

直接法是按现金流入和现金流出的主要类别列示企业经营活动产生的现金流量。在直接法下，一般是以利润表中的营业收入为起算点，调整与经营活动有关的项目的增减变动，然后计算出经营活动产生的现金流量。采用直接法具体编制现金流量表时，可以采用工作底稿法或 T 型账户法。业务简单的，也可以根据有关科目的记录分析填列。

(1)"销售商品、提供劳务收到的现金"项目，该项目反映企业从事正常经营活动所获得的与销售商品、提供劳务等经营业务收入相关的现金流入(含在业务发生时向客户收取的增值税额等)。其具体包括收到的在本期发生的业务现金收入和在以前期间发生但在本期才收到款项的业务收入，以及至今尚未发生但在本期已经预收了业务款项的现金收入等。

该项目可根据"主营业务收入"、"其他业务收入"、"应收账款"、"应收票据"、"预收账款"及"库存现金"、"银行存款"等账户的记录分析填列。该项目的现金流入可用下述公式计算求得

销售商品、提供劳务收到的现金＝本期营业收入净额＋本期应收账款减少额(－本期应收账款增加额)＋本期应收票据减少额(－本期应收票据增加额)＋本期预收账款增加额(－本期预收账款减少额)

注：上述公式中，如果本期有实际核销的坏账损失，也应减去(因核销坏账损失减少了应收账款，但没有收回现金)。如果有收回前期已核销的坏账金额，应加上(因收回已核销的坏账并没有增加或减少应收账款，但却收回了现金)。

(2)"收到的税费返还"项目，该项目反映企业收到的返还的增值税、营业税、所得税、消费税、关税和教育费附加返还款等各种税费。该项目体现了企业在税收方面享受政策优惠所获得已缴税金的回流金额，也构成企业短期内经营现金流量的一项补充来源。

该项目可根据"库存现金"、"银行存款"、"应交税费"、"营业税金及附加"等账户的记录分析填列。

(3)"收到其他与经营活动有关的现金"项目，该项目反映企业除了上述各项目以外收到的其他与经营活动有关的现金流入，如收到的罚款收入、经营租赁收到的租金等除前两项所列之外的其他与经营活动有关的现金流入，金额较大的应当单独列示。这部分资金来源在企业通常带有一定程度的偶然性因素。

该项目可根据"营业外收入"、"营业外支出"、"库存现金"、"银行存款"、"其他应收款"等账户的记录分析填列。

(4)"购买商品、接受劳务支付的现金"项目，该项目反映企业本期购买商品、接受劳务实际支付的现金(包括增值税进项税额)，以及本期支付的前期购买商品、接受劳务的未付款项和本期预付款项，减去本期发生的购货退回收到的现金。

与"销售商品、提供劳务收到的现金"中所述内容相对应，"购买商品、接受劳务支付的现金"是维持企业正常运转、保证企业经常性生产对劳务与物资需求的资金流出，也是企业获得经营业务收入所需物质基础与劳务保证的资金保障。

该项目可根据"应付账款"、"应付票据"、"预付账款"、"库存现金"、"银行存款"、

"主营业务成本"、"其他业务成本"、"存货"等账户的记录分析填列。该项目的现金流出可用以下公式计算求得

购买商品、接受劳务支付的现金＝营业成本＋本期存货增加额(－本期存货减少额)＋本期应付账款减少额(－本期应付账款增加额)＋本期应付票据减少额(－本期应付票据增加额)＋本期预付账款增加额(－本期预付账款减少额)

(5)"支付给职工以及为职工支付的现金"项目，该项目反映企业当期实际支付给从事生产经营活动的在职职工的工资、奖金、津贴和补贴，以及为这些职工支付的诸如养老保险、失业保险、商业保险、住房公积、困难补助等其他有关方面的现金等。职工是企业生产经营活动中不可或缺的具体生产经营业务的实施者，支付给职工以及为职工支付的现金是保证劳动者自身生存及其再生产的必要开支，因此也属于企业持续性的现金支出项目。

需要注意的是，"支付给职工以及为职工支付的现金"项目中并不是包含了企业为其全体职工支付的现金，而仅仅包含为从事生产经营活动的在职职工支付的现金。如果是企业支付给从事固定资产建造的在建工程人员的现金，一般列示在"购建固定资产、无形资产和其他长期资产支付的现金"项目中；而若是支付给离退休人员的现金，则列示在"支付其他与经营活动有关的现金"项目中。这两者虽然也属于企业经常性的现金流出，但与企业日常经营运作中所形成的人力成本略有不同，前者构成了企业非货币性长期资产成本的一部分，而后者则体现了企业在离退休人员的安置等方面所承担的部分社会责任。

该项目可根据"库存现金"、"银行存款"、"应付职工薪酬"、"生产成本"等账户的记录分析填列。

(6)"支付的各项税费"项目，该项目反映企业本期发生并支付的、本期支付以前各期发生的，以及预交的所得税、增值税、营业税、房产税、土地增值税、车船使用税、印花税和教育费附加、城市建设维护费、矿产资源补偿费等各类相关税费，反映了企业除个别情况之外所实际承担的税费负担。从该项目覆盖的时间上讲，其包含了当期发生且缴纳的相关税费，以及补交的以前各期应缴未交的有关税费和预交的以后的相关税费等。从涉及的税费类型上讲，其包含了企业所缴纳的几乎各种税费，当然也有例外事项。例如，企业支付的、按规定应计入固定资产成本中的耕地占用税，以及在购买商品时随交易价款一并结算支付的增值税等都不在这一项目中反映。前者列示在"购建固定资产、无形资产和其他长期资产支付的现金"项目中，后者则包含在"购买商品、接受劳务支付的现金"项目中。

该项目应根据"应交税费"、"库存现金"、"银行存款"等账户的记录分析填列。

(7)"支付其他与经营活动有关的现金"项目，该项目反映企业除了上述购买商品、接受劳务支付的现金，支付给职工以及为职工支付的现金和支付的各项税费之外，所发生的其他与经营活动有关的现金流出金额，如支付给离退休人员的各项费用以及企业支付的罚款支出、差旅费与业务招待费支出、保险费支出、办公费用及营销费用支出等，金额较大的应当单独列示。

该项目应根据"管理费用"、"销售费用"、"营业外支出"等账户的记录分析填列。

二、经营活动产生的现金流量项目的分析

(一)经营现金流量真实性分析

对比中报和年报经营现金流量,考察年度经营现金流量的均衡性,可初步认定经营现金流量的真实水平。在正常经营情况下,企业的购销和信用政策比较稳定,销售业务也较少出现大起大落的情形,因此企业经营现金流量年度内应保持一定的均衡性,否则表明年报经营现金流量存在被粉饰的可能。但需要指出的是,为了使结论更为准确合理,还应当同时考虑企业的会计行为(如是否存在年底结账的习惯)、结算方式,以及所属行业的具体特征(如是否具有季节性生产的特点)。

在分析时,还应重点分析现金流量表有关明细项目,进一步明确经营现金流量的真实水平。对"销售商品、提供劳务收到的现金"项目,要分析企业有无虚构预收账款交易、粉饰主营业务现金流量的可能。若企业大额预收账款缺少相关的销售或建造合同,则表明企业主营业务现金流入缺乏真实性。对"收到其他与经营活动有关的现金"项目,要分析判断企业有无借助下列事项粉饰其他经营活动现金流量的情况。

(1)关联方归还欠款。

(2)占用关联方资金。某些企业采取占用关联方往来款项的方式来虚增当期的经营现金流量,为此,应特别关注上市公司与关联方进行期末大额款项往来的情况。

(3)现金流量项目类别归属。某些企业将一些非经营性现金流量项目(如票据贴现和临时资金拆借)归入"收到其他与经营活动有关的现金"项目中,从而虚增了当期经营现金流量,掩盖了公司经营的真实面貌,对此也应给予充分关注。

(二)经营现金流量充足性分析

经营现金流量的充足性是指公司是否具有足够的经营现金流量满足正常运转和规模的扩张。对经营现金流量充足性的分析可以从绝对量和相对量两个角度进行。

(1)从绝对量角度认识充足性,主要是分析经营现金流量能否延续现有的公司经营,判断经营现金净流量是否正常。如果当期经营活动产生的现金净流量小于零,则意味着通过正常的供、产、销所带来的现金流量不足以支付因经营活动引起的货币流出。不过据此做出经营现金流量质量不高的结论还为时过早。

从企业成长的过程来分析,如果企业处于初创期,一方面由于生产的各个环节都还处在"磨合"状态,各种资源的利用率低,企业成本消耗较高,同时为了开拓市场,企业投入较多资金,采用各种手段将产品打入市场,如加大广告支出,从而使现金流出较多;另一方面,由于消费者尚未对企业的产品完全接受,以产品销售或劳务提供为主的经营活动产生的现金流入很少。因此,企业的经营活动现金流量表现为"入不敷出"。

如果是由于上述原因导致经营活动现金流量"入不敷出",应认为这是企业在成长过程中不可避免的正常状态。但是如果企业并非处于初创期,而仍然出现这种状态,则应当认为企业经营活动现金流量质量差。

如果经营现金流入正好补偿现金流出,仍然不能认为经营现金流量质量好。原因

有两个：其一，企业的成本消耗中除了现金消耗性成本外，还有一部分属于按权责发生制原则的要求而确认的摊销成本和应计成本。只有这些非现金消耗性成本也被完全补偿，才能够维持企业经营活动的货币"简单再生产"。其二，经营活动还承担着为企业投资活动提供货币支持，为筹资活动的风险规避贡献现金的任务。因此，只有当经营现金净流量大于零并且在补偿当期的非现金消耗性成本后仍有剩余时才能认为其比较充足，质量较好。

(2)从相对量角度考察充足性，主要是了解经营现金流量能否满足企业扩大再生产的资金需要，具体分析经营现金流量对企业投资活动的支持力度和对筹资活动的风险规避水平。主要评价指标有：

第一，现金流量资本支出比率。

现金流量资本支出比率＝经营活动现金流量/资本性支出额

其中，资本性支出额为企业购建固定资产、无形资产及其他长期资产所发生的现金支出。该比率表明运用经营活动现金流量维持或扩大经营规模的能力。该指标越大，说明企业内涵式扩大再生产的水平越高，利用自身盈余创造未来现金流量的能力越强，经营现金流量的品质越好。当该比率小于1时，表明企业资本性投资所需现金无法完全由其经营活动提供，部分或大部分资金要靠外部筹资补充，企业财务风险较大，经营及获利的持续性与稳定性较低，经营现金流量的质量较差；当该比率大于1时，则说明经营现金流量的充足性较好，对企业筹资活动的风险保障水平较高，不仅能满足企业的资本支出需要，而且还可用于企业债务的偿还、利润的分配以及股利的发放。

第二，到期债务偿付比率。

到期债务偿付比率＝经营活动现金净流量/(到期债务本金＋本期债务利息)

该比率反映企业利用经营活动产生的现金流量偿付到期债务本息的实际水平。若该比率小于1，说明企业到期债务的自我清偿能力较差，经营现金流量的充足程度不高，要树立良好的财务信用，企业必须依靠其他方面资金的及时注入，主要包括对外融资、当期变现投资收益以及出售企业资产的现金所得；若该比率大于1，则显示企业具有较好的"造血"功能和财务弹性，经营现金流量比较充沛，足以偿还到期债务，企业不存在支付风险，且经营的主动性较强。

需要特别提及的是，仅以经营现金流量大小作为衡量企业经营好坏与财务优劣的标准将会引起误导。因为经常存在下面的情况：经营现金流量充足，但企业盈利能力日益下降；经营现金流量不足，但企业盈利能力日趋上升。这表明：企业资金充裕但找不到合适的投资方向，其未来盈利能力受到影响；企业现金短缺但实施了有效的负债经营，其盈利水平反而得到显著提高。因此，在某段时期内，企业的财务活动能力与财务管理水平同样重要。

(三)经营现金流量稳定性分析

持续稳定的现金流量是企业正常运营和回避风险的重要保证。要评价经营现金流量的质量，必须考虑其稳定性。可以利用如下两个比率进行分析。

1. 现金流量结构比率

现金流量结构比率＝经营活动产生的现金流量净额/经营、投资、筹资活动产生的现金净增加额

经营活动现金流量的主要构成是主营业务。主营业务突出、收入稳定是企业运营良好的重要标志；企业主营业务越突出，经营越稳健，现金流越稳定、持续。据此比率可以大致了解企业主营业务当前的兴衰程度。如果计算连续数期的该比率更能了解主营业务发展变化的长期趋势，从而在一定程度上对经营现金流量的稳定持续性做出判断。

2. 现金销售能力比率

现金销售能力比率＝经营活动产生的现金流入量/营业收入

尽管当期现金流入中有可能包括前期应收款项的回收，但从较长一段时间来看，除非经营环境发生重大变化，否则应收账款各期平均收现率差异不大，这样当期现金流入在数量上就相当于当期所销售商品、提供劳务收到的现金。通过这一比率可以判断企业的现金销售能力，较高的收现率表明企业产品定位准确，适销对路，并且已形成卖方市场的良好经营环境，这样又保证了经营现金流的稳定。

经营活动现金流量的最大特点在于它与企业日常营运活动的密切关系。无论是现金流入量还是流出量，都体现了企业在维持目前生产能力和生产规模状态下对现金及其等价物的获得与支出水平。若要体现"收支相抵、略有节余"的现金要求，经营活动现金净流量一般应该大于零。

第三节 筹资活动产生的现金流量项目编制与分析

一、筹资活动产生的现金流量项目的编制

筹资活动是指导致企业资本及债务构成和规模发生变化的活动。正常情况下，企业经营活动中的资金需求主要由其经营活动中的资金流入量来满足，即所谓的"以收抵支"甚至还应略有剩余。然而，由于生产经营活动中也存在着各有关环节衔接不当的情况，可能会造成企业短期内资金周转不畅，出现现金紧缺问题。或者企业出于其战略调整、规模扩大、资本运营等需要而对现金需求量提出更高的要求等，便不可避免地需要从外部筹措所需资金，从而产生了企业的筹资活动。筹资活动现金流量反映了企业出于各种需求而进行资金筹措所产生的现金流入与流出金额，包括权益性的筹资事项和债务性的筹资事项。

筹资活动产生的现金流入和现金流出各项目包括的内容和填列方法如下：

(1)"吸收投资收到的现金"项目，该项目反映企业以发行股票、债券等方式筹集资金实际收到的款项，减去直接支付给金融企业的佣金、手续费、宣传费、咨询费、印刷费等发行费用后的净额。

企业以发行股票或配股方式筹集资金，在带来可供其长期使用而无须偿还的股权

资金的同时，由于在一定程度上降低了资产负债比率，从而提高了企业对其债权人利益的保障程度，也为企业日后的债务筹资提供了可能。

而企业若以发行债券的方式筹集资金，则在带来目前可供使用的债务资金的同时，也造成了日后按期还本付息的资金压力。因此，如果"吸收投资收到的现金"来源金额过大，而当期资产负债表及所有者权益变动表显示实收资本（或股本）变动较小或无变动，则说明此项现金流主要来源于债务性筹资，投资者就应充分考虑和分析该企业未来获取现金、偿付本息的能力，以及偿还时大量的资金流出给企业正常生产经营所可能带来的负面影响。

该项目可根据"实收资本（或股本）"、"应付债券"、"库存现金"、"银行存款"等账户的记录分析填列。

需要注意的是，以发行股票、债券等方式筹集资金而由企业直接支付的审计、咨询等费用，不在该项目中反映，而在"支付其他与筹资活动有关的现金"项目中反映；由金融企业直接支付的手续费、咨询费、宣传费、印刷费等费用，从发行股票、债券取得的现金收入中扣除，以净额列示。

（2）"取得借款收到的现金"项目，该项目反映企业在当期向银行或非银行金融机构举借各种长期或短期借款所收到的现金。与发行债券的方式筹集资金一样，企业在向银行或非银行金融机构举借债务、获得目前可供使用的资金的同时，同样会造成日后按期还本付息的资金压力，即现时的现金流入会导致未来相应的现金流出。

该项目可根据"短期借款"、"长期借款"、"银行存款"等账户的记录分析填列。

（3）"收到其他与筹资活动有关的现金"项目，该项目是指企业除吸收投资以及借款所收到的现金之外，在其他归并于筹资活动的有关项目上所收到的现金，如接受的现金捐赠等。这类现金流入通常在企业筹资活动现金流入量中所占的比例不高，有时甚至不会出现，但如果价值较大，应单列项目反映。

该项目应根据"库存现金"、"银行存款"和其他有关账户的记录分析填列。

（4）"偿还债务支付的现金"项目，该项目反映企业在当期偿还已经到期的各项债务本金所产生的现金支出金额。企业在以往筹资活动中，以发行债券的方式或者向银行或非银行金融机构借款的方式筹措获得所需资金，无论期限多长，都需要在未来一定期限内还本付息，该项目即是反映由此引起的现金支出。

将"偿还债务支付的现金"与前面所提到的"吸收投资收到的现金"以及"取得借款收到的现金"进行数量比较，如果前者大于后者，说明企业当期所筹资金基本上是用于偿债之需，这也传达出企业目前资金紧张、偿债压力偏大的信息。而如果后者大于前者，则说明企业当期所筹资金更多地用于生产经营或资本扩张之需，此时应结合"经营活动现金流量"和"投资活动现金流量"的具体内容再作进一步分析。

该项目可根据"短期借款"、"长期借款"、"应付债券"、"库存现金"、"银行存款"等账户的记录分析填列。

需要注意的是，企业偿还的借款利息、债券利息，应在"分配股利、利润或偿付利息支付的现金"项目中反映。

（5）"分配股利、利润或偿付利息支付的现金"项目，该项目反映企业实际支付的现金股利、支付给其他投资单位的利润或用现金支付的借款利息、债券利息。使用别人的资金是需要付出代价的，企业以吸收投资或借款的方式获得对投资者或债权人资金的占有和使用权，自然也需要付出相应的使用代价，这种使用代价的现金表现便是以现金形式支付给股东的股息、利润，以及支付给债权人的借款利息或债券利息等。该项资金流量的大小从某种程度上也反映企业用资成本的高低。

该项目可根据"应付股利（或应付利润）"、"财务费用"、"长期借款"、"应付债券"、"库存现金"、"银行存款"等账户的记录分析填列。

（6）"支付其他与筹资活动有关的现金"项目，该项目反映企业除偿还债务所支付的现金以及分配股利、利润或偿付利息所支付的现金之外，因其他与筹资活动有关的情况而发生的现金流出金额，包括以发行股票、债券等方式筹集资金而由企业直接支付的审计和咨询等费用、为购建固定资产而发生的可以资本化的借款利息支出、融资租入固定资产所支付的租赁费、以分期付款方式购建固定资产以后各期支付的现金等。其中价值较大的，应单列项目反映。

该项目可根据"库存现金"、"银行存款"和其他有关账户的记录分析填列。

二、筹资活动产生的现金流量项目的分析

对于筹资活动现金流量质量的分析同样也可以通过比较筹资活动现金流入量与现金流出量的大小来进行分析。

（一）筹资活动产生的现金流量大于零

筹资活动产生的现金流量大于零，意味着企业在吸收权益性投资、借款等方面所收到的现金之和大于企业在偿还债务、偿付利息和股利等方面所支付的现金之和。企业在发展的起步阶段是"饥渴的现金使用者"，各种投资活动活跃，而投资需要大量资金，同时，企业销售收回的现金极少，企业经营活动产生的现金流量小于零，因而存在大量对外筹资需求；处于衰退阶段的企业由于盈利能力低，微薄的净利润等无法满足再投资所需资金，为弥补现金流量的不足，企业也常常要举债筹资，从而出现大额的筹资活动产生的现金流入量。因此，分析企业筹资活动产生的现金流量大于零是否正常，关键要看企业的筹资活动是否已经被纳入企业的发展规划，是企业管理层以扩大投资和经营活动为目标的主要筹资行为，还是企业因投资行为和经营活动的现金流出失控而不得已的筹资行为。

此外，还要分析筹资活动现金流入对企业的影响是正面的还是负面的。虽然企业发展初期需要大量的现金流入，但随着企业筹资活动的频繁，企业潜在的筹资风险也在逐步提高。长期的筹资活动现金流入必然也是企业不正常运转的标志之一。

（二）筹资活动产生的现金流量小于零

筹资活动产生的现金流量小于零，意味着企业在吸收权益性投资、借款等方面所收到的现金之和小于企业在偿还债务、偿付利息和股利等方面所支付的现金之和。这种情况的出现，或者是由于企业在本会计期间集中发生偿还债务、偿付利息和分配股

利；或者是由于企业经营活动与投资活动在现金流量方面运转良好，有能力完成上述各项支付。但是，企业筹资活动产生的现金流量小于零，也可能是企业在投资和扩张方面没有更多作为的一种表现。

筹资活动现金流量的最大特点在于它的现时现金流量与未来现金流量在一定程度上的对应性，即目前该类现金流入量的发生，在一定程度上意味着未来要求有相应的现金流出量。而目前该类现金流出量的存在则是以往相应的现金流入量所引起的必然结果。

需要说明的是，影响现金流量质量的因素很多，除了考虑上述因素外，同时还应考虑企业所属行业的特点、企业主要产品的生命周期，并充分利用现金流量表外的其他相关资料进行分析，才能更恰当地评价企业现金流量的质量。

第四节　投资活动产生的现金流量项目编制与分析

一、投资活动产生的现金流量项目的编制

投资活动是指企业长期资产的购建和不包括在现金等价物范围内的投资及其处置活动。按投资的方向，可以把投资分为对内投资和对外投资。对内投资是把资金投放在企业内部，用来购置各种生产经营资产。资产负债表中的固定资产、在建工程、无形资产等方面的投资就是对内投资。对外投资是指企业以现金、实物或购买有价证券（如股票、债券等）的形式向其他单位投资，主要是指股权投资和债权投资，通常我们所说的投资就是指这类投资。企业投资活动中发生的各项现金流出，往往反映了其为拓展经营所做的努力，可以从中大致了解企业的投资方向，一个企业从经营活动、筹资活动中获得现金是为今后发展创造条件。现金不流出，是不能为企业带来经济效益的。投资活动一般较少发生一次性的大量现金流入，而经常发生大量现金流出，投资活动现金流量净额出现负数往往是正常的，这是为企业的长远利益、为以后能有较高的盈利水平和稳定的现金流入打基础的。当然错误的投资决策也会事与愿违，所以特别要求投资的项目能如期产生经济效益和现金流入。

投资活动产生的现金流入和现金流出各项目包括的内容和填列方法如下：

（1）"收回投资收到的现金"项目，该项目反映企业出售、转让或到期收回除现金等价物以外的交易性金融资产、长期股权投资而收到的现金，以及收回长期债权投资本金而收到的现金，但长期债权投资收回的利息除外。

该项目应根据"交易性金融资产"、"长期股权投资"、"库存现金"、"银行存款"等账户的记录分析填列。

（2）"取得投资收益收到的现金"项目，该项目反映企业因股权性投资而分得的现金股利，从子公司、联营企业或合营企业分回利润而收到的现金，以及因债权性投资而取得的现金利息收入，但股票股利除外。

该项目应根据"投资收益"、"库存现金"、"银行存款"等账户的记录分析填列。

（3）"处置固定资产、无形资产和其他长期资产收回的现金净额"项目，该项目反映

企业出售、报废固定资产、无形资产和其他长期资产所取得的现金，减去为处置这些资产而支付的有关费用后的净额。处置固定资产、无形资产和其他长期资产所收到的现金与处置活动支付的现金，两者在时间上比较接近，以净额反映更能体现处置活动对现金流量的影响，且由于金额不大，故以净额反映。如处置固定资产、无形资产和其他长期资产所收回的现金净额为负数，则应作为投资活动产生的现金流量，在"支付其他与投资活动有关的现金"项目中反映。此外，由于自然灾害等原因所造成的固定资产等长期资产报废、毁损而收到的保险赔偿收入，也在该项目中反映。

该项目可根据"固定资产清理"、"库存现金"、"银行存款"等账户的记录分析填列。

(4)"处置子公司及其他营业单位收到的现金净额"项目，该项目反映企业处置子公司及其他营业单位所取得的现金，减去相关处置费用以及其他营业单位持有的现金及现金等价物后的净额。

该项目可根据"库存现金"、"银行存款"和其他有关账户的记录分析填列。

(5)"收到其他与投资活动有关的现金"项目，该项目反映企业除上述各项目外，收到的其他与投资活动有关的现金。其他与投资活动有关的现金，如果价值较大，应单列项目反映。

该项目可根据"库存现金"、"银行存款"和其他有关账户的记录分析填列。

(6)"购建固定资产、无形资产和其他长期资产支付的现金"项目，该项目反映企业购买、建造固定资产，取得无形资产和其他长期资产所支付的现金及增值税款，以及支付的应由在建工程和无形资产负担的职工薪酬现金支出，但为购建固定资产而发生的借款利息资本化部分、融资租入固定资产所支付的租赁费除外。为购建固定资产而发生的借款利息资本化部分，以及融资租入固定资产所支付的租赁费，应在"筹资活动产生的现金流量——支付其他与筹资活动有关的现金"项目中反映，不在该项目中反映。企业以分期付款方式购建的固定资产，其首次付款支付的现金在该项目中反映，以后各期支付的现金在"筹资活动产生的现金流量——支付其他与筹资活动有关的现金"项目中反映。

该项目应根据"固定资产"、"无形资产"、"在建工程"、"库存现金"、"银行存款"等账户的记录分析填列。

(7)"投资支付的现金"项目，该项目反映企业取得除现金等价物以外的权益性投资和债权性投资所支付的现金以及支付的佣金、手续费等附加费用。

该项目应根据"交易性金融资产"、"长期股权投资"、"持有至到期投资"、"库存现金"、"银行存款"等账户的记录分析填列。

需要注意的是，企业以溢价或折价购入债券时，应按实际支付的金额反映。企业购买股票和债券时，实际支付的价款中包含的已宣告但尚未领取的现金股利或已到付息期但尚未领取的债券利息，应在"支付其他与投资活动有关的现金"项目中反映；收回购买股票和债券时支付的已宣告但尚未领取的现金股利或已到付息期但尚未领取的债券利息，应在"收到其他与投资活动有关的现金"项目中反映。

(8)"取得子公司及其他营业单位支付的现金净额"项目，该项目反映企业购买子公司及其他营业单位时，购买出价中以现金支付的部分，减去子公司或其他营业单位持有的现金和现金等价物后的净额。

整体购买一个单位，其结算方式是多种多样的，如购买方全部以现金支付或一部分以现金支付而另一部分以实物清偿。同时，企业购买子公司及其他营业单位是整体交易，子公司和其他营业单位除有固定资产和存货外，还可能持有现金和现金等价物。这样，整体购买子公司或其他营业单位的现金流量，就应以购买出价中以现金支付的部分减去子公司或其他营业单位持有的现金和现金等价物后的净额反映。

该项目应根据"长期股权投资"、"库存现金"、"银行存款"等账户的记录分析填列。

（9）"支付其他与投资活动有关的现金"项目，该项目反映企业除上述项目外，支付的其他与投资活动有关的现金，金额较大的应当单独列示。

该项目应根据"库存现金"、"银行存款"、"应收股利"、"应收利息"等账户的记录分析填列。

二、投资活动产生的现金流量项目的分析

（一）投资活动现金流量质量分析

对于投资活动现金流量分析，要关注企业扩大投资规模、购置固定资产和企业对外投资情况及其效果。对于投资活动现金流量质量的分析目前还很难通过建立完善的指标体系来进行，但是我们可以通过比较投资活动现金流入量和流出量的大小并结合其他一些信息进行分析。

1. 投资活动现金净流量小于零

投资活动产生的现金流量小于零，意味着企业在购建固定资产、无形资产、其他长期资产以及对外投资等方面所支付的现金之和，大于企业在收回投资，取得投资收益，处置固定资产、无形资产和其他长期资产方面收到的现金净额之和。在这种情况下，投资活动现金流量表现为"入不敷出"，但不能据此简单做出判断。从企业的成长过程来看，如果企业处于初创阶段，投资活动活跃，而现金回收极少；或者是由于企业处于不断增长阶段，不断挖掘利润增长点，扩大投资行为，都会造成这样的结果。所以，面对投资活动的现金净流量小于零的企业，首先应当考虑的是该企业的投资活动是否符合其长期规划和短期计划。

一般来说，企业进行投资活动主要出于三个目的：一是为企业正常生产经营活动奠定基础，如购建固定资产、无形资产和其他长期资产等；二是为企业对外扩张和其他发展目的进行权益性投资和债权性投资；三是利用企业闲置的货币资金进行短期投资，以求获得较高的投资收益。在上述三个目的中，前两种投资一般都应与企业的长期规划和短期计划相一致，第三种投资在很多情况下是企业的一种短期理财安排。因此，面对投资活动产生的现金流量小于零的企业，如果投资活动符合其长期规划和短期计划，则表明这是企业经营活动发展和企业扩张的内在需要，成功的投入会带来新利润；反之，则可能是企业资金被套牢，运转不灵，甚至导致破产。

此外，还要结合产品的市场潜力、产品定位、经济环境等因素进行分析，并结合企业未来获利能力对投资活动现金流量的质量做出判断。

2. 投资活动现金净流量大于零

这种情况的发生或者是由于企业在本会计期间投资回收活动的规模大于投资支出的规模，或者是由于企业在经营活动、筹资活动方面急需资金，不得不处理手中的长期资产以求变现等原因所引起的。因此，在这种情况下，应该对企业投资活动产生的现金流量进行具体分析。

另外，从公司的发展阶段来看，如果公司正处于成熟阶段，由于顾客对公司产品的需求增长缓慢，公司不需要在扩大生产方面再投入太多资金，因此公司的投资活动也经常处于"负投资"状态。

（二）投资活动产生的现金流量与企业未来发展的关系

在观察现金流量表中投资活动产生的现金流量时，应该仔细研究投资活动中对内投资和对外投资的关系。通常，企业要发展，长期资产的规模必须增加，企业投资活动中对内投资的现金净流出量大幅度提高，往往意味着该企业面临着一个新的发展机遇，或者一个新的投资机会；反之，如果企业对内投资中的现金净流入量大幅度增加，表示该企业正常的经营活动没有能够充分地吸纳其现有的资金。

企业对外投资产生的现金净流入量大幅度增加时，说明该企业正大量地收回对外投资额，这可能是企业内部的经营活动需要大量资金，而内部现有的资金不能满足企业经营活动的资金需要；如果一个企业当期对外投资活动的现金净流出量大幅度增加，说明该企业的经营活动没有能够充分地吸纳企业的资金，从而游离出大笔资金，通过对外投资为其寻求获利机会。

如果企业的投资活动产生的现金净流量不大，只是对内投资与对外投资之间产生结构性变化，则情况比较直观。当企业对内投资的现金净流出量大幅度增加，即对外长期投资的现金净流入量大幅度增长，可能是企业获得了新的市场机会，一时不能从企业外部筹集到足够的资金，只有收回对外投资；反之，如果对外投资的现金净流出量大幅度增加，说明企业正在缩小内部经营规模，将游离出来的资金对外投资，寻求适当的获利机会。

实际上在分析投资活动产生的现金流量时，还应该联系筹资活动产生的现金流量来综合考查，在经营活动产生的现金流量不变时，如果投资活动的现金净流出量主要依靠筹资活动产生的现金净流入量来解决，就说明企业的规模扩大主要是通过外部筹资来完成的，这也就意味着该企业正在扩张。

第五节　现金流量表补充资料项目编制与分析

一、现金流量表补充资料编制的基本原理

现金流量表采用直接法反映经营活动的现金流量，同时，企业还应采用间接法反映经营活动产生的现金流量。间接法，是指以企业本期净利润为起算点，通过调整不

涉及现金的收入和费用、营业外收支以及经营性应收应付等项目的增减变动，调整不属于经营活动的现金收支项目，据此计算并列报经营活动产生的现金流量的方法。现金流量表补充资料是对现金流量表采用直接法反映的经营活动现金流量进行核对和补充说明。

采用间接法列报经营活动产生的现金流量时，需要对四大类项目进行调整：①实际没有支付现金的费用；②实际没有收到现金的收益；③不属于经营活动的损益；④经营性应收应付项目的增减变动。

企业利润表中反映的净利润是以权责发生制为基础核算的，而且包括了投资活动和筹资活动的收入和费用。将净利润调节为经营活动现金流量，就是要按收付实现制的原则，将净利润按各项目调整为现金净流入，并且要剔除投资和筹资活动对现金流量的影响。对这些项目的调整过程，就是按间接法编制经营活动现金流量表的过程。补充资料中"将净利润调节为经营活动现金流量"，实际上是以间接法编制的经营活动现金流量。

间接法的基本原理是：经营活动产生的现金流量净额＝净利润＋不影响经营活动现金流量但减少净利润的项目－不影响经营活动现金流量但增加净利润的项目＋与净利润无关但增加经营活动现金流量的项目－与净利润无关但减少经营活动现金流量的项目。对不影响经营活动现金流量但影响净利润的业务，一般应通过调整"损益类"账户的发生额确定，此类业务涉及的是"投资活动"和"筹资活动"两类业务，如无形资产摊销业务，应调整"管理费用——无形资产摊销"账户；对与净利润无关但影响经营活动现金流量的业务，应通过调整"经营性流动性"类账户本身的发生额确定，如收回客户前欠账款业务，应通过调整"应收账款"账户的发生额确定。

二、现金流量表补充资料项目的编制

现金流量表补充资料中，通常包括以下几类项目。

（一）将净利润调节为经营活动现金流量

根据《企业会计准则第 31 号——现金流量表》第 16 条的规定，企业应当在附注中披露将净利润调节为经营活动现金流量的信息。至少应当单独披露对净利润进行调节的下列项目：

（1）"资产减值准备"项目，该项目包括坏账准备、存款跌价准备、长期股权投资减值准备、持有至到期投资减值准备、投资性房地产减值准备、固定资产减值准备、在建工程减值准备、无形资产减值准备、商誉减值准备、生产性生物资产减值准备、油气资产减值准备等。企业计提的资产减值准备包括在利润表中，属于利润的减除项目，但没有发生现金流出。所以，在将净利润调节为经营活动现金流量时，需要加回。

（2）"固定资产折旧、油气资产折耗、生产性生物资产折旧"项目，该项目反映企业本期计提的固定资产折旧、油气资产折耗、生产性生物资产折旧。企业计提的固定资产折旧，有的包括在管理费用中，有的包括在制造费用中。计入管理费用中的部分，作为期间费用在计算净利润时从中扣除，但没有发生现金流出，所以，在将净利润调节为经营活动现金流量时，需要加回。计入制造费用中的已经变现的部分，在计算净利润时通过销售成本予以扣除，但没有发生现金流出；计入制造费用中的没有变现的部分，由于在调节存货时，已经从中扣除，但是也不涉及现金收支，所以，在将净利润调节为经营活动现金流量时，需要加回。

（3）"无形资产摊销"项目，该项目反映企业摊销的无形资产。企业摊销无形资产时，计入管理费用。计入管理费用中的部分，作为期间费用在计算净利润时从中扣除，但没有发生现金流出。所以，在将净利润调节为经营活动现金流量时，需要加回。

（4）"长期待摊费用摊销"项目，该项目反映企业本期摊销的长期待摊费用。长期待摊费用摊销时，有的计入管理费用，有的计入销售费用，有的计入制造费用。计入管理费用、销售费用中的部分，作为期间费用在计算净利润时从中扣除，但没有发生现金流出，所以，在将净利润调节为经营活动现金流量时，需要加回。计入制造费用中的已经变现的部分，在计算净利润时通过销售成本予以扣除，但没有发生现金流出；计入制造费用中的没有变现的部分，由于在调节存货时已经从中扣除，但是也不涉及现金收支，所以，在将净利润调节为经营活动现金流量时，需要加回。

（5）"处置固定资产、无形资产和其他长期资产的损失"项目，该项目反映企业本期处置固定资产、无形资产和其他长期资产发生的损失。企业本期处置固定资产、无形资产和其他长期资产发生的损益，属于投资活动产生的损益，不属于经营活动产生的损益。所以，在将净利润调节为经营活动现金流量时，需要予以删除。如为损失，在将净利润调节为经营活动现金流量时，应当加回；如为收益，在将净利润调节为经营活动现金流量时，应当扣除。

（6）"固定资产报废损失"项目，该项目反映企业本期固定资产盘亏发生的损失。企业发生的固定资产报废损益，属于投资活动产生的损益，不属于经营活动产生的损益。所以，在将净利润调节为经营活动现金流量时，需要予以删除。如为净损失，在将净利润调节为经营活动现金流量时，应当加回；如为净收益，在将净利润调节为经营活动现金流量时，应当扣除。

（7）"公允价值变动损失"项目，该项目反映企业持有的采用公允价值计量其价值变动，计入当期损益的金融资产、金融负债等的公允价值变动损益。

（8）"财务费用"项目，该项目反映企业本期发生的财务费用。企业发生的财务费用中，有些项目属于筹资活动或投资活动。例如，购买固定资产所产生的汇兑损益属于投资活动，支付的利息属于筹资活动。为此，应当将其从净利润中删除。

（9）"投资损失"项目，该项目反映企业本期发生的投资损失情况。企业发生的投资损益，属于投资活动产生的损益，不属于经营活动产生的损益。所以，在将净利润调节为经营活动现金流量时，需要予以删除。如为净损失，在将净利润调节为经营活动现金流量时，应当加回；如为净收益，在将净利润调节为经营活动现金流量时，应当扣除。

（10）"递延所得税资产减少"和"递延所得税负债增加"项目，"递延所得税资产减少"项目反映企业资产负债表中"递延所得税资产"项目的期初余额与期末余额的差额。"递延所得税负债增加"项目反映企业资产负债表中"递延所得税负债"项目的期初余额与期末余额的差额。

(11)"存货的减少"项目,该项目反映企业本期期末存货与期初存货的差额。期末存货比期初存货减少,说明本期生产经营过程耗用的存货有一部分是期初的存货,耗用这部分存货并没有发生现金的流出,但在计算净利润时已经扣除,所以,在将净利润调节为经营活动现金流量时,应当加回。期末存货比期初存货增加,说明当期购入的存货除耗用外,还预留了一部分,这部分存货也发生了现金流出,但在计算净利润时没有包括在内,所以,在将净利润调节为经营活动现金流量时,应当扣除。当然,存货的增减变化过程还涉及应付项目,这一因素在"经营性应付项目的增加(减:减少)"项目中考虑。

(12)"经营性应收项目的减少"项目,该项目反映企业本期经营性应收项目(包括应收票据、应收账款、预付账款、长期应收款和其他应收款中与经营活动有关的部分及应收的增值税销项税额等)的期初余额与期末余额的差额。

经营性应收项目期末余额小于期初余额,说明本期收回的现金大于利润表中所确认的销售收入,但这一部分并没有在本期利润中得到体现,所以,在将净利润调节为经营活动现金流量时,应当加回。反之,则说明本期销售收入中有一部分没有收回现金,但是,在计算净利润时这部分销售收入已包括在内,所以,在将净利润调节为经营活动现金流量时,应当扣除。

(13)"经营性应付项目的增加"项目,该项目反映企业本期经营性应付项目(包括应付票据、应付账款、预收账款、应付职工薪酬、应交税费、应付利息、应付股利、长期应付款、其他应付款中与经营活动有关的部分及应付的增值税进项税额等)的期初余额与期末余额的差额。

经营性应付项目期末余额大于期初余额,说明本期购入的存货中有一部分没有支付现金,但是,在计算净利润时却通过销售成本包括在内,所以,在将净利润调节为经营活动现金流量时,应当加回。反之,则说明本期支付的现金大于利润表中所确认的销售成本,所以,在将净利润调节为经营活动现金流量时,应当扣除。

综上所述,企业将净利润调节为经营活动现金流量的调节公式为

经营活动产生的现金流量净额＝净利润＋资产减值准备＋固定资产折旧、油气资产折耗、生产性生物资产折旧＋无形资产摊销＋长期待摊费用摊销＋处置固定资产、无形资产和其他长期资产的损失(减:收益)＋固定资产报废损失(减:收益)＋公允价值变动损失(减:收益)＋财务费用(减:收益)＋投资损失(减:收益)＋递延所得税资产减少(减:增加)＋递延所得税负债增加(减:减少)＋存货的减少(减:增加)＋经营性应收项目的减少(减:增加)＋经营性应付项目的增加(减:减少)＋其他

(二)不涉及现金收支的重大投资和筹资活动

根据《企业会计准则第31号——现金流量表》第18条的规定,企业应当在附注中披露不涉及当期现金收支,但影响企业财务状况或在未来可能影响企业现金流量的重大投资和筹资活动。

"不涉及现金收支的重大投资和筹资活动"项目,反映企业一定时期内影响资产或

负债但不形成该期现金收支的所有投资和筹资活动的信息。这些投资和筹资活动虽然不涉及现金收支，但对以后各期的现金流量有重大影响。如融资租赁设备，记入"长期应付款"账户，当期并不支付设备款和租金，但以后各期必须为此支付现金，从而在一定期间内形成了一项固定的现金支出。

不涉及现金收支的投资和筹资活动的业务主要有：

(1)"债务转为资本"项目，该项目反映企业本期转为资本的债务金额。

(2)"一年内到期的可转换公司债券"项目，该项目反映企业一年内到期的可转换公司债券的本息。

(3)"融资租入固定资产"项目，该项目反映企业本期融资租入固定资产的最低租赁付款额扣除应分期计入利息费用的未确定融资费用的净额。

(三)现金及现金等价物净变动情况

企业应当在附注中披露现金和现金等价物的构成及其在资产负债表中的相应金额。

现金及现金等价物净增加额＝现金的期末余额－现金的期初余额＋现金等价物的期末余额－现金等价物的期初余额

第六节　与现金流量表有关的财务比率计算与分析

现金流量财务比率分析主要是通过计算现金流量表中不同类别但具有一定的依存关系的两个项目的比例，来揭示它们之间的内在结构关系，反映企业资产的流动状况、偿债能力和盈利能力，以此考察企业现金流量所能满足生产经营、投资与偿债需要的程度，在现金流量表分析中具有更广泛、更深远的意义。反映企业现金流量的财务比率大体上有以下几种。

一、反映企业现金偿债能力的比率

所谓现金偿债能力，是指企业用经营活动产生的现金偿还到期债务的能力。为反映企业的现金偿债能力，我们可以将经营活动的现金净流量与企业的各种债务进行对比，计算现金偿债比率。

现金偿债比率分析，有利于债权人按期、足额地收回本金和利息；有利于投资者把握有利的投资机会，创造更多的利润；也有利于经营者减少企业的财务风险，提高企业的收益能力。

企业的偿债能力主要通过资产的流动性即资产的变现能力和变现速度来评价。由于企业真正能用来偿还债务的是现金流量，因此，用现金流量来衡量和评价企业的偿债能力是最稳健、最能说明问题的。运用现金流量分析企业的偿债能力，可以从以下几个方面进行。

1. 现金比率

现金比率是指企业的现金余额与流动负债的比率，其计算公式为

现金比率＝现金余额/流动负债

其中，现金余额是指会计期末企业拥有的现金及现金等价物的数额，其可以通过现金流量表中"期末现金及现金等价物余额"项目查到；流动负债是指会计期末企业拥有的各项流动负债的总额，其可以通过资产负债表中"流动负债合计"项目的期末数查到。

现金比率是衡量企业短期偿债能力的一个重要指标，计算现金比率对于分析企业的短期偿债能力具有十分重要的意义。因为流动负债不同于长期负债，长期负债的偿还期至少有一年的时间，企业有较充裕的时间筹集资金还本付息；而流动负债期限限制在一年内，如果企业没有一定数额的现金储备，在债务到期时，临时筹资去偿还债务，就容易出现问题。对于债权人来说，现金比率总是越高越好。现金比率越高，说明企业的短期偿债能力越强；现金比率越低，说明企业的短期偿债能力越弱。如果现金比率达到或超过1，即现金余额等于或大于流动负债总额。那就是说，企业即使不动用其他资产，如存货、应收账款等，光靠手中的现金也足以偿还流动负债。对于债权人来说，这是安全的。而对于企业来说，现金比率并不是越高越好。因为资产的流动性（即其变现能力）和其盈利能力成反比，流动性越差的，其盈利能力越强，而流动性越好的，其盈利能力越弱。在企业的所有资产中，现金是流动性最好的资产。保持过高的现金比率，就会使资产过多地停留在盈利能力最低的现金上，虽然提高了企业的偿债能力，但降低了企业的获利能力。因此对企业来讲，只需一个跟企业的经营状况相应的现金比率，不应该保持太高的现金比率。分析该比率可以结合流动比率和速动比率一并进行分析。

2. 流动负债保障率

流动负债保障率是指经营活动净现金流量与流动负债的比率，表明现金流量对当期流动负债偿还的满足程度。该指标是用来反映企业偿还当年到期债务能力大小的指标。为什么要使用经营活动的净现金流量呢？首先，在正常的生产经营情况下，当期取得的现金收入先要满足生产经营活动的支出，然后才能满足偿还债务的支出。其次，企业的经营活动是企业的主要活动，是获取自有资金的主要来源，应该说也是最为安全而且是规范的取得现金流量的办法，用经营活动的净现金流量与流动负债之比来衡量企业的偿债风险，是比较安全的。其计算公式为

$$流动负债保障率=经营活动净现金流量/流动负债$$

企业为了偿还即将到期的流动负债，可以通过出售投资、长期资产等投资活动取得现金流入，以及筹借现金来进行偿债，但最安全可靠的办法仍然是利用企业经营活动产生的现金净流量。该比率可以反映负债所能得到的现金保障程度，或企业获得现金偿付短期债务的能力。该比率越大，说明企业的短期偿债能力越强，经营活动产生的现金流量净额对当期债务的保障程度越高，资产流动性越好；反之，该比率越小，则说明企业的短期偿债能力越差，财务风险越高。一般认为该比率在40%以上比较理想。

3. 负债保障率

负债保障率是指经营活动净现金流量与当期负债总额的比率，表明企业现金流量对其全部债务偿还的满足程度，因此也是一个较综合反映企业偿债能力的一个比率。

它是评价企业长期偿债能力的重要指标，同时也是预测企业破产的重要指标。其计算公式为

$$负债保障率＝经营活动净现金流量/负债总额$$

该比率越大，说明企业偿还债务的能力越强。一般认为企业的负债保障率只要超过借款付息率，债务人权益就有保障。

该比率是反映企业长期综合偿债能力、风险的指标。在利用资产负债表进行分析时，我们已经介绍过资产负债率指标，而负债保障率反映由企业经营活动所获取的现金流量偿还债务能力的大小，这个比率更具有现实性。

4. 现金偿付比率

现金偿付比率是指生产经营活动产生的现金流量与长期负债总额之比，反映企业按照当前经营活动提供的现金偿还长期债务的能力。虽然企业可以用从投资或筹资活动中产生的现金来偿还债务，但从经营活动中所获得的现金应该是企业长期现金的主要来源。其计算公式为

$$现金偿付比率＝经营活动产生的现金流量/长期负债总额$$

一般来说，该比率越高，企业偿还长期债务的能力越强。

另外，以下几个比率也有助于分析企业的偿债能力。

(1)到期债务本期偿付比。这一比率是生产经营活动产生的现金流量与本期到期债务本金和现金利息支出之和的比率，用来衡量企业到期债务本金及利息可由经营活动创造的现金支付的程度。其计算公式为

$$到期债务本期偿付比＝经营活动产生的现金流量/偿付本息付现$$

该比率越大，说明企业偿付到期债务的能力越强。如果比率小于1，说明企业经营活动产生的现金不足以偿付到期债务本息，企业必须对外筹资或出售资产才能偿还债务。

(2)强制性现金支付比率。这一比率是当期现金流入总量与经营活动现金流出量和本期偿付本息付现之和的比率，反映企业是否有足够的现金偿还债务、支付经营费用等。其计算公式为

$$强制性现金支付比率＝现金流入总量/(经营活动现金流出量＋偿付本息付现)$$

在持续不断的经营过程中，公司的现金流入量应该满足以强制性为目的的支付，即用于经营活动支出和偿还债务。这一比率越大，其现金支付能力越强。

二、反映企业现金盈利能力的比率

传统财务报表分析对盈利能力的评价，一般将利润与资源相比较。而利润是通过会计制度规范而由会计人员计算出来的，受主观估计和认为判断的影响，即使排除会计人员被指使或其他人为操纵的因素，它也只是账面上的结果。也就是说，利润不同于实实在在的现金流量，对利润表的分析不能反映现金收益能力。现金收益能力的高低是报表使用者更加关心的财务指标，是反映企业根本性财务能力的指标。它是通过将企业经营活动的现金净流量与收入或利润进行对比来反映企业获取现金的能力。

1. 销售净现率

销售净现率是指经营活动现金净流量与年度销售收入净额的比值，反映企业通过营业获取经营现金净流量的获利能力。其计算公式为

$$销售净现率＝经营活动现金净流量/年度销售收入净额$$

该指标越大，说明企业营业收入面临的风险越小，企业营业收入的质量越高；反之，若现金流量对销售收入的比率较低，而收入高，则表明企业有可能是以增加应收账款为代价来实现收入的，坏账发生的可能性大。

2. 盈利现金流量比率

盈利现金流量比率是指经营活动现金净流量与当期净利润的比率，反映经营的现金净流量与当期净利润的差异程度，即当期实现的净利润中有多少现金作保证，可以说明净利润的质量。其计算公式为

$$盈利现金流量比率＝经营活动现金净流量/净利润$$

该比率越大，说明企业经营活动的现金回收率越高，净利润的质量越好；若比率过小，就有"虚盈实亏"的可能，说明企业在获取利润的过程中经营活动的现金流入不足，甚至存在操纵账面利润的可能，应该进一步分析企业的会计政策、会计估计和会计差错变更的影响以及应收账款及存货的变现能力。

由于利润表中的净利润指标是企业根据权责发生制原则和配比原则编制的，利润质量往往受到一些影响，它并不能反映企业生产经营活动产生了多少现金，但通过经营活动的现金流量与会计利润进行对比，就可以对利润质量进行评价。虽然，如固定资产折旧等项目不影响现金流量但会影响当期损益，使当期利润与现金流量不一致，但是二者应大体相近。因此该比率可以评价利润质量。

在市场竞争日益激烈的今天，该比率也不是越高越好，保持一定的商业信用也是企业生存发展所必不可少的。

3. 总资产现金回收率

总资产现金回收率是指企业经营活动现金净流量与总资产的比值，反映企业资产创造现金的能力。其计算公式为

$$总资产现金回收率＝营业活动现金净流量/总资产$$

该比率反映企业总资产的运营效率，指标值越高，说明企业的资产运营效率越高，企业运用资产获得经营活动现金净流量的能力越强。该指标应该与总资产报酬率指标结合运用，对于总资产报酬率较高的企业，如果该指标较低，说明企业的销售收入中现金流量的成分较低，企业的收益质量就会下降。

另外，衡量企业的现金盈利能力还可以用以下几个指标：

(1)每股经营现金净流量。每股经营现金净流量是指企业经营活动现金净流量与流通在外的普通股股数的比值，反映企业每股资本金获取现金净流量的能力。其计算公式为

$$每股经营现金净流量＝经营活动现金净流量/流通在外的普通股股数$$

该指标实质上是作为每股盈利的支付保障的现金流量，因而该指标越高，越为股

东们所乐意接受。该指标反映平均每股流通在外的普通股票所占的现金流量，也反映企业为每股普通股获得的现金流入量。该指标通常比每股盈利更高，因为每股盈利中扣除了折旧。该指标可以用来衡量企业某一会计年度对资本成本和股利的支付能力，但不能代替每股盈利，只是一种补充性指标，只能与每股盈利配合使用，为投资者进行投资决策提供依据。

（2）投资活动创现率。

投资活动创现率＝投资活动产生的现金流量/投资收益

投资活动是企业除经营活动之外，通过自身营运创造现金流量的主要手段。该指标反映企业实际投资收益中所带来的现金净流量水平，既体现了企业投资活动的创现能力，又可大致反映企业账面投资收益的质量。该指标越高，说明企业实际获得的现金的投资收益越高。分析这一指标时，应注意以下两种情况：一是若企业投资获得的现金净流量为负值，则不必计算该指标值，因为该企业的投资不仅没有带来相应的投资收益，反而造成投资本金的损失；二是要对企业投资获得收益的明细项目进行分析，判断收回投资取得现金是由哪一类具体投资活动带来的。从企业投资总体状况而言，该指标越大，说明投资水平越高。

三、反映企业收益质量的比率

收益质量是指企业收益的含金量，即收益中收到的现金的比率有多大，收现比率越大，收益质量越好。有关收益质量的信息，列示在现金流量表的"补充资料"的第二部分。评价收益质量的财务比率主要用现金营运指数。

现金营运指数是指经营活动现金净流量与经营活动应得现金的比率，反映企业的收益质量。其计算公式为

现金营运指数＝经营活动现金净流量/经营活动应得现金

经营活动应得现金是指经营活动净利润与非付现费用之和。非付现费用主要表现为本年度计提的资产减值准备、固定资产折旧费用、无形资产摊销费用、摊销的待摊费用等非付现费用和属于筹资活动的财务费用。

经营活动现金净流量反映现金制下企业经营活动取得的现金净增加额；净利润或营业利润反映权责发生制下的会计净收益。二者的主要区别是计算口径不同，其差异的产生主要是受经营性应收、应付项目的变动影响。

现金营运指数小于1，则说明会计利润可能受到人为操纵或存在大量应收账款，收益品质较差。只要企业现金营运指数保持在1左右，或连续几个会计期间综合为1，则表明收益质量良好。

需要注意的是，在运用现金营运指数对企业收益质量进行分析时，一般要用连续几期的数据进行比较，并要与企业的平均值或行业平均值进行比较，以便客观地评价企业的收益质量。

四、反映企业财务弹性的比率

财务弹性是指企业适应经济环境变化和利用投资机会的能力。这种能力来源于现

金流量和支付现金需要的比较，现金流量超过需要，有剩余的现金，适应性就强。因此，财务弹性的衡量是用经营现金流量与支付要求进行比较，支付要求可以是投资需求或承诺支付等。具体指标有以下几个。

1. 现金流量适合率

现金流量适合率是指经营活动现金净流量与同期资本支出、存货购置及发放现金股利的比值，它反映经营活动现金满足主要现金需求的程度，一般用近 5 年的数据计算比较准确。其计算公式为

$$现金流量适合率＝近 5 年经营活动现金净流量/（同期资本支出$$
$$＋同期存货增加＋同期现金股利）$$

其中，资本支出是指用于购置各种长期资产的支出，减去无息长期负债增加额；实际上等于净经营长期资产增加以及折旧与摊销。资本支出指的已经是企业的投资现金流出，是购置长期资产的支付。

该比率越大，说明资金自给率越高，高达 1 时，说明企业可以用经营获取的现金满足扩充所需资金；小于 1 时，则说明企业是靠外部融资来补充资金的。

2. 现金股利保障率

现金股利保障率是指经营活动现金净流量与现金股利的比率，用来反映企业年度内使用经营活动现金净流量支付现金股利的能力。其计算公式为

$$现金股利保障率＝经营活动现金净流量/现金股利$$

其中，现金股利是指本期已宣告发放的全部现金股利，可以从企业的利润分配表中获取。

该比率越大，说明支付现金股利的能力越强；若该比率低于同行业平均水平，说明企业不景气，可能没有现金维持当前的股利水平，或者要靠借债才能维持。

3. 现金投资保障率

现金投资保障率是指企业经营活动所产生的现金净流量与投资活动支付的现金和存货增加额的比值，是反映企业通过经营活动创造现金来适应经济环境变化和利用投资机会的支付能力指标。其计算公式为

$$现金投资保障比率＝经营活动现金净流量/现金投资额$$

其中，

$$现金投资额＝投资活动现金流出＋存货增加额$$

该比率越大，表明企业现金投资的保障率越高，财务弹性越好，适应经济环境变化和利用投资机会的能力越强。

五、反映企业管理效率的比率

企业现金和信用的管理效率的高低，可以借助现金流量表进行分析。

1. 现金流量对销售之比

现金流量对销售之比是指销售收到的现金与销售净收入之比。其计算公式为

$$现金流量对销售之比＝销售收到的现金/销售净收入$$

该指标体现企业销售收取价款的能力和水平。如果该指标等于1，说明企业销售款完全回笼；如果大于1，说明企业不仅收取了当期的销售款，而且部分地收回了欠款。

2. 现金流量对应收账款之比

现金流量对应收账款之比是指经营活动的现金流量与应收账款净值之比，其计算公式为

$$现金流量对应收账款之比＝经营活动的现金流量/应收账款净值$$

该指标越大，说明企业货款回收速度越快，信用管理越好。

3. 现金周转率

现金周转率是指现金流入与年内现金平均持有额之比。其计算公式为

$$现金周转率＝现金流入/年内现金平均持有额$$

其中，年内现金平均持有额为年初与年末持有额的平均数。

该指标用于衡量企业的现金管理能力和效率。该比值越大，表明现金闲置越少，收到的现金能很快投入经营。但该比值也不宜过大，过大的比值说明企业对情况变化的应对能力差，现金周转不灵。

六、现金流量结构分析

现金流量结构分析就是在现金流量表有关数据的基础上，进一步计算该项目的各组成部分占总体的比重，以分析各项目的具体构成，揭示其相对地位和总体结构关系。现金流量结构分析包括现金流入结构分析、现金流出结构分析和现金流量净额结构分析。

1. 现金流入结构分析

现金流入结构是指企业的各项业务活动的现金流入量占总体现金流入量的比重及各项业务活动的现金流入量具体项目的构成情况，以明确企业的现金究竟来自何处、如何增加现金流入等。现金流入结构分析分为总体结构和分项活动现金流入量的内部结构分析。

首先，分别计算经营活动现金流入量、投资活动现金流入量和筹资活动现金流入量占现金总流入量的比重，了解企业现金的主要来源，明确各现金流入项目在结构中的比重，分析存在的问题，为增加现金流入提供决策依据。

一般来说，经营活动现金流入占现金总流入比重越大，表明企业财务基础越稳固，持续经营及获利的稳定性越高，财务风险越低，收益质量越好，现金流入结构越合理。

其次，分别计算各项目内部具体项目的现金流入量占各项目的比重，可以进一步明确企业的经营状况和财务状况。例如，通过计算筹资活动中股权筹资和债权筹资现金流入量占筹资活动现金流入量的比重，可以考察企业筹资活动现金流量的主要来源，进而分析对企业财务状况及未来发展的影响。

2. 现金流出结构分析

现金流出结构分析是指分别计算经营活动现金流出量、投资活动现金流出量和筹资活动现金流出量占现金总流出量的比重，它能具体反映出企业的现金用于哪些方面，

为控制现金流出提供决策依据。一般来说，经营活动现金流出比重大的企业，其生产经营情况正常，获利能力较强，现金流出结构较为合理。

3. 现金流量净额结构分析

现金流量净额结构分析是对经营活动、投资活动、筹资活动以及汇率变动影响的现金流量净额占全部现金净流量的比重进行分析，了解企业的现金流量净额是如何形成与分布的，进而分析各项活动的现金流入与流出，找出影响现金流量净额的原因，为改善现金流量状况提供依据。

一般来说，当经营活动的净流量较大时，企业的财务状况比较稳定。如果投资活动现金净流量为较大的负数时，一方面说明企业加大投资，未来收益有可能增长，具有一定的成长性；另一方面，任何投资都具有一定的风险性，从而导致较大的投资风险。

第五章

合并财务报表编制与分析

第一节　合并财务报表概述

一、合并财务报表的概念、作用与种类

(一)合并财务报表的概念

合并财务报表又称合并会计报表，它是以母公司和子公司组成的企业集团为一个会计主体，以母公司和子公司单独编制的个别财务报表为基础，由母公司编制的综合反映企业集团整体财务状况、经营成果及其现金流量的财务报表。

其中，母公司是指有一个或一个以上子公司的企业(或主体，下同)；子公司是指被母公司控制的企业。

(二)合并财务报表的作用

合并财务报表的作用主要体现在两个方面：

(1)合并财务报表能够对外提供反映由母子公司组成的企业集团整体经营情况的财务会计信息。在控股经营的情况下，母公司及其全部子公司都是独立的法人实体，通过分别编制自身的财务报表，能够分别反映各企业自身的财务状况、经营成果及其现金流量，但并不能有效地反映整个企业集团的财务状况、经营成果和现金流量。为强化对控股企业的管理，了解企业集团整体经营状况，就需要将控股公司与被控股公司的财务报表进行合并，编制出反映企业集团整体经营状况的合并财务报表，以满足企业集团管理当局及各方的需要。

(2)编制合并财务报表能够避免一些企业集团利用内部控股关系，操纵利润、人为地粉饰财务报表情况的发生。一些控股公司出于避税等考虑，利用对子公司的控制权，运用内部转移价格等手段转移利润或亏损，如低价或高价向子公司或母公司提供原材

料、收购产品，从而实现向子公司或母公司转移利润。通过编制合并财务报表，可以将企业集团内部交易所产生的收入及利润予以抵销，使会计报表反映企业集团客观真实的财务和经营情况，有利于防止和避免控股公司人为操纵利润、粉饰会计报表现象的发生。

(三)合并财务报表的种类

根据《企业会计准则》的规定，合并财务报表至少应当包括下列组成部分，即合并资产负债表、合并利润表、合并现金流量表、合并所有者权益(或股东利益，下同)变动表和附注。

(1)合并资产负债表。合并资产负债表是反映母公司和子公司所形成的企业集团某一特定日期财务状况的会计报表。

(2)合并利润表。合并利润表是反映母公司和子公司所形成的企业集团在一定期间内实现的经营成果的会计报表。

(3)合并现金流量表。合并现金流量表是反映母公司和子公司所形成的企业集团在一定期间现金流入、流出量及现金净增减变动情况的会计报表。

(4)合并股东权益变动表。合并股东权益变动表是反映母公司和子公司所形成的企业集团整体的股东权益各组成部分当期增减变动情况的报表。

(5)附注。合并财务报表附注是对其他合并财务报表中未能包括或披露不详尽的内容所做的进一步的解释说明。

企业应当在合并财务报表附注中披露下列信息：①子公司的清单，包括企业名称、注册地、业务性质、母公司的持股比例和表决权比例。②母公司直接或通过子公司间接拥有被投资单位表决权不足半数但能对其形成控制的原因。③母公司直接或通过子公司间接拥有被投资单位半数以上的表决权但未能对其形成控制的原因。④子公司所采用的与母公司不一致的会计政策，编制合并财务报表的处理方法及其影响。⑤子公司所采用的与母公司不一致的会计期间，编制合并财务报表的处理方法及其影响。⑥本期增加子公司，按照《企业会计准则第 20 号——企业合并》的规定进行披露。⑦本期不再纳入合并范围的原子公司，说明原子公司的名称、注册地、业务性质、母公司的持股比例和表决权比例，本期不再成为子公司的原因，其在处置日和上一会计期间资产负债表日资产、负债和股东权益的金额以及本期期初至处置日的收入、费用和利润的金额。⑧子公司向母公司转移资金的能力受到严格限制的情况。⑨需要在附注中说明的其他事项。

二、合并财务报表的特点

与母公司的个别财务报表相比，合并财务报表涵盖了构成一个企业集团的各个组成部分，是综合地反映企业集团整体情况的财务报表，具有以下特点：

(1)合并财务报表反映的是企业集团整体的财务状况、经营成果及现金流量，其范围包括了若干个法人(包括母公司及其全部子公司)实体组成的会计主体，是经济意义上的主体而不是单个意义上的法律主体。

(2)合并财务报表的编制主体是母公司,并不是所有企业均需要编制合并财务报表。合并财务报表是由企业集团中对其他企业有控制权的控股公司编制的。只有在能够对其他企业实施控制,形成母子公司关系的情况下,母公司才需要编制合并财务报表。

(3)合并财务报表是以企业集团中的母、子公司的个别财务报表为基础编制而成的。合并财务报表是在对纳入合并范围的企业的合并报表数据进行加总的基础上,结合其他相关资料,在合并工作的底稿上通过编制抵销分录将企业集团内部交易的影响予以抵销之后形成的。

(4)合并财务报表的编制遵循特定的方法。合并财务报表不是汇总财务报表,并不是个别财务报表的简单加总。编制合并财务报表时,要在对纳入合并范围的企业个别财务报表或经调整的个别财务报表进行加总的基础上,通过编制抵销分录的方法将企业集团内部的经济业务对个别财务报表的影响进行抵销,然后确定合并财务报表中各项目的数额。

三、合并财务报表的合并范围

确定合并财务报表的合并范围应当以控制为基础。控制,是指一个企业能够决定另一个企业的财务和经营政策,并能据以从另一个企业的经营活动中获取利益的权力。母公司应当将其全部子公司纳入合并财务报表的合并范围。只要是由母公司控制的子公司,不论其规模大小、向母公司转移资金能力是否受到严格限制,也不论业务性质与母公司或企业集团内其他子公司是否有显著差别,都应当纳入合并财务报表的合并范围。

具体来说,纳入合并财务报表的合并范围的主要有两种情形:一是母公司直接或通过子公司间接拥有被投资单位半数以上的表决权;二是母公司拥有被投资单位半数或以下的表决权但能够控制被投资单位。

(一)母公司直接或通过子公司间接拥有被投资单位半数以上的表决权

母公司直接或通过子公司间接拥有被投资单位半数以上的表决权,表明母公司能够控制被投资单位,应当将该被投资单位认定为子公司,纳入合并财务报表的合并范围。但是,有证据表明母公司不能控制被投资单位的除外。

母公司拥有被投资单位半数以上的表决权,通常包括以下三种情况:

(1)母公司直接拥有被投资单位半数以上的表决权。例如,A公司购买了B公司发行的普通股总数的60%,这种情况下,A公司直接拥有B公司60%的表决权,B公司就成为A公司的子公司,A公司编制合并财务报表时,应将B公司纳入其合并范围。

(2)母公司间接拥有被投资单位半数以上的表决权。间接拥有表决权,是指母公司通过其子公司而对其他公司拥有的表决权。如A公司拥有B公司60%的股份,而B公司又拥有C公司80%的股份,在这种情况下,A公司作为母公司通过其子公司B公司,间接拥有C公司80%的表决权,从而C公司成为A公司的子公司,A公司编制合并财务报表时,除应将B公司纳入其合并范围外,还应当将C公司纳入其合并范围。

（3）母公司以直接和间接方式合计拥有被投资单位半数以上的表决权。以直接和间接方式合计拥有被投资单位半数以上的表决权，是指母公司以直接方式拥有某一被投资单位半数以下的权益性资本，同时又通过其他方式如通过子公司拥有被投资单位一部分的表决权，两者合计拥有被投资单位半数以上的表决权。例如，D公司拥有E公司90％的股份，拥有F公司20％的股份，E公司拥有F公司60％的股份，在这种情况下，E公司为D公司的子公司，D公司通过子公司E公司间接拥有F公司60％的股份，与直接拥有的20％的股份合计，D公司共拥有F公司80％的股份，从而F公司为D公司的子公司，应将其纳入合并财务报表的合并范围。

（二）母公司拥有被投资单位半数或以下的表决权但能够控制被投资单位

在母公司通过直接和间接方式没有拥有被投资单位半数以上表决权的情况下，如果母公司通过其他方式对被投资单位的财务和经营政策能够实施控制时，这些被投资单位也应作为子公司纳入其合并范围。母公司拥有被投资单位半数或以下的表决权，满足下列条件之一的，视为母公司能够控制被投资单位，应当将该被投资单位认定为子公司，纳入合并财务报表的合并范围。

（1）通过与被投资单位其他投资者之间的协议，拥有被投资单位半数以上的表决权。如果母公司与其他投资者共同投资某企业，母公司与其中的某些投资者签订书面协议，受托管理和控制该被投资单位，从而在被投资单位的股东大会和董事会上拥有被投资单位半数以上的表决权。在这种情况下，母公司对这一被投资单位的财务和经营政策实质上拥有控制权，该被投资单位成为事实上的子公司，应将其纳入合并财务报表的合并范围。

（2）根据公司章程或协议，有权决定被投资单位的财务和经营政策。如果在被投资单位的公司章程等文件中明确母公司对其财务和经营政策能够实施控制，能够控制企业财务和经营政策即能控制整个企业的日常生产经营活动，被投资单位应当纳入母公司的合并财务报表的合并范围。

（3）有权任免被投资单位的董事会或类似机构的多数成员。如果母公司能够通过任免被投资单位董事会的多数成员，从而控制被投资单位的财务和经营政策，而该被投资单位也处于母公司的控制下进行日常生产经营活动，则被投资单位成为事实上的子公司，应将其纳入母公司的合并财务报表的合并范围。

（4）在被投资单位董事会或类似机构占多数表决权。如果母公司能够控制董事会等权力机构的会议，从而主导公司董事会的经营决策，使该公司的生产经营活动在母公司的间接控制下进行，被投资单位成为事实上的子公司，应将其纳入母公司的合并财务报表的合并范围。

当母公司拥有被投资单位半数或以下的表决权时，如满足上述四个条件之一，视为母公司能够控制被投资单位，应当将该被投资单位认定为子公司，纳入合并财务报表的合并范围。但是，如果有证据表明母公司不能控制被投资单位的除外。

在确定能否控制被投资单位时，应当考虑企业和其他企业持有的被投资单位的当期可转换的可转换公司债券、当期可执行的认股权证等潜在表决权因素。

四、合并财务报表的编制程序

编制合并财务报表主要包括以下几个基本步骤。

1. 对子公司的个别财务报表进行调整

合并财务报表应当以母公司和其子公司的财务报表为基础，根据其他有关资料，按照权益法调整对子公司的长期股权投资后，由母公司编制。

母公司应当统一子公司所采用的会计政策，使子公司采用的会计政策与母公司保持一致。子公司所采用的会计政策与母公司不一致的，应当按照母公司的会计政策对子公司财务报表进行必要的调整；或者要求子公司按照母公司的会计政策另行编制财务报表。

在编制合并财务报表时，子公司除了应当向母公司提供财务报表外，还应当向母公司提供下列有关资料：①采用的与母公司不一致的会计政策及其影响金额；②与母公司不一致的会计期间的说明；③与母公司、其他子公司之间发生的所有内部交易的相关资料；④股东权益变动的有关资料；⑤编制合并财务报表所需要的其他资料。

2. 编制合并工作底稿

编制合并工作底稿相当于为编制合并财务报表打草稿。合并工作底稿按照资产负债表、利润表、现金流量表、股东权益变动表中各项目顺序设计，包括母公司和子公司的全部个别财务报表项目的数据，通过对这些项目的金额进行汇总和抵销处理，最终计算得出合并财务报表各项目的合并金额。合并工作底稿的基本格式如表5-1所示。

表5-1　合并工作底稿

项目	母公司	子公司1	子公司2	…	合计数	抵销分录 借方	抵销分录 贷方	少数股东权益	合并数
（资产负债表项目）									
货币资金									
⋮									
短期借款									
⋮									
实收资本（或股本）									
⋮									
未分配利润									
少数股东权益									
（利润表项目）									
营业收入									
营业成本									
⋮									

续表

项目	母公司	子公司1	子公司2	...	合计数	抵销分录		少数股东权益	合并数
						借方	贷方		
净利润									
归属于母公司所有者的净利润									
少数股东损益									

3. 将母公司和子公司的全部个别财务报表中的数据过入合并工作底稿

将母公司、子公司的个别资产负债表、利润表、现金流量表、股东权益变动表中各项目的数据逐一过入合并工作底稿，并在合并工作底稿中对母公司和子公司个别财务报表各项目的数据进行简单加总。

4. 编制抵销分录

编制抵销分录进行抵销处理是合并财务报表编制的关键和主要内容，是通过在合并工作底稿中编制抵销分录和调整分录，将内部交易对合并财务报表有关项目的影响进行抵销处理，其目的在于将个别财务报表各项目的加总金额中重复的因素予以抵销。

5. 计算各项目的合并金额

在合并工作底稿中，根据母公司和子公司个别报表各项目简单加总得出的数额，分别加或减各抵销分录的借、贷方发生额，计算出合并财务报表中各资产项目、负债项目、股东权益项目、收入项目和费用项目等的合并金额。其计算方法如下：

(1)资产类各项目，其合并金额根据该项目加总金额，加上涉及该项目的抵销分录的借方发生额，减去涉及该项目的抵销分录的贷方发生额计算确定。

(2)负债类各项目和股东权益类项目，其合并金额根据该项目加总金额，减去涉及该项目的抵销分录的借方发生额，加上涉及该项目的抵销分录的贷方发生额计算确定。

(3)有关收入类各项目，其合并金额根据该项目加总金额，减去涉及该项目的抵销分录的借方发生额，加上涉及该项目的抵销分录的贷方发生额计算确定。

(4)有关费用类各项目，其合并金额根据该项目加总金额，加上涉及该项目的抵销分录的借方发生额，减去涉及该项目的抵销分录的贷方发生额计算确定。

6. 填列合并财务报表

根据合并工作底稿中计算出的资产、负债、股东权益、收入、费用类以及现金流量表中各项目的合并金额，填列生成正式的合并财务报表。

五、合并财务报表的局限性

合并财务报表对会计报表使用者有着重要的作用，但合并财务报表也存在一定的局限性，主要表现在以下几个方面。

1. 合并财务报表不能满足债权人的全部信息要求

母公司和子公司的债权人对企业的债权清偿权通常是针对独立的法律主体，而不是针对经济实体。例如，母公司的债权人的债权要求只能从母公司的资产中得到满足，不能直接向子公司索要，由于母公司对子公司债务的有限责任，子公司的债权人的债权要求也仅仅局限于子公司的资产，而不能追溯到合并财务报表中列示的总资产。可见，合并财务报表所反映的资产都不能满足母、子公司债权人的要求。同时，合并财务报表中的数据实际上是母公司和各子公司的混合数，并不能反映每个法律实体的长期和短期偿债能力，因而不能满足债权人的全部信息要求。

2. 合并财务报表不能满足股东的全部信息要求

(1)常规的比率分析方法在很大程度上失去了意义。就个别企业而言，对其财务状况的分析，可以采用常规的比率分析方法来进行，但是，在合并财务报表条件下，编制过程中对集团内部交易的剔除以及大部分项目的直接相加，使得对个别报表有意义的信息在合并过程中或者消失或者失去意义。因此，合并财务报表不能反映任何现存企业的财务和经营成果，再对它进行常规的比率分析在很大程度上失去了意义。

(2)合并财务报表虽然能向母公司的股东提供整个集团的财务状况、经营成果和资金变动情况的信息，但合并财务报表并不能为股东预测和评价母公司和所有子公司将来的股利分派提供依据。股利分派取决于每个企业的留存利润、各个企业的资产构成、对股利分派的法律限制，以及企业将来的财务状况。所以，合并资产负债表中存在大量的合并留存利润以及较强的现金流转能力，并不能保证纳入合并财务报表中的每个公司能够分派现金股利。同样，母、子公司在法律上是独立的，子公司所实现的净利润在股利分派之前，母公司并不能动用。

(3)合并财务报表将母公司及其所有符合条件的子公司的单独会计报表合并起来，子公司的少数股东难以从合并财务报表中直接得到他们进行决策所需的有用信息，如他们所投资的子公司的资金运用信息。

3. 对其他外部信息使用者而言，合并财务报表不具有决策依据性

对于信息使用者而言，他们需要做的决策(如交易、投资等决策)是针对集团内的母公司和子公司的，而不是针对并不实际开展经营活动的虚拟的"集团"这一会计主体的。因此，合并财务报表对他们的决策不具有重要的参考价值。

综上所述，合并财务报表固然能够反映整个企业集团的经营情况，能反映合并主体的经营规模，但它也存在着一定的局限性，尤其是不能反映各个企业经营活动的详细情况，所以，即使编制了合并财务报表，各企业的单独会计报表也是不可缺少的。

第二节 合并资产负债表编制与分析

一、合并资产负债表的格式

合并资产负债表与个别资产负债表大部分项目相同，只是在个别资产负债表的基础上，主要增加了三个项目：一是在"开发支出"项目之下增加了"商誉"项目，用于反映企业合并中取得的商誉，即在控股合并下母公司对子公司的长期股权投资与其在子

公司股东权益中享有份额之间抵销后的借方差额。二是在"股东权益"项目下增加了"少数股东权益"项目，用于反映非全资子公司的股东权益中不属于母公司的差额。三是在"未分配利润"项目之后、"少数股东权益"项目之前，增加了"外币报表折算差额"项目，用于反映境外经营的资产负债表折算为母公司记账本位币表示的资产负债表时所发生的折算差额。

合并资产负债表格式详见本章第六节中的表 5-8。

二、合并资产负债表的编制

合并资产负债表是以母公司和子公司的资产负债表为基础，在抵销母公司与子公司、子公司相互之间发生的内部交易对合并资产负债表的影响后，由母公司编制的反映母公司和子公司所形成的企业集团某一特定日期财务状况的会计报表。合并资产负债表各个项目的金额是合并工作底稿中通过对母公司和子公司的全部个别财务报表项目的数据汇总和抵销处理计算得到的。

编制合并资产负债表时需要进行抵销处理的项目主要有：①母公司对子公司股权投资项目与子公司股东权益项目；②母公司与子公司、子公司相互之间发生的内部债权债务项目；③存货项目，即内部购进存货价值中包含的未实现内部销售损益；④固定资产项目(包括固定资产原价和累计折旧项目)，即内部购进固定资产价值中包含的未实现内部销售损益；⑤无形资产项目，即内部购进无形资产价值中包含的未实现内部销售损益；⑥与抵销的长期股权投资、应收账款、存货、固定资产、无形资产等资产相关的减值准备的抵销。

(一)长期股权投资项目与子公司股东权益项目的抵销处理

编制合并资产负债表时，首先需要将对子公司的长期股权投资按照权益法进行调整，以便将母公司对子公司进行的股权投资形成的长期股权投资项目与子公司的股东权益项目进行抵销。

母公司对子公司进行股权投资时，在某些资产减少的同时，长期股权投资增加，在母公司个别资产负债表中作为资产类项目中的长期股权投资列示。子公司接受母公司这一投资时，一方面资产增加，另一方面股本增加，在子公司个别资产负债表中反映为股本等项目的增加。而从企业集团整体来看，母公司对子公司的股权投资并不会引起整个企业集团的资产、负债和股东权益的增减变动。因此，编制合并财务报表时应当在母公司与子公司个别财务报表数据相加的基础上，将母公司对子公司长期股权投资项目与母公司在子公司股东权益项目中所享有的份额相互抵销，同时抵销相应的长期股权投资减值准备。

(1)在子公司为全资子公司的情况下，应当将母公司对子公司的长期股权投资数额与子公司股东权益各项目的数额全额抵销。

在合并工作底稿中抵销分录为：借记"股本"、"资本公积"、"盈余公积"和"年末未分配利润"项目，贷记"长期股权投资"项目。

在购买日，母公司对子公司的长期股权投资与母公司在子公司股东权益中所享有的份额的差额,应当在"商誉"项目列示。

在合并工作底稿中编制的抵销分录为:借记"股本"、"资本公积"、"盈余公积"和"年末未分配利润"项目,贷记"长期股权投资"项目。如存在借方差额,借记"商誉"项目;如存在贷方差额,在合并当期应记入合并利润表"营业外收入"项目贷方,在合并以后期间,调整年初未分配利润。

【例5-1】　某母公司对其全资子公司长期股权投资经调整后的数额为4 510 000元,该子公司账面股东权益总额为4 500 000元,其中股本为3 000 000元,资本公积为800 000元,盈余公积为200 000元,未分配利润为500 000元。应编制抵销分录如下:

借:股本　　　　　　　　　　3 000 000

　　资本公积　　　　　　　　 800 000

　　盈余公积　　　　　　　　 200 000

　　年末未分配利润　　　　　 500 000

　　商誉　　　　　　　　　　 10 000

　贷:长期股权投资　　　　　4 510 000

【例5-2】　2011年1月1日,A公司以每股1.4元的价格从市场上收购B公司发行的全部股票10 000 000股,每股面值1元,A公司采用成本法核算,确认对其全资子公司B公司的长期股权投资14 000 000元。2011年1月1日,B公司股东权益总额为12 800 000元,其中股本为10 000 000元,资本公积为1 500 000元,盈余公积为800 000元,未分配利润为500 000元。2011年年末B公司宣告当年实现净利润500 000元,2011年B公司股东权益没有其他变动。2011年12月31日,B公司股东权益总额应为13 300 000元,其中股本为10 000 000元,资本公积为1 500 000元,盈余公积为800 000元,未分配利润为1 000 000元。

首先,因A公司对B公司的长期股权投资采用成本法核算,编制合并资产负债表时应当按照权益法进行调整,确认A公司享有的份额500 000元。在合并工作底稿中应编制调整分录如下:

借:长期股权投资　　　　　 500 000

　贷:投资收益　　　　　　　　500 000

按照权益法调整后,A公司对B公司长期股权投资的数额为14 500 000元。A公司对B公司长期股权投资14 500 000元与B公司股东权益总额13 300 000元存在差额1 200 000元,应作为商誉处理。在合并工作底稿中应编制A公司长期股权投资项目与B公司股东权益项目相抵销的调整分录如下:

借:股本　　　　　　　　　10 000 000

　　资本公积　　　　　　　 1 500 000

　　盈余公积　　　　　　　　 800 000

　　年末未分配利润　　　　 1 000 000

　　商誉　　　　　　　　　 1 200 000

　贷:长期股权投资　　　　14 500 000

(2)在子公司为非全资子公司的情况下,应当将母公司对子公司的长期股权投资数额与子公司股东权益项目中母公司所享有的份额相互抵销，子公司股东权益中不属于母公司的份额，作为"少数股东权益"处理。

"少数股东权益"项目，反映了公司股东权益中不属于母公司（包括通过子公司间接享有的）的份额，即除母公司外的其他投资者在子公司股东权益中所享有的份额。

在合并工作底稿中编制的抵销分录为：借记"股本"、"资本公积"、"盈余公积"和"年末未分配利润"项目，贷记"长期股权投资"和"少数股东权益"项目。当母公司对子公司长期股权投资的金额与在子公司股东权益中享有的份额不一致时，其差额比照全资子公司的原则处理。

对于企业合并中同一控制下取得的子公司，因长期股权投资按照权益法调整后与应享有子公司股东权益的份额相等，抵销过程中不会产生差额，合并中也不会形成商誉或应计入损益的因素。

【例5-3】　假设某母公司对其子公司长期股权投资经调整后的数额为 2 808 000 元，拥有该子公司 80% 的股份。该子公司账面股东权益总额为 3 500 000 元，其中股本为 2 000 000元，资本公积为 800 000 元，盈余公积为 200 000 元，未分配利润为 500 000元。应编制抵销分录如下：

借：股本　　　　　　　　　　2 000 000
　　资本公积　　　　　　　　　800 000
　　盈余公积　　　　　　　　　200 000
　　年末未分配利润　　　　　　500 000
　　商誉　　　　　　　　　　　　8 000
　贷：长期股权投资　　　　　　2 808 000
　　　少数股东权益　　　　　　　700 000

【例5-4】　假设 2011 年 1 月 1 日，A 公司以每股 1.4 元的价格从市场上收购 B 公司发行的全部股票 10 000 000 股中的 80%，共 8 000 000 股，每股面值 1 元，A 公司采用成本法核算，确认长期股权投资 11 200 000 元。其余资料与例 5-2 相同。

首先，因 A 公司对 B 公司的长期股权投资采用成本法核算，编制合并资产负债表时应当按照权益法进行调整，确认 A 公司享有的份额 400 000 元（500 000 元×80%）。在合并工作底稿中应编制调整分录如下：

借：长期股权投资　　　400 000
　贷：投资收益　　　　　　400 000

按照权益法调整后，A 公司对 B 公司长期股权投资的数额为 11 600 000 元，与其在 B 公司股东权益总额中享有的金额 10 640 000 元（13 300 000×80%）存在差额 960 000元，应作为商誉处理。B 公司股东权益总额中 20% 的部分 2 660 000 元（13 300 000×20%），则应作为少数股东权益。在合并工作底稿中编制 A 公司长期股权投资项目与 B 公司股东权益项目抵销的调整分录如下：

借：股本　　　　　　10 000 000
　　资本公积　　　　　1 500 000
　　盈余公积　　　　　　800 000

年末未分配利润　　　1 000 000

商誉　　　　　　　　　960 000

贷：长期股权投资　　11 600 000

少数股东权益　　　　2 660 000

（二）内部债权债务项目的抵销处理

母公司与子公司、子公司相互之间的债权债务项目，是指母公司与子公司、子公司相互之间的应收账款与应付账款、预付账款与预收账款、应付债券与债券投资等项目。发生在母公司与子公司、子公司相互之间的这些项目，在集团内部每个企业的个别资产负债表中反映为资产或负债，但从企业集团整体角度来看，它只会引起企业集团内部的资金运动，既不属于企业集团的资产，也不属于负债，为此，在编制合并财务报表时应当将内部债权债务项目予以抵销。

在编制合并资产负债表时需要进行抵销处理的内部债权债务项目包括应收账款与应付账款、应收票据与应付票据、预付账款与预收账款、持有至到期中债券投资与应付债券、其他应收账款与其他应付账款等。

初次编制合并财务报表时，对于内部产生的应收应付账款，抵销分录为：借记"应付账款"项目，贷记"应收账款"项目；内部应收债权抵销后，与其相对应的坏账准备也应抵销，其抵销分录为：借记"坏账准备"项目（或"应收账款——坏账准备"），贷记"资产减值损失"项目。

应收票据与应付票据等其他内部债权债务项目的抵销，与应收账款与应付账款的抵销处理相似。在进行抵销时，借记"应付票据"、"预收账款"等项目，贷记"应收票据"、"预付账款"等项目。

【例5-5】　某母公司个别资产负债表中应收账款150 000元中有80 000元为子公司应付账款；预收账款20 000元中有5 000元为子公司预付款项；应收票据8 000元中有4 000元为子公司应付票据；子公司应付债券400 000元中有120 000元为母公司所持有。假设母公司按0.5%的比例计提坏账准备。

在编制合并资产负债表时，应编制如下抵销分录：

（1）内部应收账款与应付账款的抵销。

借：应付账款　　　　　80 000

贷：应收账款　　　　　80 000

（2）内部应收账款所计提坏账准备的抵销。

借：坏账准备　　　　　　400

贷：资产减值损失　　　　400

（3）内部预收账款与预付账款的抵销。

借：预收账款　　　　　5 000

贷：预付账款　　　　　5 000

（4）内部应收票据与内部应付票据的抵销。

借：应付票据　　　　　4 000

　　贷：应收票据　　　　　　4 000

　　(5)持有至到期投资中债券投资与应付债券的抵销。

借：应付债券　　　　　　　120 000

　　贷：持有至到期投资　　　120 000

　　某些情况下，企业持有的集团内部债券并不是从发行债券的企业直接购进的，而是在证券市场上购进的。在这种情况下，持有至到期投资中的债券投资与发行债券企业的应付债券抵销时，可能会出现差额，该差额应当计入合并利润表的投资收益项目。

(三)存货价值中包含的未实现内部销售损益的抵销处理

　　存货价值中包含的未实现内部销售损益是由于企业集团内部商品购销、劳务提供活动引起的。在内部购销活动中，销售企业将集团内部销售作为收入确认并计算销售利润，而购买企业则是以支付购货的价款作为其成本入账。例如，A 公司、B 公司同为大众集团子公司，A 公司将其成本为 36 000 元的甲商品以 50 000 元(不含增值税)的价格销售给 B 公司，B 公司购入甲商品后本期未对外销售。为此，A 公司确认营业收入 50 000 元，确认营业成本 36 000 元，即这项销售业务确认了 14 000 元的销售毛利，B 公司则确认存货成本 50 000 元。在 B 公司本期内未实现对外销售而形成的期末存货 50 000 元中，实际上包括了两部分内容：一部分为真正的存货成本 36 000 元(即销售企业 A 公司销售该商品的成本)；另一部分为销售企业 A 公司的销售毛利14 000元。

　　对于期末存货价值中包括的这部分销售毛利，从企业集团整体来看，并不是真正实现的利润。因为从整个企业集团来看，集团内部企业之间的商品购销活动实际上相当于企业内部的物资调拨活动，既不会实现利润，也不会增加商品的价值。从这一意义上来说，将期末存货价值中包括的这部分销售毛利作为利润确认的部分，只能称为未实现内部销售损益。因此，在编制合并资产负债表时，应当将存货价值中包含的未实现内部销售损益予以抵销。上述大众集团在编制合并资产负债表时，应当将 B 公司存货价值中包含的未实现内部销售利润 14 000 元与 A 公司确认的销售毛利 14 000 元(营业收入 50 000 元与营业成本 36 000 元的差额)进行抵销。

　　企业集团内部购销商品并且在期末形成存货的情况下，在编制合并资产负债表时编制抵销分录，应当按照销售企业销售该商品的销售收入，借记"营业收入"项目；按照销售企业销售该商品的销售成本，贷记"营业成本"项目；按照当期期末存货价值中包含的未实现内部销售损益的金额，借记或贷记"存货"项目。通过编制抵销分录，既抵销了合并资产负债表中的有关项目，也抵销了合并利润表中的有关项目。

　　上述大众集团在编制合并资产负债表时应编制抵销分录如下：

借：营业收入　　　　　　　50 000

　　贷：营业成本　　　　　　36 000

　　　　存货　　　　　　　　14 000

　　企业集团内部购销商品并且全部实现对外销售的情况下，内部销售损益通过对外销售得以实现。内部购销活动中的销售企业和购入企业分别确认了营业收入，也分别确认了营业成本，等于两次确认了销售活动，而从整个企业集团来看，只有对外销售才是真正的销售，实际上只发生了一次销售活动，期末并未因为此项销售活动形成存货，因此只需要将销售企业的"营业收入"等项目与购入企业的"营业成本"等项目进行抵销。在编制合并资产负债表时不需要专门编制抵销分录，但在编制合并利润表时则需要编制抵销分录。

假设上述 B 公司购入商品本期全部实现对外销售，大众集团在编制合并资产负债表时应编制抵销分录如下：

借：营业收入　　　50 000

　　贷：营业成本　　　　50 000

企业集团内部购销商品并且部分实现对外销售的情况下，可以将购进的商品分成两部分来看，对外销售部分需要将销售企业的"营业收入"等项目与购入企业的"营业成本"等项目进行抵销，期末形成存货的部分需要将期末存货价值中包含的未实现内部销售损益与营业收入与营业成本的差额进行抵销。借记"营业收入"项目，贷记"营业成本"项目，按照实现对外销售的比例确定当期期末存货价值中包含的未实现内部销售损益的金额，借记或贷记"存货"项目。

【例 5-6】　2011 年 4 月，Z 公司向其母公司 H 公司销售商品 200 件，单位成本为 480 元，不含税销售单价为 600 元。H 公司 2011 年年底对外销售了该批商品中的 150 件，不含税销售单价为 700 元。

分析：可以将 H 公司购进的该批商品分成两部分来看，对于已实现对外销售的 150 件，应将 H 公司营业成本 90 000 元（600×150）与 Z 公司营业收入 90 000 元 （600×150）进行抵销；对于未实现对外销售的 50 件商品，应将存货价值中包含的未实现内部销售利润 6 000 元[（120 000−96 000）÷200×50]及营业成本 24 000 元，与营业收入 30 000 元进行抵销。

在编制 2011 年合并财务报表时，应进行如下抵销处理：

借：营业收入（90 000＋30 000）　　　　　　　120 000

　　贷：营业成本（90 000＋24 000）　　　　　　　114 000

　　　　存货　　　　　　　　　　　　　　　　　　6 000

（四）内部固定资产交易的抵销处理

当企业集团内部发生固定资产购销业务，即集团内部一个企业销售而另一企业购入商品并且作为固定资产使用时，销售企业以高于或低于成本或净额的价格销售并由此确认销售损益，而购买企业以支付的价款作为固定资产原价入账并据以计提折旧，购买企业固定资产原价中包含了销售企业因该项内部销售而确认的损益。从企业集团整体来看，这种内部固定资产交易只是固定资产的转移，或者相当于自行建造固定资产或将自产的商品改变用途作为固定资产。这种内部固定资产交易既不能增加或减少固定资产价值，也不能由此产生损益，销售企业因该项内部销售而确认的损益属于未实现内部销售损益，在编制合并财务报表时应予抵销。

购买企业自集团内部购进的固定资产，在其个别资产负债表中以支付的价款作为该固定资产的原价列示，编制合并资产负债表时，首先应将该固定资产原价中包括的未实现内部销售损益予以抵销。其次，购买企业使用该固定资产并计提折旧，其折旧费计入相关资产的成本或当期损益。由于购买企业是以该固定资产的取得成本作为原价计提折旧，在取得成本中包含有销售企业由于该固定资产交易所实现的损益（即未实现内部销售损益），其各期计提折旧的金额要大于或小于按销售企业原成本或净额（不包含未实现内部销售损益）计提折旧的金额，因此还须将当期多计提或少计提的折旧金额从该固定资产当期已计提的折旧费用中予以抵销。其抵销处理程序如下：

首先，将内部交易固定资产相关的销售收入、销售成本及其原价中包含的未实现内部销售损益予以抵销。按销售企业由于该项固定资产交易所实现的销售收入，借记"营业收入"等项目；按照其销售成本，贷记"营业成本"等项目；按照该固定资产的销售收入与销售成本之间的差额（即未实现内部销售损益），贷记"固定资产——原价"项目。

其次，将内部交易固定资产当期多计提或少计提的折旧费用和累计折旧予以抵销。假设购买企业购入的固定资产供管理部门使用，如果内部销售价格高于销售成本，存在未实现内部销售利润，应按当期多计提的金额，借记"固定资产——累计折旧"项目，贷记"管理费用"等项目。如果内部销售价格低于销售成本，存在未实现内部销售损失，应按当期少计提的金额，借记"管理费用"等项目，贷记"固定资产——累计折旧"项目。

【例 5-7】 2011 年 1 月 1 日，A 公司将其生产的成本为 36 万元的设备以 60 万元的价格销售给其母公司 B 公司。B 公司购买后作为管理用固定资产使用，按 60 万元的原价入账，预计使用寿命为 5 年，预计净残值为零。假设 B 公司对该固定资产按年限平均法计提折旧。为简化抵销处理，假定 B 公司当年该内部交易固定资产按 12 个月计提折旧。

分析：A 公司因该项内部固定资产交易确认了营业收入 60 万元及营业成本 36 万元，从而确认了未实现内部销售利润 24 万元，而 B 公司确认的固定资产原价 60 万元中除包括 36 万元的成本外，还包括了未实现内部销售利润 24 万元。B 公司该固定资产折旧年限为 5 年，原价为 60 万元，预计净残值为零，当年计提的折旧额为 120 000 元，而按抵销其原价中包含的未实现内部销售损益后的原价 36 万元计算应计提的折旧额为 72 000 元，当年多计提的折旧额为 48 000 元。在合并工作底稿中应进行如下抵销处理：

（1）将与该项固定资产相关的销售收入 60 万元、销售成本 36 万元及其原价中包含的未实现内部销售损益 24 万元进行抵销。

　　借：营业收入　　　　　　　600 000
　　　　贷：营业成本　　　　　　　　360 000
　　　　　　固定资产——原价　　　　240 000

（2）将该固定资产当年多计提的折旧进行抵销。

　　借：固定资产——累计折旧　48 000
　　　　贷：管理费用　　　　　　　　48 000

通过上述抵销分录，年末编制合并财务报表时，合并工作底稿中资产负债表项目"固定资产——原价"减少 240 000 元，"固定资产——累计折旧"减少 48 000 元；利润表项目"营业收入"减少 600 000 元，"营业成本"减少 360 000 元，"管理费用"减少

48 000元。

（五）其他项目的抵销处理

与集团内部发生固定资产购销业务类似，企业集团内部发生无形资产等的购销活动同样存在着未实现内部销售损益的抵销问题，其抵销处理参照内部固定资产交易的抵销处理。

同样，与应收账款、坏账准备的抵销类似，如果已对内部交易形成的存货、固定资产、无形资产等计提了相关减值准备，在编制合并资产负债表时应进行相应的抵销。

（六）母公司在报告期增减子公司在合并资产负债表的反映

1. 母公司在报告期内增加子公司的反映

母公司在报告期内增加子公司的，合并当期编制合并资产负债表时，应当区分同一控制下的企业合并增加的子公司和非同一控制下企业合并增加的子公司两种情况。

（1）因同一控制下企业合并增加的子公司，合并当期编制合并资产负债表时，应当调整合并资产负债表的期初数。

（2）因非同一控制下企业合并增加的子公司，不应调整合并资产负债表的期初数。

2. 母公司在报告期内处置子公司的反映

母公司在报告期内处置子公司，编制合并资产负债表时，不应调整合并资产负债表的期初数。

第三节 合并利润表编制与分析

一、合并利润表的格式

合并利润表在个别利润表的基础上，主要增加了两个项目，即在"净利润"项目下增加"归属于母公司所有者的净利润"和"少数股东损益"两个项目，分别反映净利润中由母公司所有者享有的份额和非全资子公司当期实现的净利润中属于少数股东权益的份额。在属于同一控制下企业合并增加子公司当期的合并利润表中，还应在"净利润"项目之下增加"其中：被合并方在合并日以前实现的净利润"项目，用于反映同一控制下企业合并中取得的被合并方在合并当期期初至合并日实现的净利润。

合并利润表的格式详见本章第六节中的表5-9。

二、合并利润表的编制

合并利润表是以母公司和子公司的个别利润表为基础，在抵销了母公司与子公司、子公司相互之间发生的内部交易对合并利润表的影响后，由母公司编制的反映母公司和子公司所形成的企业集团一定会计期间经营成果的会计报表。

编制合并利润表时需要进行抵销处理的项目主要有：①内部销售商品形成的内部营业收入与内部营业成本项目，以及期末存货项目中包含的未实现内部销售损益；②内部销售固定资产、无形资产等形成的内部营业收入与内部营业成本项目，以及内部销售形成的固定资产、无形资产等包含的未实现内部销售损益，因未实现内部销售损益计提的折旧额、摊销额以及计提的资产减值准备等；③因内部应收款项计提的坏账准备，对内部交易形成的存货、固定资产、无形资产等计提的减值准备项目等；④内部投资收益项目，包括内部利息收入与利息支出项目、内部股权投资的投资收益项目等。

需要注意的是，编制合并利润表与编制合并资产负债表并不是截然分开的，而是在同一工作底稿中进行，有些抵销分录既涉及合并资产负债表项目的抵销，也涉及合并利润表项目的抵销，如例5-6抵销分录中的"营业收入"、"营业成本"为合并利润表中的项目，"存货"为合并资产负债表中的项目。下面主要从编制合并利润表的角度分析应进行的抵销处理。

（一）内部营业收入与内部营业成本项目的抵销处理

内部营业收入是指企业集团内部母公司与子公司、子公司相互之间发生的购销活动所产生的营业收入。内部营业成本是指企业集团内部母公司与子公司、子公司相互之间发生的内部销售商品的营业成本。对内部营业收入和内部营业成本进行抵销时，应区分以下两种情况进行处理。

1. 内部购销业务中购买企业购进的商品期末全部实现对外销售的抵销处理

在这种情况下，内部购销业务发生时销售企业确认了营业收入和营业成本，购买企业在实现对外销售时也确认了营业收入和和营业成本，即在销售企业和购买企业的个别利润表中分别反映了营业收入和营业成本。但从企业集团整体来看，这一购销业务只是实现了一次销售，其销售收入只是购买企业销售该商品的销售收入，其销售成本只是销售企业销售该商品的成本。销售企业销售该商品的收入属于内部销售收入，相应的购买企业销售该商品的销售成本则属于内部销售成本。在编制合并利润表时，必须将重复反映的内部营业收入与内部营业成本予以抵销。编制的抵销分录为：借记"营业收入"等项目，贷记"营业成本"等项目。

【例5-8】　假设W公司2011年营业收入中有5 000万元系向其子公司S公司销售商品取得的销售收入，该商品销售成本为3 200万元。S公司在本期将该批商品全部售出，其利润表中列示的这项销售收入为6 000万元，相应的销售成本为5 000万元。

分析：编制合并利润表时应将内部销售收入和内部销售成本予以抵销，应编制如下抵销分录（单位：万元）：

借：营业收入　　　5 000

　　贷：营业成本　　　　5 000

2. 内部购销业务中购买企业购进的商品期末未实现对外销售形成存货的抵销处理

在内部购进的商品未实现对外销售的情况下，销售企业是按照一般的销售业务确认销售收入，结转销售成本，计算销售损益，并在其个别利润表中列示。而购买企业是以支付的购货价款作为存货成本入账，并在其个别资产负债表中作为资产列示，这样，存货的价值中就包含有销售企业实现的销售毛利。从整个企业集团来看，这一业务实际上只是商品存放地点发生变动，并没有真正实现对企业集团外部销售，不应确认销售收入、结转销售成本以及计算销售损益。因此，对于该内部购销交易，在编制合并利润表时，应当将销售企业由此确认的内部销售收入和内部销售成本予以抵销，并将存货价值中包含的未实现内部销售损益予以抵销。

【例 5-9】 假设 W 公司 2011 年营业收入中有 5 000 万元系向其子公司 S 公司销售商品取得的销售收入，该商品销售成本为 3 200 万元。期末时 S 公司尚未将该批商品对外出售，而是形成账面价值为 5 000 万元的存货在资产负债表中列示。

分析：首先确定 S 公司期末账面价值 5 000 万元的存货中包含的未实现内部销售损益为 1 800 万元（5 000 万元－3 200 万元），编制合并利润表时应将内部销售收入 5 000万元和内部销售成本 3 200 万元，以及存货价值中包含的未实现内部销售利润 1 800万元予以抵销（在合并工作底稿资产负债表部分抵销）。应编制如下抵销分录（单位：万元）：

借：营业收入　　　　　　　　5 000
　　贷：营业成本　　　　　　3 200
　　　　存货　　　　　　　　1 800

对于内部购进的商品部分实现对外销售、部分形成期末存货的情况，可以将内部购买的商品分解为两部分来看待：一部分为当期购进并全部实现对外销售；另一部分为当期购进但未实现对外销售而形成期末存货。

【例 5-10】 假设 W 公司 2011 年营业收入中有 5 000 万元系向其子公司 S 公司销售商品取得的销售收入，该商品销售成本为 3 200 万元。期末时 S 公司对外出售了该批商品中的 40%，另外 60% 的商品尚未对外出售，形成账面价值为 3000 万元的存货在资产负债表中列示。

分析：我们将内部购销活动中的这批商品分解为两部分来看待：对于 S 公司对外出售的 40% 的部分，应将这部分的内部销售收入 2 000 万元和内部销售成本 2 000 万元予以抵销；对于形成期末存货的 60% 的部分，先确定 S 公司期末账面价值 3 000 万元的这部分存货中包含的未实现内部销售损益为 1 080 万元（5 000 万元×60%－3 200 万元×60%），然后将内部销售收入 3 000 万元和内部销售成本 1 920 万元，以及存货价值中包含的未实现内部销售利润 1 080 万元予以抵销（在合并工作底稿资产负债表部分抵销）。应编制如下抵销分录（单位：万元）：

借：营业收入（2 000＋3 000）　　　　5 000
　　贷：营业成本（2 000＋1 920）　　3 920
　　　　存货（0＋1 080）　　　　　　1 080

对于本例中的内部销售业务，也可按照如下方法进行抵销：按照内部销售收入的金额 5 000 万元，借记"营业收入"项目，按照期末存货价值中包含的未实现内部销售损益的金额 1 080 万元，贷记"存货"项目，其差额 3 920 万元贷记"营业成本"项目。

（二）购买企业将内部交易中购进的商品作为固定资产使用时的抵销处理

在企业集团内的母公司与子公司、子公司相互之间发生商品购销活动时，销售企业将自产的产品或不需用的固定资产等出售给购买企业，无论销售企业作为主营业务还是其他业务进行会计处理，都要在销售产品时确认销售收入、结转销售成本和计算销售损益，并以此在其个别利润表中列示；而购买企业如果将购入的商品作为固定资产使用，则以购买价格作为固定资产原价入账，该固定资产成本中既包括销售企业生产该产品的成本或原账面净额，也包括销售企业由于该商品销售所实现的内部销售损益。但从整个企业集团来说，不能确认该商品销售所实现的内部销售损益，只能以销售企业生产该产品的成本或原账面净额作为固定资产原价在合并财务报表中反映。编制合并利润表时，应将销售企业由于该内部交易产生的销售收入和销售成本予以抵销；并将内部交易形成的固定资产原价中包含的未实现内部销售损益予以抵销。在对销售商品形成的固定资产所包含的未实现内部销售损益进行抵销的同时，还应当对固定资产的折旧额与未实现内部销售损益相关的部分进行抵销。

【例 5-11】 2010 年年底 M 公司将其生产的成本为 18 万元的产品，以 20 万元的价格转让给其子公司 H 公司。H 公司购入后作为办公用固定资产，按 5 年的预计寿命采用平均年限法(直线法)计提折旧，假设不考虑净残值。2011 年年底编制合并利润表时，应进行的抵销处理如下：

(1)将发生内部交易时 M 公司确认的销售收入 20 万元、销售成本 18 万元，与 H 公司确认的固定资产原价 20 万元中包含的未实现内部销售利润 2 万元进行抵销。

借：营业收入 200 000
　　贷：营业成本 180 000
　　　　固定资产——原价 20 000

(2)H 公司 2011 年按 20 万元固定资产原价计提的折旧额为 40 000 元，而从企业集团整体来看当年应按 18 万元固定资产原价计提折旧 36 000 元，由于固定资产原价 20 万元中包含未实现内部销售利润 2 万元而计提的折旧 4 000 元，应与管理费用进行抵销。

借：固定资产——累计折旧 4 000
　　贷：管理费用 4 000

如果内部交易中的购买企业将购入的商品作为无形资产等使用，抵销处理原则与作为固定资产类似，既要抵销该内部交易产生的销售收入和销售成本，也要抵销内部交易形成的固定资产原价中包含的未实现内部销售损益，还要抵销与未实现内部销售损益相关的无形资产的摊销额。

（三）坏账准备、减值准备等项目的抵销处理

企业计提坏账准备时，借记"资产减值损失"项目，贷记"坏账准备"项目，在编制合并利润表时应将资产减值损失中包含的本期内部应收账款计提的坏账准备进行抵销，按照当期内部应收账款计提的坏账准备的金额，借记"坏账准备"项目（或"应收账

款——坏账准备"项目），贷记"资产减值损失"项目，参见例5-5。

与坏账准备的抵销类似，如果已对内部交易形成的存货、固定资产、无形资产等计提了相关减值准备，在编制合并利润表时也应进行相应的抵销处理。

【例5-12】 接例5-11，假设2011年年底H公司对该项内部交易形成的固定资产计提了5 000元的减值准备。编制合并利润表时应进行如下抵销处理：

借：固定资产减值准备　　　　5 000

　　贷：资产减值损失　　　　　　 5 000

（四）内部投资收益项目的抵销处理

编制合并利润表时内部投资收益项目的抵销，包括内部利息收入与利息支出项目的抵销，以及内部股权投资形成的投资收益项目的抵销等。

1. 内部利息收入与利息支出项目的抵销

企业集团内部母公司与子公司、子公司相互之间可能发生持有对方债券的内部交易。在持有母公司或子公司发行的企业债券的情况下，发行债券的企业计付的利息费用作为财务费用处理，并在其个别利润表"财务费用"项目中列示；而持有债券的企业，将购买的债券在其个别资产负债表"持有至到期投资"等项目中列示（为简化合并处理，假设购买债券的企业将该债券投资归类为持有至到期投资），当期获得的利息收入则作为投资收益处理，并在其个别利润表中列示。从企业集团整体来看，并没有从外部筹集到资金，也未向外部支付利息，因此在编制合并财务报表时，应当在抵销应付债券和持有至到期投资等内部债权债务的同时，将内部应付债券和持有至到期投资相关的利息费用与投资收益（利息收入）相互抵销。应编制的抵销分录为：借记"投资收益"项目，贷记"财务费用"项目。

【例5-13】 假设A公司购入其母公司B公司发行的债券作为持有至到期投资，2011年B公司向A公司支付了债券利息80 000元（假设B公司筹资用途为补充流动资金不足）。

分析：B公司向A公司支付债券利息时记入财务费用，而A公司收到B公司支付的债券利息记入投资收益，在编制合并利润表时，应将内部债券投资收益与应付债券利息费用相互抵销，其抵销分录如下：

借：投资收益　　　　　　　80 000

　　贷：财务费用　　　　　　　 80 000

2. 内部股权投资形成的投资收益项目的抵销

由于母公司持有子公司长期股权投资，就会形成内部投资损益，在母公司个别利润表"投资收益"项目中列示。根据《企业会计准则》的规定，在编制合并财务报表时首先要将母公司对子公司的长期股权投资按权益法进行调整，因此在子公司为全资子公司的情况下，母公司对某一子公司的投资收益就是该子公司当期实现的净利润；在子公司为非全资子公司的情况下，母公司对某一子公司的投资收益为其子公司当期实现的净利润与母公司持股比例的乘积，而由其他少数股东按持股比例享有的投资收益则为少数股东损益。

子公司当期实现的净利润为当期营业收入减去营业成本、营业税费和期间费用，加投资收益，加减营业外收支，减所得税后的余额，因此，编制合并利润表时，在将母公司与子公司的收入、成本和费用项目进行合并的同时，要将母公司对子公司长期股权投资产生的投资收益予以抵销。子公司的利润分配包括对母公司和子公司的少数股东的利润分配情况，而合并利润（分配）表是站在整个企业集团角度，反映对母公司股东和子公司的少数股东的利润分配情况，因此，子公司的利润分配各项目的金额，包括提取盈余公积、分派利润和期末未分配利润的金额都必须予以抵销。

在子公司为全资子公司的情况下，子公司本期净利润就是母公司本期对子公司的股权投资收益。假定子公司期初未分配利润为零，子公司本期净利润就是企业本期可供分配的利润，是本期子公司利润分配的来源，而子公司本期利润分配（包括提取盈余公积、应付利润等）的金额与期末未分配利润的金额则是本期利润分配的结果。母公司对子公司的长期股权投资收益应与子公司的本年利润分配项目相抵销，应当借记"投资收益"项目，贷记"提取盈余公积"、"应付股利"、"年末未分配利润"项目。而大部分情况下子公司期初未分配利润不为零，应当借记"投资收益"、"年初未分配利润"项目，贷记"提取盈余公积"、"应付股利"、"年末未分配利润"项目。

在子公司为非全资子公司的情况下，母公司本期对子公司股权投资收益与本期少数股东损益之和就是子公司本期净利润。如果子公司期初未分配利润为零，母公司本期对子公司长期股权投资收益与本期少数股东损益之和，应与子公司本年利润分配项目相抵销。应当借记"投资收益"、"少数股东损益"，贷记"提取盈余公积"、"应付股利"、"年末未分配利润"项目。如果子公司期初未分配利润不为零，应当借记"投资收益"、"少数股东损益"、"年初未分配利润"项目，贷记"提取盈余公积"、"应付股利"、"年末未分配利润"项目。

【例 5-14】 X 公司为 Y 公司非全资子公司，Y 公司拥有其 80％的股份。X 公司本期实现净利润 1 000 万元，Y 公司本期按权益法确认的对 X 公司投资收益为 800 万元（1 000 万元×80％），X 公司本期少数股东损益为 200 万元（1 000 万元×20％）。假设 X 公司年初未分配利润为零，X 公司本期尚未进行利润分配。应编制抵销分录如下（单位：万元）：

借：投资收益　　　　　　　　　　　800
　　少数股东损益　　　　　　　　　　200
　　贷：年末未分配利润　　　　　　　　　1 000

【例 5-15】 X 公司为 Y 公司非全资子公司，Y 公司拥有其 80％的股份。X 公司本期实现净利润 1 000 万元，Y 公司本期按权益法确认的对 X 公司投资收益为 800 万元（1 000 万元×80％），X 公司本期少数股东损益为 200 万元（1 000 万元×20％）。X 公司期初未分配利润为 250 万元，本期提取盈余公积 100 万元，向股东分配利润 400 万元，年末未分配利润 750 万元。应编制抵销分录如下（单位：万元）：

借：投资收益　　　　　　　　　　　800
　　少数股东损益　　　　　　　　　　200

年初未分配利润	250
贷：提取盈余公积	100
应付股利	400
年末未分配利润	750

（五）连续编制合并利润表的抵销处理

前面分别介绍了编制合并利润表时对内部商品交易、内部交易形式固定资产、内部投资收益等应进行的抵销处理，而这些都是在内部交易发生或形成内部投资收益的当期应进行的抵销处理，即初次编制合并利润表时的抵销处理，与连续编制合并利润表时的抵销处理有所不同。

连续编制合并利润表时，本期编制合并利润表是以本期母公司和子公司的个别利润表为基础编制的，尽管上期编制合并利润表时已进行了有关项目的抵销处理，但本期仍需对以前期间发生的内部交易、内部投资收益等的相关项目进行抵销处理。而利润表是反映一定会计期间经营成果及其分配情况的财务报表，其上期未分配利润就是本期的期初未分配利润，上期利润表中收入、费用项目的发生额最终计入了未分配利润项目。因此连续编制合并利润表时，凡属于对以前期间发生的内部交易、内部投资收益等进行抵销处理的，抵销分录与初次编制合并利润表时的抵销处理基本相同，但应以"年初未分配利润"项目替换应抵销的以前期间的收入、费用等损益项目。

【例5-16】 资料同例5-9，假设2012年年末S公司仍未将从W公司购入的该批商品对外出售。W公司编制2012年合并利润表时只需将"营业收入"、"营业成本"项目替换为"年初未分配利润"，编制如下抵销分录：

借：年初未分配利润（即上期营业收入）　　　5 000
　　贷：年初未分配利润（即上期营业成本）　　　3 200
　　　　存货　　　　　　　　　　　　　　　　1 800

经简化后应为：

借：年初未分配利润　　　1 800
　　贷：存货　　　　　　　1 800

（六）母公司在报告期增减子公司在合并利润表的反映

1. 母公司在报告期内增加子公司的反映

母公司因追加投资等原因控制了另一个企业即实现了企业合并。母公司在报告期内在合并当期编制合并利润表时，应当区分同一控制下的企业合并增加的子公司和非同一控制下的企业合并增加的子公司两种情况。

（1）因同一控制下企业合并增加的子公司，应当将该子公司合并当期期初至报告期末的收入、费用、利润纳入合并利润表。

（2）因非同一控制下企业合并增加的子公司，应当将该子公司购买日至报告期末的收入、费用、利润纳入合并利润表。

2. 母公司在报告期内处置子公司的反映

母公司在报告期内处置子公司，编制合并利润表时，应当将该子公司期初至处置日的收入、费用、利润纳入合并利润表。

第四节　合并现金流量表编制与分析

一、合并现金流量表的格式

合并现金流量表是综合反映由母公司及其子公司组成的企业集团，在一定会计期间的现金流入、现金流出以及其增减变动情况的会计报表。（现金包括现金和现金等价物，下同）

与个别现金流量表的编制相比，合并现金流量表的编制需要解决的一个特殊的问题是有关少数股东权益项目的反映，即在子公司为非全资子公司的情况下，涉及子公司与其少数股东之间的现金流入和现金流出的处理问题。

对于子公司与少数股东之间发生的现金流入和现金流出，从整个企业集团来看，影响到其整体的现金流入和流出数量的增减变动，必须在合并现金流量表中予以反映。子公司少数股东之间发生的影响现金流入和现金流出的经济业务包括少数股东对子公司增加权益性资本投资、子公司向其少数股东支付现金股利或利润等。为了便于合并财务报表的使用者了解和掌握企业集团整体现金流量的情况，必须将与子公司少数股东之间的现金流入和现金流出的情况单独予以反映。

对于子公司的少数股东增加在子公司中的权益性资本投资，在合并现金流量表中应当在"筹资活动产生的现金流量——吸收投资收到的现金"项目下的"其中：子公司吸收少数股东投资收到的现金"项目反映。

对于子公司向少数股东支付现金股利或利润，在合并现金流量表中应当在"筹资活动产生的现金流量——分配股利、利润或偿付利息支付的现金"项目下的"其中：子公司支付给少数股东的股利、利润"项目反映。

合并现金流量表的格式详见表 5-2。

表 5-2　合并现金流量表

编制单位：　　　　　　　　　年　月　　　　　　　　　单位：元

项目	本期金额	上期金额
一、经营活动产生的现金流量：		
销售商品、提供劳务收到的现金		
收到的税费返还		
收到其他与经营活动有关的现金		
经营活动现金流入小计		
购买商品、接受劳务支付的现金		
支付给职工以及为职工支付的现金		
支付的各项税费		

续表

项目	本期金额	上期金额
支付其他与经营活动有关的现金		
经营活动现金流出小计		
经营活动产生的现金流量净额		
二、投资活动产生的现金流量：		
收回投资收到的现金		
取得投资收益收到的现金		
处置固定资产、无形资产和其他长期资产收回的现金净额		
处置子公司及其他营业单位收到的现金净额		
收到其他与投资活动有关的现金		
投资活动现金流入小计		
购建固定资产、无形资产和其他长期资产支付的现金		
投资支付的现金		
取得子公司及其他营业单位支付的现金净额		
支付其他与投资活动有关的现金		
投资活动现金流出小计		
投资活动产生的现金流量净额		
三、筹资活动产生的现金流量：		
吸收投资收到的现金		
其中：子公司吸收少数股东投资收到的现金		
取得借款收到的现金		
发行债券收到的现金		
收到其他与筹资活动有关的现金		
筹资活动现金流入小计		
偿还债务支付的现金		
分配股利、利润或偿付利息支付的现金		
其中：子公司支付给少数股东的股利、利润		
支付其他与筹资活动有关的现金		
筹资活动现金流出小计		
筹资活动产生的现金流量净额		
四、汇率变动对现金及现金等价物的影响		
五、现金及现金等价物净增加额		
加：期初现金及现金等价物余额		
六、期末现金及现金等价物余额		

二、合并现金流量表的编制

(一)合并现金流量表的编制方法

从理论上说，合并现金流量表是以合并资产负债表和合并利润表为基础，采用与个别现金流量表相同的方法编制的。个别现金流量表要求按照收付实现制反映企业经济业务引起的现金流入和流出，其编制方法有直接法和间接法两种。我国明确规定企业对外报送的现金流量表采用直接法编制。

从实务上来看，合并现金流量表应以母公司和子公司的现金流量表为基础，通过编制抵销分录，将母公司与子公司、子公司相互之间发生的内部交易对合并现金流量表的影响抵销后，由母公司合并编制而成。其编制原理、编制方法和编制程序与合并资产负债表、合并利润表的编制基本相同，即首先编制合并工作底稿，将母公司和子公司个别现金流量表各项目的数据全部过入合并工作底稿；其次根据当期母公司与子公司相互之间发生的影响其现金流量增减变动的经济业务，编制抵销分录，将个别现金流量表中重复反映的现金流入数和现金流出数予以抵销；最后计算出合并现金流量表各项目的合并数，并填制正式的合并现金流量表。

合并现金流量表补充资料通常根据合并资产负债表和合并利润表进行编制。

(二)编制合并现金流量表时应进行的抵销处理

编制合并现金流量表时需要进行抵销处理的项目主要有：①母公司与子公司、子公司相互之间当期以现金投资或收购股权增加的投资所产生的现金流量；②母公司与子公司、子公司相互之间当期取得投资收益收到的现金与分配股利、利润或偿付利息支付的现金；③母公司与子公司、子公司相互之间以现金结算债权与债务所产生的现金流量；④母公司与子公司、子公司相互之间当期销售商品所产生的现金流量；⑤母公司与子公司、子公司相互之间处置固定资产、无形资产和其他长期资产收回的现金净额与购建固定资产、无形资产和其他长期资产支付的现金等；⑥母公司与子公司、子公司相互之间当期发生的其他内部交易所产生的现金流量。

1. 企业集团内部当期以现金投资或收购股权增加的投资所产生的现金流量的抵销处理

母公司直接以现金形式对子公司进行的长期股权投资或以现金从企业集团内的其他子公司处收购股权，在母公司个别现金流量表中作为"投资活动产生的现金流量——投资支付的现金"项目列示。子公司接受这一投资(或处置投资)时，表现为现金流入，在其个别现金流量表中作为"筹资活动产生的现金流量——吸收投资收到的现金"或"投资活动产生的现金流量——收回投资收到的现金"项目列示。从企业集团整体来看，这些活动既没有引起现金流入也没有现金流出，因此编制合并现金流量表时，应当予以抵销。

【例 5-17】 假设 2011 年 A 公司以现金形式对子公司 B 公司追加投资 100 万元。编制合并现金流量表时应作抵销分录如下：

借：筹资活动产生的现金流量——吸收投资收到的现金 1 000 000
　　贷：投资活动产生的现金流量——投资支付的现金　　　　　　1 000 000

2. 企业集团内部当期取得投资收益收到的现金与分配股利、利润或偿付利息支付的现金的抵销处理

母公司对子公司进行长期股权投资或持有至到期投资，在持有期间收到子公司分派的现金股利(利润)或债券利息，表现为现金流入，在母公司个别现金流量表中作为

"投资活动产生的现金流量——取得投资收益收到的现金"项目列示，在其子公司个别现金流量中作为"筹资活动产生的现金流量——分配股利、利润或偿付利息支付的现金"项目列示。编制合并现金流量表时，应当予以抵销。

【例5-18】　假设2011年A公司从其子公司B公司分得现金股利100万元。编制合并现金流量表时应作抵销分录如下：

借：筹资活动产生的现金流量

　　——分配股利、利润或偿付利息支付的现金　1 000 000

　　贷：投资活动产生的现金流量

　　　——取得投资收益收到的现金　　　　　　　1 000 000

3. 企业集团内部以现金结算债权与债务所产生的现金流量的抵销处理

母公司与子公司、子公司相互之间当期以现金结算应收账款或应付账款等债权与债务，表现为现金流入或现金流出，在母公司个别现金流量表中作为"经营活动产生的现金流量——收到其他与经营活动有关的现金"或"经营活动产生的现金流量——支付其他与经营活动有关的现金"项目列示，在子公司个别现金流量中作为"经营活动产生的现金流量——支付其他与经营活动有关的现金"或"经营活动产生的现金流量——收到其他与经营活动有关的现金"项目列示。编制合并现金流量表时，应当予以抵销。

【例5-19】假设2011年A公司以现金偿付以前欠其子公司B公司的其他应付款50万元。编制合并现金流量表时应编制抵销分录如下：

借：经营活动产生的现金流量——支付其他与经营活动有关的现金　500 000

　　贷：经营活动产生的现金流量——收到其他与经营活动有关的现金　500 000

4. 企业集团内部当期销售商品所产生的现金流量的抵销处理

母公司向子公司(或子公司向母公司、子公司相互之间)销售商品当期所收到的现金，表现为现金流入，在母公司个别现金流量表中作为"经营活动产生的现金流量——销售商品、提供劳务收到的现金"项目列示。子公司向母公司支付购货款，表现为现金流出，在其个别现金流量中作为"经营活动产生的现金流量——购买商品、接受劳务支付的现金"项目列示。从企业集团整体来看，这种由于内部商品购销产生的现金收支，并不引起整个企业集团的现金流量的增减变动，因此编制合并现金流量表时，应当抵销。

【例5-20】　A公司2011年向其子公司B公司销售商品实现销售收入4 500万元，当年实际收到B公司货款2 000万元；向C公司销售商品实现销售收入3 000万元，实际收到C公司货款1 000万元。编制合并现金流量表时应作抵销分录如下(单位：万元)：

借：经营活动产生的现金流量——购买商品、接受劳务支付的现金　　3 000

　　贷：经营活动产生的现金流量——销售商品、提供劳务收到的现金　　3 000

5. 企业集团内部处置固定资产等收回的现金净额与购建固定资产等支付的现金的抵销处理

母公司向子公司(或子公司向母公司、子公司相互之间)处置固定资产等长期资产，表现为现金流入，在母公司个别现金流量表中作为"投资活动产生的现金流量——处置固定资产、无形资产和其他长期资产收回的现金净额"项目列示。子公司表现为现金流出，在其个别现金流量表中作为"投资活动产生的现金流量——购建固定资产、无形资产和其他长期资产支付的现金"项目列示。从企业集团整体来看，这种固定资产处置与购置的现金收支，并不引起整个企业集团的现金流量的增减变动，因此编制合并现金流量表时，应当予以抵销。

【例 5-21】 2011 年 A 公司以 250 万元的价格向其子公司 B 公司转让设备一台，假设 B 公司已于当年付清设备款，双方均未因此发生其他费用。编制合并现金流量表时应编制抵销分录如下：

借：投资活动产生的现金流量

——购建固定资产、无形资产和其他长期资产支付的现金　2 500 000

贷：投资活动产生的现金流量

——处置固定资产、无形资产和其他长期资产收回的现金净额　2 500 000

(三)母公司在报告期增减子公司在合并现金流量表的反映

1. 母公司在报告期内增加子公司在合并现金流量表的反映

母公司在合并当期编制合并现金流量表时，应当区分同一控制下的企业合并增加的子公司和非同一控制下的企业合并增加的子公司两种情况。

(1)因同一控制下企业合并增加的子公司，在编制合并现金流量表时，应当将该子公司合并当期期初至报告期末的现金流量纳入合并现金流量表。

(2)因非同一控制下企业合并增加的子公司，在编制合并现金流量表时，应当将该子公司购买日至报告期末的现金流量纳入合并现金流量表。

2. 母公司在报告期内处置子公司在合并现金流量表的反映

母公司在报告期内处置子公司，应将该子公司期初至处置日的现金流量纳入合并现金流量表。

第五节　合并股东权益变动表编制与分析

一、合并股东权益变动表的格式

合并股东权益变动表的格式与个别股东权益变动表的格式基本相同。在存在少数股东的情况下，合并股东权益变动表增加"少数股东权益"项目，用于反映少数股东权益变动的情况。

合并股东权益变动表的格式详见表 5-3。

二、合并股东权益变动表的编制

合并股东权益变动表是反映构成企业集团股东权益的各组成部分当期的增减变动

表 5-3　合并所有者权益(股东权益)变动表

××年

单位:元

项目	行次	本年金额							上年金额						
		实收资本(股本)	资本公积	盈余公积	未分配利润	减:库存股	母公司所有者权益合计	少数股东权益	实收资本(股本)	资本公积	盈余公积	未分配利润	减:库存股	母公司所有者权益合计	少数股东权益
一、上年末余额															
加:会计政策变更															
前期差错更正															
二、本年初余额															
三、本年增减变动金额(减少以"-"号填列)															
(一)净利润															
(二)直接计入所有者权益的利得和损失															
1. 可供出售金融资产公允价值变动净额															
2. 权益法下被投资单位其他所有者权益变动的影响															
3. 与计入所有者权益项目相关的所得税影响															
4. 其他															
上述(一)和(二)小计															

续表

项目	行次	本年金额							上年金额						
		实收资本（股本）	资本公积	盈余公积	未分配利润	减：库存股	母公司所有者权益合计	少数股东权益	实收资本（股本）	资本公积	盈余公积	未分配利润	减：库存股	母公司所有者权益合计	少数股东权益
（三）所有者投入和减少资本															
1. 所有者投入资本															
2. 股份支付计入所有者权益的金额															
3. 其他															
（四）利润分配															
1. 提取盈余公积															
2. 提取一般风险准备															
3. 对所有者（或股东）的分配															
4. 其他															
（五）所有者权益内部结转															
1. 资本公积转增资本（或股本）															
2. 盈余公积转增资本（或股本）															
3. 盈余公积弥补亏损															
4. 其他															
四、本年末金额															

情况的财务报表。

编制合并股东权益变动表时需要进行的抵销处理主要有：①母公司对子公司的长期股权投资项目与母公司在子公司股东权益中所享有的份额的抵销；②母公司对子公司、子公司相互之间持有对方长期股权投资取得的投资收益与被投资方利润分配项目的抵销。

应该注意的是，编制合并资产负债表或合并利润表时也要进行上述抵销处理，这些抵销处理一方面涉及合并资产负债表或合并利润表中的项目，另一方面涉及合并股东权益变动表中的项目，因此编制合并股东权益变动表与编制合并资产负债表或合并利润表是不能截然分开的。下面主要从编制合并股东权益变动表的角度分析应进行的抵销处理。

1. 母公司对子公司的长期股权投资项目与母公司在子公司股东权益中所享有的份额的抵销处理

母公司对子公司进行长期股权投资，并不会引起整个企业集团的资产、负债和股东权益的增减变动。编制合并财务报表时，应当在母公司与子公司财务报表数据简单相加的基础上，将母公司对子公司长期股权投资项目与子公司股东权益项目予以抵销。

【例5-22】　假设母公司 X 公司拥有其子公司 Y 公司 80% 的股份，编制合并财务报表时，长期股权投资经调整后的数额为 6 000 000 元。该子公司账面股东权益总额为 7 500 000 元，其中股本为 5 000 000 元，资本公积为 800 000 元，盈余公积为 1 200 000 元，未分配利润为 500 000 元。编制合并股东权益变动表时应编制抵销分录如下：

```
借：股本              5 000 000
    资本公积            800 000
    盈余公积          1 200 000
    年末未分配利润      500 000
  贷：长期股权投资            6 000 000
      少数股东权益            1 500 000
```

2. 母公司对子公司、子公司相互之间持有对方长期股权投资取得的投资收益与被投资方利润分配项目的抵销处理

利润分配会引起投资方股东权益的变动，母公司对子公司、子公司相互之间持有对方长期股权投资取得的投资收益是被投资方利润分配的结果。然而站在整个企业集团角度，利润分配项目反映的是对母公司股东和子公司的少数股东的利润分配情况，因此编制合并股东权益变动表时，子公司的个别股东权益变动表中利润分配各项目的金额，包括提取盈余公积、应付利润和期末未分配利润项目必须与母公司对子公司、子公司相互之间持有对方长期股权投资取得的投资收益项目进行抵销。

应编制的抵销分录为：借记"投资收益"、"少数股东损益"、"年初未分配利润"项目，贷记"利润分配——提取盈余公积"、"应付股利"、"年末未分配利润"项目。

【例5-23】　X 公司为 Y 公司全资子公司，X 公司本期实现净利润 1 000 万元，Y 公司本期按权益法确认对 X 公司投资收益为 1 000 万元。X 公司期初未分配利润为 250 万

元，本期提取盈余公积100万元，向股东分配利润400万元，未分配利润750万元。应
编制抵销分录如下（单位：万元）：

  借：投资收益   1 000

    年初未分配利润   250

   贷：提取盈余公积   100

     应付股利   400

     年末未分配利润   750

第六节　合并财务报表编制实例

本节将通过实例来说明合并资产负债表和合并利润表的编制。

一、案例资料

【例 5-24】　2010 年 1 月 1 日，M 公司以银行存款 3 000 万元取得 Z 公司 80％的股份（假定 M 公司与 Z 公司的企业合并属于非同一控制下的企业合并）。M 公司备查簿中记录的 Z 公司在 2011 年 1 月 1 日可辨认资产、负债的公允价值与其账面价值相同。其他有关资料如下：

(1)2010 年 1 月 1 日，Z 公司所有者权益总额为 3 500 万元，其中股本为 2 000 万元，资本公积为 1 500 万元，盈余公积为零，未分配利润为零。

(2)2010 年，Z 公司实现净利润 1 000 万元，年末未分配利润为 1 000 万元，Z 公司因持有的可供出售金融资产的公允价值上升计入当期资本公积的金额为 100 万元（该金额为扣除相关的所得税影响后的净额。可供出售金融资产当期公允价值上升金额为 149.25 万元，Z 公司适用的所得税税率为 33％，确认递延所得税负债 49.25 万元）。

2010 年 12 月 31 日，Z 公司所有者权益总额为 4 600 万元，其中股本为 2 000 万元，资本公积为 1 600 万元，盈余公积为零，未分配利润为 1 000 万元。

(3)假定 Z 公司采用的会计政策和会计期间与 M 公司一致。

(4)M 公司与 Z 公司个别资产负债表如表 5-4 和表 5-5 所示，M 公司与 Z 公司 2010 年度个别利润表的资料见表 5-6。

要求：根据上述资料，编制该企业集团 2010 年合并资产负债表和合并利润表。

表 5-4　资产负债表

编制单位：M公司   2010 年 12 月 31 日   单位：万元

资产	年末余额	年初余额	负债和所有者权益	年末余额	年初余额
流动资产：			流动负债：		
货币资金	1 000	3 000	应付票据	1 000	1 000
应收票据	3 400	3 000	应付账款	3 000	2 000
其中：应收 Z 公司票据	400		预收账款	200	300

续表

资产	年末余额	年初余额	负债和所有者权益	年末余额	年初余额
应收账款	1 800	1 300	其中：预收Z公司账款	100	
其中：应收Z公司账款	475		应付职工薪酬	1 000	2 100
预付账款	770		应交税费	800	1 000
存货	1 000	3 800	流动负债合计	6 000	6 400
其中：向Z公司购入存货	1 000		非流动负债：		
流动资产合计	7 970	11 100	长期借款	2 000	2 000
非流动资产：			应付债券	600	600
持有至到期投资	200	200	非流动负债合计	2 600	2 600
其中：持有Z公司债券	200	200	负债合计	8 600	9 000
可供出售金融资产					
长期股权投资	4 700	1 700			
其中：对Z公司投资	3 000		所有者权益（或股东权益）：		
固定资产	4 100	3 300	实收资本（或股本）	4 000	4 000
其中：向Z公司购入固定资产	300		资本公积	800	800
			盈余公积	1 000	732
无形资产	630	700	未分配利润	3 200	2 468
非流动资产合计	9 630	5 900	所有者权益（或股东权益）合计	9 000	8 000
资产总计	17 600	17 000	负债和所有者权益总计	17 600	17 000

表 5-5　资产负债表

编制单位：Z公司　　　　　　　　2010 年 12 月 31 日　　　　　　　　单位：万元

资产	年末余额	年初余额	负债和所有者权益	年末余额	年初余额
流动资产：			流动负债：		
货币资金	500	300	应付票据	400	300
应收票据	300	100	其中：应付票据M公司	400	
应收账款	1 360	600	应付账款	500	600
预付账款	400		其中：应付M公司账款	500	
其中：预付M公司账款	100		预收账款		50
存货	1 100	2 900	应付职工薪酬	100	350
流动资产合计	3 660	3 900	应交税费	60	200
非流动资产：			流动负债合计	1 060	1 500
持有至到期投资			非流动负债：		
其中：持有Z公司债券			长期借款	650.75	700
可供出售金融资产	800	650.75	应付债券	200	200
长期股权投资			其中：应付M公司债券	200	200
			递延所得税负债	49.25	0
固定资产	2 100	1 349.25	非流动负债合计	900	900

续表

资产	年末余额	年初余额	负债和所有者权益	年末余额	年初余额
无形资产			负债合计	1 960	2 400
			所有者权益(或股东权益):		
非流动资产合计	2 900	2 000	实收资本(或股本)	2 000	2 000
			资本公积	1 600	1 500
			其中:可供出售金融资产公允价值变动	100	
			盈余公积	0	0
			未分配利润	1 000	0
			所有者权益(或股东权益)合计	4 600	3 500
资产总计	6 560	5 900	负债和所有者权益总计	6 560	5 900

表 5-6　利润表(简表)

2010 年度　　　　　　　　　　　　　　单位:万元

项目	M 公司	Z 公司
一、营业收入	8 700	6 300
减:营业成本	4 450	4 570
营业税金及附加	300	125
销售费用	15	10
管理费用	100	12
财务费用	300	90
资产减值损失	25	
加:公允价值变动损益		
投资收益	500	
二、营业利润	4 010	1 493
加:营业外收入		
减:营业外支出	10	
三、利润总额	4 000	1 493
减:所得税费用	1 320	493
四、净利润	2 680	1 000

二、编制过程

第一步,设计合并工作底稿,将 M 公司、Z 公司个别资产负债表和个别利润表的数据过入合并工作底稿,并计算各项目的合计金额(合并工作底稿见表 5-7)。

第二步,按照权益法调整 M 公司对 Z 公司的长期股权投资。在合并工作底稿作调整分录如下(单位:万元):

表5-7 合并工作底稿（资产负债表、利润表部分）

项目	M公司				Z公司	合计金额	抵销分录		少数股东权益	合并金额
	调整前	借方调整	贷方调整	调整后			借方	贷方		
（资产负债表项目）										
流动资产：										
货币资金	1 000			1 000	500	1 500				1 500
应收票据	3 400			3 400	300	3 700		(7) 400		3 300
其中：应收Z公司票据	400			400		400		(7) 400		
应收账款	1 800			1 800	1 360	3 160	(5) 25	(4) 500		2 685
其中：应收Z公司账款	475			475		475	(5) 25	(4) 500		
预付账款	770			770	400	1 170		(6) 100		1 070
其中：预付M公司账款					100	100		(6) 100		
存货	1 000			1 000	1 100	2 100		(10) 200		1 900
其中：向Z公司购入存货	1 000			1 000		1 000		(10) 200		
流动资产合计	7 970			7 970	3 660	11 630	25	1 200		10 455
非流动资产：										
持有至到期投资	200			200		200		(8) 200		0
其中：持有Z公司债券	200			200		200		(8) 200		
可供出售金融资产					800	800				800
长期股权投资	4 700	(1) 800 (2) 80		5 580		5 580		(3) 3 880		1 700
其中：对Z公司投资	3 000	(1) 800 (2) 80		3 880		3 880		(3) 3 880		
固定资产	4 100			4 100	2 100	6 200	(13) 10	(12) 30		6 180

续表

项目	M公司				Z公司	合计金额	抵销分录		少数股东权益	合并金额
	调整前	借方调整	贷方调整	调整后			借方	贷方		
其中：向Z公司购入固定资产	300			300		300	(13) 10	(12) 30		
无形资产	630			630		630				630
商誉							(3) 200			200
非流动资产合计	9 630	880		10 510	2 900	13 410	210	4 110		9 510
资产总计	17 600	880		18 480	6 560	25 040	235	5 310		19 965
流动负债：										
应付票据	1 000			1 000	400	1 400	(7) 400			1 000
其中：应付M公司票据					400	400	(7) 400			
应付账款	3 000			3 000	500	3 500	(4) 500			3 000
其中：应付M公司账款					500	500	(4) 500			
预收账款	200			200		200	(6) 100			100
其中：预收Z公司账款	100			100		100	(6) 100			
应付职工薪酬	1 000			1 000	100	1 100	1 000			1 100
应交税费	800			800	60	860				860
流动负债合计	6 000			6 000	1 060	7 060	1 000			6 060
非流动负债：										
长期借款	2 000			2 000	650.75	2 650.75				2 650.75
应付债券	600			600	200	800	(8) 200			600

续表

项目	M公司				Z公司	合计金额	抵销分录		少数股东权益	合并金额
	调整前	借方调整	贷方调整	调整后			借方	贷方		
其中：应付M公司债券					200	200	(8) 200			
递延所得税负债					49.25	49.25				49.25
非流动负债合计	2 600			2 600	900	3 500	200			3 300
负债合计	8 600			8 600	1 960	10 560	1 200			9 360
所有者权益（股东权益）										
实收资本（股本）	4 000			4 000	2 000	6 000	(3) 2 000			4 000
资本公积	800		(2) 80	880	1 600	2 480	(3) 1 600			880
其中：可供出售金额资产 公允价值变动					100	100				100
盈余公积	1 000			1 000		1 000				1 000
未分配利润	3 200		(1) 800	4 000	1 000	5 000	(3) 1 000 (9) 1 000 (10) 200 (11) 300	(5) 25 (9) 1 000 (11) 270 (12) 10		3 805
少数股东权益									(3) 920	920
所有者权益合计	9 000		880	9 880	4 600	14 480	6 100	1 305	920	10 605
负债及所有者权益总计	17 600		880	18 480	6 560	25 040	7 300	1 305	920	19 965
（利润表项目）										
一、营业收入	8 700			8 700	6 300	15 000	(9) 1 000 (11)3 500 (12) 300			10 200
减：营业成本	4 450			4 450	4 570	9 020	(10) 200	(9) 1 000 (11) 3 500 (12) 270		4 450

续表

项目	M公司 调整前	M公司 借方调整	M公司 贷方调整	M公司 调整后	乙公司	合计金额	抵销分录 借方	抵销分录 贷方	少数股东权益	合计金额
营业税金及附加	300			300	125	425				425
销售费用	15			15	10	25				25
管理费用	100			100	12	112		(13) 10		102
财务费用	300			300	90	390		(14) 20		370
资产减值损失	25			25		25		(5) 25		
加：公允价值变动损益										
投资收益	500		(1) 800	1 300	1 300	1 300	(14) 20 (15) 800			480
二、营业利润	4 010	800		4 810	1 493	6 303	5 820	4 825		5 308
加：营业外收入										
减：营业外支出	10			10		10				10
三、利润总额	4 000		800	4 800	1 493	6 293	5 820	4 825		5 298
减：所得税费用	1 320			1 320	493	1 813				1 813
四、净利润	2 680		800	3 480	1 000	4 480				3 485
归属于母公司所有者的净利润										3 285
少数股东损益									200	200

注：在实际编制合并资产负债表时，未分配利润的金额来自合并股东权益变动表。有关未分配利润的抵销均在合并工作底稿中合并股东权益变动表部分进行抵销处理。在该部分未得出未分配利润的合并金额后，直接转入合并工作底稿中资产负债表部分的"未分配利润"项目。表中画横线部分的数据为合计数。(1)～(15)表示所依据抵销分录的序号。

(1)确认 M 公司在 2010 年 Z 公司实现净利润 1 000 万元中所享有的份额 800 万元（1 000 万元×80%）。

借：长期股权投资——Z 公司　　　　800

　　贷：投资收益——Z 公司　　　　800

(2)对于 Z 公司所有者权益中除留存收益外其他权益变动，在按照权益法调整时，应确认 M 公司在 2010 年 Z 公司除净损益以外所有者权益的其他变动中所享有的份额 80 万元（资本公积的增加额 100 万元×80%），调整长期股权投资的账面价值，同时调整 M 公司的资本公积。

借：长期股权投资——Z 公司　　　　　　　80

　　贷：资本公积——其他资本公积　　　　　80

(1)～(2)项调整分录也可合并为

借：长期股权投资——Z 公司　　　　880

　　贷：投资收益——Z 公司　　　　　800

　　　资本公积——其他资本公积　　　80

第三步，编制抵销分录，将 M 公司与 Z 公司之间的内部交易对合并资产负债表及合并利润表的影响予以抵销。下面结合 M 公司和 Z 公司实际业务在合并工作底稿中编制抵销分录。

1. 长期股权投资项目与子公司所有者权益项目的抵销处理

按权益法调整后，M 公司对 Z 公司长期股权投资的金额为 3 880 万元，与其在 Z 公司股东权益总额中所享有的金额 3 680 万元（4 600 万元×80%）之间的差额 200 万元，应当作为商誉处理，另外 20% 的部分，即 920 万元属于少数股东权益，其抵销分录如下（单位：万元）：

(3)借：股本　　　　　　　　　2 000

　　　资本公积　　　　　　　1 600

　　　盈余公积　　　　　　　　　0

　　　年初未分配利润　　　　1 000

　　　商誉　　　　　　　　　　200

　　　贷：长期股权投资　　　　　3 880

　　　　　少数股东权益　　　　　920

2. 内部债权与债务项目的抵销处理

从 M 公司 2010 年个别资产负债表（表5-4）中可知，应收账款中的 475 万元为 2010 年向 Z 公司销售商品发生的应收账款的净值（该项应收账款的账面价值为 500 万元，M 公司对该笔应收账款计提了坏账准备 25 万元）。从 Z 公司 2010 年个别资产负债表（表5-5）中可知，应付账款 500 万元系 2010 年向 M 公司购进商品存货发生的应付购货款。对此编制抵销分录如下（单位：万元）：

(4)借：应付账款　　　　　　　500

　　　贷：应收账款　　　　　　　500

（5）借：应收账款——坏账准备　　　　　25

　　　贷：资产减值损失　　　　　　　　　25

从 M 公司和 Z 公司 2010 年个别资产负债表（表 5-4 和表 5-5）中可知，M 公司预收账款中的 100 万元为 Z 公司预付账款；应收票据中的 400 万元为 Z 公司应付票据；Z 公司应付债券 200 万元为 M 公司所持有。对此应编制如下抵销分录（单位：万元）：

　（6）借：预收账款　　　　　　　　　　100

　　　　贷：预付账款　　　　　　　　　　100

　（7）借：应付票据　　　　　　　　　　400

　　　　贷：应收票据　　　　　　　　　　400

　（8）借：应付债券　　　　　　　　　　200

　　　　贷：持有至到期投资　　　　　　　200

3. 内部商品交易的抵销处理

2010 年 Z 公司向 M 公司销售商品 1 000 万元，销售成本为 800 万元。M 公司购进后当年年底全部未实现对外销售形成期末存货。对此进行如下抵销处理（单位：万元）：

　（9）借：营业收入　　　　　　　　　　1 000

　　　　贷：营业成本　　　　　　　　　　1 000

　（10）借：营业成本　　　　　　　　　　200

　　　　 贷：存货　　　　　　　　　　　200

2010 年 M 公司个别利润表的营业收入中有 3 500 万元，系向 Z 公司销售产品取得的销售收入，销售成本为 3 000 万元。Z 公司在本期将该产品全部售出，取得销售收入 5 000 万元。对此编制抵销分录如下（单位：万元）：

　（11）借：营业收入　　　　　　　　　　3 500

　　　　 贷：营业成本　　　　　　　　　　3 500

4. 内部交易形成固定资产的抵销处理

2010 年 Z 公司以 300 万元的价格将其生产的产品销售给 M 公司，成本为 270 万元。M 公司购入作为管理用固定资产使用，按 300 万元的原价入账，并按 3 年的使用寿命采用年限平均法计提折旧，预计净残值为零（假定 M 公司对该项固定资产按 12 个月计提折旧）。对此编制抵销分录如下（单位：万元）：

　（12）借：营业收入　　　　　　　　　　3 000

　　　　 贷：营业成本　　　　　　　　　　270

　　　　　 固定资产——原价　　　　　　　30

（13）抵销该固定资产当期多计提的折旧额 10 万元。

借：固定资产——累计折旧　　　　　10

　　贷：管理费用　　　　　　　　　　10

5. 内部投资收益的抵销处理

2010 年 Z 公司向 M 公司应支付的债券利息总额为 20 万元。对此编制抵销分录如下（单位：万元）：

(14)借：投资收益   20

    贷：财务费用   20

根据 Z 公司个别利润表(表 5-6)可知，2010 年度 Z 公司实现净利润 1 000 万元。M 公司按权益法确认的对 Z 公司本期投资收益为 800 万元(1 000 万元×80%)，Z 公司本期少数股东损益为 200 万元(1 000 万元×20%)。假设 Z 公司年初未分配利润为零，Z 公司本期尚未进行利润分配。应编制抵销分录如下(单位：万元)：

(15)借：投资收益   800

      少数股东损益   200

      年初未分配利润   0

    贷：提取盈余公积   0

      应付股利   0

      年末未分配利润   1 000

最后，根据合并工作底稿的合并金额，编制该企业集团 2010 年合并资产负债表(表 5-8)和合并利润表(表 5-9)。

表 5-8 合并资产负债表

编制单位：M 公司   2010 年 12 月 31 日   单位：万元

资产	行次	年末余额	年初余额	负债和所有者权益(或股东权益)	行次	年末余额	年初余额
流动资产：				流动负债：			
货币资金		1 500		短期借款			
结算备付金				向中央银行借款			
拆出资金				吸收存款及同业存放			
交易性金融资产				拆入资金			
应收票据		3 300		交易性金融负债			
应收账款		2 685		衍生金融负债			
预付账款		1 070		应付票据		1 000	
发放短期贷款				应付账款		3 000	
应收保费				预收账款		100	
应收分保账款				卖出回购金融资产款			
应收股利				应付职工薪酬		1 100	
应收利息				应付股利			
其他应收款				应付利息			
买入返售金融资产				应交税费		860	
存货		1 900		其他应付款			
一年内到期的非流动资产				未到期责任准备金			
其他流动资产				保险责任准备金			

续表

资产	行次	年末余额	年初余额	负债和所有者权益（或股东权益）	行次	年末余额	年初余额
流动资产合计		10 455		代理买卖证券款			
非流动资产：				代理承销证券款			
发放长期贷款				一年内到期的非流动负债			
持有至到期投资		0		预计负债			
可供出售金额资产		800		递延收益			
长期股权投资		1 700		其他流动负债			
投资性房地产				流动负债合计		6 060	
长期应收款				非流动负债：			
存出法定准备金				长期借款		2 650.75	
固定资产		6 180		应付债券		600	
在建工程				长期应付款			
工程物资				专项应付款			
固定资产清理				递延所得税负债		49.25	
生产性生物资产				其他长期负债			
油气资产				非流动负债合计		3 300	
无形资产		630		负债合计		9 360	
开发支出				所有者权益（或股东权益）：			
商誉		200		实收资本（或股本）		4 000	
长期待摊费用				资本公积		880	
递延所得税资产				盈余公积		1 000	
其他长期资产				一般风险准备			
非流动资产合计		9 510		未分配利润		3 805	
				减：库存股			
				外币报表折算差额			
				少数股东权益		920	
				所有者权益（或股东权益）合计		10 605	
资产总计		19 965		负债和所有者权益（或股东权益）总计		19 965	

表 5-9　合并利润表

编制单位：M公司　　　　　　　　2010 年度　　　　　　　　　单位：万元

项目	行次	本年余额	上年金额
一、营业收入		10 200	
利息收入			
已赚保费			
手续费及佣金收入			
二、营业总成本			
其中：营业成本		4 450	
利息支出			
手续费用佣金支出			
退保金			
赔付支出净额			
提取保险合同准备金净额			
保单红利支出			
分保费用			
营业税金及附加		425	
销售费用		25	
管理费用		102	
财务费用(收益以"一"号填列)		370	
资产减值损失			
加：公允价值变动净收益(净损失以"一"号填列)			
投资收益(损失以"一"号填列)		480	
汇兑收益(损失以"一"号填列)			
三、营业利润(亏损总额以"一"号填列)		5308	
加：营业外收入			
减：营业外支出		10	
四、利润总额(亏损总额以"一"号填列)		5 298	
减：所得税费用		1 813	
五、净利润(净亏损以"一"号填列)		3 485	
（一）归属于母公司所有者的净利润		3 285	
（二）少数股东损益		200	
六、每股收益			
基本每股收益			
稀释每股收益			

第七节　合并财务报表分析应注意的问题

　　无论是个别财务报表还是合并财务报表都反映企业财务状况、经营成果和现金流量情况，所以，在分析时，合并财务报表与个别财务报表的分析在原理和方法上基本相同，在此不再赘述。但是，由于合并财务报表本身有区别于个别财务报表的特殊经济本质，在分析时，应注意以下一些问题。

一、合并财务报表与个别财务报表的本质差异

由于个别财务报表反映的是单个企业法人的财务状况、经营成果和现金流量，不能有效反映整个企业集团的会计信息。而合并财务报表是在统一母、子公司会计政策的前提下，由母公司以纳入合并范围的企业个别财务报表为基础，根据其他有关资料，按照权益法调整对子公司的长期股权投资后，抵销母公司与子公司、子公司相互之间发生的内部交易对合并财务报表的影响，然后按照合并财务报表的项目要求合并个别财务报表的各个项目的数据而编制的，基本消除了对集团资产、收益、负债和现金流量的虚估，能够为集团的利益相关者提供诸多决策所需的增量信息。

合并财务报表虽然提供了资产、利润等方面的资料，但是由于运用这些资产是特定法律主体的权利，作为母公司，并不能直接地运用和处置这些法律主体的资产，这也与个别财务报表中反映的资产运用能力存在重大差异。同样，合并利润表中的利润也不是母公司的利润，还包括子公司的利润。但子公司的利润在未经股利分配前是不能由母公司支配的，也并非母公司现实拥有的。

由于合并财务报表是以个别财务报表为基础编制而成的，在进行合并财务报表分析时，应结合母公司和子公司的个别财务报表来进行分析，掌握其对合并财务报表数据的影响，充分认识这些信息所具有的局限性，以对企业集团的财务状况、经营成果和现金流量情况有一个较为客观的分析和判断。

二、合并财务报表与个别财务报表在项目上的差异

合并财务报表与个别财务报表在项目上存在差异，在合并财务报表分析中也应当加以注意。在合并资产负债表中，与个别资产负债表相比，其有三个不同的项目，即商誉、少数股东权益和外币报表折算差额。

(1)商誉项目。该项目是长期投资(包括股权投资和债权投资)的调整项目。当合并价差是由长期股权投资产生时，反映母公司对子公司权益性资本投资数额与子公司所有者权益总额中母公司所拥有的份额抵销时所形成的差额。如为借方余额，表示母公司对子公司权益性资本投资额大于子公司所有者权益中母公司所拥有的份额；如为贷方余额，表示母公司对子公司权益性资本投资额小于子公司所有者权益中母公司所拥有的份额。一般情况下，合并价差主要是集团内成员企业通过集团外的交易所产生的。

(2)少数股东权益项目。该项目是在负债和所有者权益之间单列的一个项目，反映除母公司以外的其他投资者在子公司的权益，表示其他投资者在子公司所有者权益中所拥有的份额。它具有特别的性质，既不是母公司的债务，又不是母公司的股权，只是在数量上等于子公司的所有者权益与少数股东持股比例的乘积，视同为对少数股东的负债。

(3)外币报表折算差额项目。我国会计制度规定，对以外币表示的会计报表进行折

算时，所有资产、负债类项目都必须按照合并财务报表决算日的市场汇率折算为母公司记账本位币；权益类项目，除未分配利润外，均按照发生时的市场汇率折算为母公司记账本位币，折算后资产类项目与负债类和所有者权益类项目合计数的差额，作为"外币报表折算差额"在未分配利润项目后单独列示。

在合并利润表中，与个别利润表不同的项目有两个，即"归属于母公司所有者的净利润"和"少数股东损益"。

三、合并财务报表与个别财务报表在分析指标上的差异

1. 偿债能力分析

企业集团只是一个经济实体，而不是独立的法律主体。债权人是相对于独立的法人主体而言的，每个公司的债权人只能针对法人财产行使求偿权。因此，母、子公司的债权人进行偿债能力分析时应主要依据个别财务报表数据，在此基础上综合考虑合并财务报表数据和集团的资金管理与控制政策，以做出正确的信贷决策。

由于企业集团成员间存在各自的利益取向，即使母公司控制着子公司的财务决策权，也不可能不顾公司中少数股东的利益任意在企业集团内部无偿划拨资金，合并流动比率不能简单地等同于所有母、子公司流动比率的加权平均。母、子公司的偿债能力是相对独立的，债权人首先要考虑母、子公司之间转移现金的能力和这个过程的时间，同时还要进一步考虑内部交易或事项的抵销对流动资产和流动负债的影响，企业集团内部债权债务的抵销和未实现内部损益的抵销对合并短期偿债能力指标的数值影响是双向的，需要根据内部交易情况具体评估。

2. 营运能力分析

在进行企业集团整体营运能力分析时，应具体情况具体分析。如果企业合并是横向合并，即母、子公司所从事的经营活动性质相同，合并营运能力指标能够真实反映集团各项资源运用对外实现的运转效率，对于评估集团资源的运用效率是客观的；如果企业合并是纵向合并或混合合并，即为了分散经营风险，企业集团采用多元化经营方式，合并财务报表可能掩盖不同地区、不同行业企业之间资产的周转效率和经营风险水平的差异。特别是各个行业的财务指标的衡量标准不同，个别财务报表合并后，便会使得合并财务报表财务分析和财务预测的意义大大削弱。因此，在企业集团跨行业经营的情况下，更应针对企业集团的各成员单位具体分析。

另外，合并财务报表中许多项目是在抵销集团内部往来业务后得出的金额，这也给集团营运能力分析带来一定的困难。如果集团公司内部交易占它们各自交易量的较大比重，抵销后的周转额代表整个集团对外完成周转的存货或流动资产规模，与集团内单一公司完成的周转额并不相同，后者会随中间环节的增多而增大，因而合并营运能力指标有可能虚假地反映出周转速度的加快。

3. 盈利能力分析

企业集团作为一个整体，其合并财务报表解决了集团内部交易重复计算的问题，能较个别财务报表更真实地反映出企业集团的整体经营成果和盈利能力。例如，母公司

个别利润表中有 1 200 万元是向子公司销售商品取得的营业收入，该批商品的销售成本为 800 万元，当期已全部实现对外销售。母、子公司和企业集团的营业利润率见表 5-10。

表 5-10　营业利润计算表

单位：万元

项目	母公司	子公司	抵销分录	合并利润表
营业收入	2 500	2 000	1 200（借）	3 300
营业成本	2 000	1 500	1 200（贷）	2 300
营业利润	500	500		1 000
营业利润率	20%	25%		30.3%

从表 5-10 中可以看出，母、子公司营业利润之和与企业集团营业利润总额的绝对值相等，但母、子公司营业利润率之和大于合并营业利润率。这是由内部交易产生的营业收入在母、子公司进行重复计算所导致的。因此，合并财务报表是解读企业集团盈利能力的有效工具。

同时还应注意对合并财务报表的利润构成和利润质量加以分析。在企业集团跨行业经营的情况下，利润构成是盈利能力分析需要关注的重点。例如，零售贸易集团编制合并财务报表时，将其下属的房地产销售收入和利润都并入合并财务报表的营业收入、营业利润项目中，可能会使合并财务报表营业收入、营业利润看起来比较乐观，但它实际上已不再反映母公司的主业经营情况，而是反映母公司占控股地位的投资项目的经营情况（当然也存在着相反的情况）。此外，从现金流量的角度评价企业集团的利润质量也有重要意义，分析会计收益与现金流量的比例关系，关注母、子公司之间转移现金的能力，有助于更好地反映企业集团的收益质量。

4. 成长能力分析

成长能力是指企业集团未来的发展趋势和发展速度。反映成长能力的指标主要有销售收入增长率、净利润增长率、股东权益增长率。企业集团的发展能力是由其内部所有成员有机结合所形成的合力决定的，因此在分析企业集团未来发展能力时，一方面必须从企业集团整体的资产结构、融资能力、盈利能力、发展潜力等方面出发进行综合考核，另一方面要关注数值的高低并结合趋势分析法挖掘深层次的原因。例如，合并销售收入增长率较高不足以说明企业发展趋势良好，还要了解销售增长的原因，并结合可比期间的数据进行趋势分析，才能判断企业集团产品的市场占有率是否持续、稳定上升。

此外，在合并会计报表分析中还应注意合并会计报表附注所披露的事项，这样才能全面、准确地了解集团的生产经营情况，对集团的财务状况和经营成果做出准确判断。

第六章

会计报表附注及其分析

第一节　会计报表附注概述

一、会计报表附注的含义

会计报表附注也称财务报表附注，是对资产负债表、利润表、现金流量表和所有者权益变动表等报表中列示项目的文字描述或明细资料，以及对未能在这些报表中列示项目的说明等，可以使报表使用者全面了解企业的财务状况、经营成果和现金流量。它是对会计报表的补充说明，是财务报告体系的重要组成部分。随着经济环境的复杂化以及人们对相关信息要求的提高，附注在整个报告体系中的地位日益突出。

由于会计报表中所反映的内容具有一定的固定性和规定性，只能提供定量的会计信息，其所反映的会计信息受到一定的限制。因此，通过编制会计报表附注可以对会计报表本身无法或难以充分表达的内容作进一步的补充说明，有助于会计报表使用者更完整地了解和使用信息。会计报表附注是会计报表的重要组成部分，是为便于使用者理解会计报表的内容而对其编制依据、原则和方法及主要项目等所做的解释。

根据《企业财务会计报告条例》规定，年度、半年的财务会计报告应当包括会计报表、会计报表附注、财务情况说明书，对于季度、月度财务报告，除了国家统一会计制度规定之外，通常仅指会计报表。

二、会计报表附注的特征

1. 附属性

会计报表与附注之间存在一个主次关系：会计报表是根，附注处于从属地位。没有会计报表的存在，附注就失去了依靠，其功能也就无处发挥；而没有附注恰当的延伸、说明，会计报表的功能就难以有效地实现。两者相辅相成，形成一个完善的有机整体。

2. 解释性

会计报表项目是被高度浓缩的会计信息，且由于经济业务的复杂性和企业在编制会计报表时可能选择了不同的会计政策，企业需要通过会计报表附注对会计报表的编制基础、编制依据、编制原则和方法及主要事项等进行解释，以此增进会计信息的可理解性，同时使不同企业的会计信息的差异更具可比性，便于进行对比分析。

3. 补充性

会计报表附注拓展了企业会计信息的内容，打破了三张主要报表内容必须符合会计要素的定义，又必须同时满足相关性和可选择性的限制，突破了揭示项目必须用货币加以计量的局限性。通过报表附注的文字说明，辅以某些统计资料或定性信息，可弥补财务信息的不足，从而能全面反映企业面临的机会与风险，将企业价值充分体现出来，保证了信息的完整性，进而有助于信息使用者做出最佳的决策。

4. 针对性

会计报表附注除了解释和补充说明会计报表内容外，还要对其加以分析、评价，并有针对性地提出一些改进工作的建议、措施。如通过市场占有率、投入产出等信息，管理当局可以了解本企业在同行业中的地位，发现自己的优势与不足，从而采取措施改进企业经营管理，提高生产效率和产品质量，扩大产品的市场占有率。此外，在附注中通过自愿披露企业在安排就业、员工培训、社区服务、环境治理等方面的信息，有助于树立企业的良好形象，促进企业健康发展。

三、会计报表附注的作用

会计报表附注的重要意义在于：提高会计信息的质量；增进会计信息的可理解性；提高会计信息的可比性；体现会计信息的完整性；帮助使用者了解重要的信息。具体地说，会计报表附注主要起到以下几个方面的作用。

1. 提高会计信息的相关性和可靠性

会计信息既要相关又要可靠，相关性和可靠性是会计信息的两个基本质量特征。由于财务会计本身的局限，相关性和可靠性的选择犹如鱼与熊掌的选择，很多时候都是不可兼得的。但是，会计报表附注披露可以在不降低会计信息可靠性的前提下提高信息的相关性，如或有事项的处理。或有事项由于发生的不确定性而不能直接在主表中进行确认，但等到完全可靠或基本能够预期的时候，又可能因为及时性的丧失而损伤了信息的相关性。为此，可以通过在会计报表附注中进行披露，揭示或有事项的类型和影响，以此来提高信息的相关性。

2. 增强不同行业和行业内部不同企业之间信息的可比性

会计信息是由多种因素综合促成的，经济环境的不确定性、不同行业的不同特点，以及各个企业前后各期情况的变化，都会降低不同企业之间会计信息的可比性，以及企业前后各期会计信息的一贯性。会计报表附注可以通过披露企业的会计政策和会计估计的变更等情况，向投资者传递相关信息，使投资者能够"看透"会计方法的实质，而不被会计方法所误导。会计报表是依据会计准则编制而成的，而会计准则在许多方面规定了可供选择的多种会计政策，企业可结合本行业的特点及其具体情况加以选择，这就导致了不同行业或同一行业的不同企业之间所提供的会计信息之间的差异。此外，由于企业经营环境的变化，企业有可能需要在遵循会计准则的前提条件下，变更会计政策，这就要求企业在会计报表附注中说明变更的情况、变更的原因及变更的影响，以使本企业前后期及同行业不同企业之间的会计信息具有可比性。

3. 突出重要的会计信息

会计报表中所含有的会计信息很多，内容繁杂，会计报表使用者可能抓不住重点，对其中的重要会计信息了解不够全面。通过会计报表附注，可将会计报表中的重要会计信息进一步予以分解说明，帮助会计报表使用者了解哪些是重要的会计信息，在经济决策中加以考虑。

4. 增强财务报告体系的灵活性

会计报表由于其固有的格式、项目和填列方法，使得表内信息并不能完整地反映一个企业的综合素质。而报表附注相对来说比较灵活，可以弥补表内信息的局限性，使表内信息更容易理解，更加相关。具体说来，由于财务会计在确认计量上有严格的标准，一些与决策相关的信息不能进入会计报表，忽视它们的存在，势必会影响使用者做出正确的决策。而对报表附注目前尚无统一的规范，其可以借助于多种计量手段、计量属性及不同的格式，将那些无法进入表内的信息加以适当的披露，这有利于完整反映企业生产经营的全貌，提高财务报告体系的总体水平和层次。

经济环境的日新月异，使得会计标准的制定往往落后于会计实务的发展，原有的会计报表模式也不免过时。为满足人们对决策有用信息的需求，就需要不断地对会计报表的内容和体系进行相应的变革。其可以依靠新会计制度和会计准则的出台予以重新规范和指导，但这一过程往往费时费力，而且不利于保证财务信息的一贯性和可靠性。因此，借助会计报表附注和其他报告形式，增加表外信息披露，可以在保持原有报告模式的基础上对其进行完善和改进，其已成为人们普遍接受的一种改革方式。

尽管会计报表附注在许多方面均具有重要的作用，但会计报表附注也存在一定的局限性，主要包括：会计报表附注没有会计报表本身直观；由于各个企业经营业务和经营环境的差别，很难规范会计报表附注的编制与披露；会计报表附注的编制具有较大的随意性，因而往往会存在滥用会计报表附注的危险。

四、会计报表附注的形式

会计报表附注的编制应运用灵活多样的形式。会计报表附注一般有尾注说明、括弧说明、脚注说明、补充说明四种形式，企业在编制过程中可以根据实际说明情况加以选择。

首先，在计量手段上，采用货币与非货币相结合的方式。报表附注的发展趋势是将非财务信息以及不能在会计报表内列示的信息纳入其中，而这些信息如人力资源、社会责任等，在实际中往往难以货币化，应借助于其他一些非货币手段进行充分说明。

其次，在计量属性上，允许多种形式并存。会计报表沿用的是以交易价格为基础的历史成本计量属性，随着市场一体化进程的加快，其已逐渐暴露出局限性，而公允价值以其所具备的客观性将受到越来越多的认同，因此针对不同的项目，可以考虑在附注中以公允价值予以补充披露。另外，在编制格式上，可以借助旁注、脚注和附表等各种形式。

五、会计报表附注披露的顺序

附注一般应当按照下列顺序披露：

(1)会计报表的编制基础。

(2)遵循《企业会计准则》的声明。

(3)重要会计政策的说明，包括会计报表项目的计量基础和会计政策的确定依据等。

(4)重要会计估计的说明，包括下一会计期间内很可能导致资产、负债账面价值重大调整的会计估计的确定依据等。

(5)会计政策和会计估计变更以及差错更正的说明。

(6)对已在资产负债表、利润表、现金流量表和所有者权益变动表中列示的重要项目的进一步说明，包括终止经营税后利润的金额及其构成情况等。

(7)或有和承诺事项、资产负债表日后非调整事项，以及关联方关系及其交易等需要说明的事项。

此外，企业应当在附注中披露在资产负债表日后、财务报告批准报出日前提议或宣布发放的股利总额和每股股利金额(或向投资者分配的利润总额)。

下列各项未在与会计报表一起公布的其他信息中披露的，企业应当在附注中披露：

(1)企业注册地、组织形式和总部地址。

(2)企业的业务性质和主要经营活动。

(3)母公司以及集团最终母公司的名称。

本章将在后面三节中详细介绍会计政策和会计估计变更以及差错更正、关联方关系及其交易、资产负债表日后事项等内容。

第二节　会计政策、会计估计变更和会计差错更正披露与分析

一、会计政策变更

(一)会计政策变更的含义

1. 会计政策的概念

会计政策，是指企业在会计确认、计量和报告中所采用的原则、基础和会计处理方法。企业采用的会计计量基础(也称会计计量属性)也属于会计政策。

企业应当在会计准则允许采用的会计政策中选择适当的会计政策，并正确地运用所选定的会计政策进行相关交易或事项的确认、计量和报告。按照我国《企业会计准则》的规定，企业应当在报表附注中披露其所采用的会计政策的主要内容。

企业在会计核算中所采用的会计政策，通常应在报表附注中加以披露，需要披露的会计政策项目主要有以下几项：

(1)会计报表的编制基础、计量基础和会计政策的确定依据等。

(2)合并政策，是指编制合并会计报表所采纳的原则。例如，母公司与子公司的会计年度不一致时的处理原则；合并范围的确定原则；母公司和子公司所采用会计政策不一致时的处理原则；等等。

(3)外币折算，是指外币折算所采用的方法以及汇兑损益的处理。例如，外币报表折算是采用现行汇率法，还是采用时态法或其他方法；发生的外币业务汇兑损益是计入发生当期的费用，还是资本化计入所购建固定资产的成本。

(4)收入的确认，是指收入确认的原则。例如，建造合同是按完成合同法确认收入还是按完工百分比法或其他方法确认收入。

(5)存货的计价，是指企业存货的计价方法。例如，企业发出和领用的存货是采用先进先出法还是采用国家统一的会计制度所允许的其他计价方法；存货的期末计价是采用历史成本法，还是采用成本与可变现净值孰低法。

(6)长期股权投资的核算，是指长期股权投资的具体会计处理方法。例如，企业对被投资单位的长期股权投资是采用成本法，还是采用权益法核算。

(7)坏账损失的核算，是指坏账损失的具体会计处理方法。例如，企业的坏账损失是采用直接转销法，还是采用备抵法进行核算。

(8)借款费用的处理，是指借款费用的处理方法，即是采用资本化，还是采用费用化。

2. 会计政策变更的概念

会计政策变更是指企业对相同的交易或事项由原来采用的会计政策改用另一会计政策的行为。为保证会计信息的可比性，使财务报告使用者在比较企业一个以上会计期间的会计报表时，能够正确判断企业的财务状况、经营成果和现金流量的趋势，一般情况下，企业在不同的会计期间应采用相同的会计政策，不应也不能随意变更会计政策；否则，势必削弱会计信息的可比性，使财务报告使用者在比较企业的经营成果时发生困难。

企业不能随意变更会计政策并不意味着企业的会计政策在任何情况下均不能变更。《企业会计准则——基本准则》规定，企业提供的会计信息应当具有可比性。同一企业不同时期发生的相同或者相似的交易或事项，应当采用一致的会计政策，不得随意变更。确需变更的，应当将变更的情况、变更的原因及其对企业财务状况和经营成果的影响，在财务报告附注中说明。不同企业发生的相同或相似的交易或事项，应当采用规定的会计政策，确保会计信息口径一致，相互可比。

（二）会计政策变更的条件

会计政策变更，并不意味着以前期间的会计政策是错误的，只是由于情况发生了变化，或者掌握了新的信息、积累了更多的经验，变更会计政策能够更好地反映企业的财务状况、经营成果和现金流量。如果以前期间会计政策的选择和运用是错误的，则属于前期差错，应按前期差错更正的会计处理方法进行处理。

在我国，按现行会计准则和会计制度的规定，只有在符合下列两个条件之一的情况下，企业可以变更会计政策。

（1）法律、行政法规或国家统一的会计制度等要求变更。这种情况是指按照法律、行政法规以及国家统一的会计制度的规定，要求企业采用新的会计政策。在这种情况下，企业应按规定改变原会计政策，采用新的会计政策。例如，《企业会计准则第 16号——政府补助》发布实施以后，对政府补助的确认、计量和相关信息的披露应采用新的会计政策；又如，实施《企业会计准则第 8 号——资产减值》的企业，对固定资产、无形资产等计提的资产减值准备不得转回。

（2）会计政策的变更能够使所提供的企业财务状况、经营成果和现金流量信息更可靠、更相关。这种情况是指由丁经济环境、客观情况的改变，企业原来采用的会计政策所提供的会计信息，已不能恰当地反映企业的财务状况、经营成果和现金流量等情况。在这种情况下，应改变原有会计政策，按新的会计政策进行核算，以对外提供更可靠、更相关的会计信息。

需要注意的是，除法律、行政法规或者国家统一的会计制度等要求变更会计政策应当按照规定执行和披露外，企业因满足上述第（2）条的条件变更会计政策时，必须有充分、合理的证据表明其变更的合理性，并说明变更会计政策后，能够提供关于企业财务状况、经营成果和现金流量等更可靠、更相关的会计信息的理由。对会计政策的变更，应经股东大会或董事会等类似机构批准。如无充分、合理的证据表明会计政策变更的合理性或者未经股东大会等类似机构批准擅自变更会计政策的，或者连续、反复地自行变更会计政策的，视为滥用会计政策，按照前期差错更正的方法进行处理。

对会计政策变更的认定，直接影响到会计处理方法的选择。实务中，企业应当分清哪些属于会计政策变更，哪些不属于会计政策变更。下列两种情况不属于会计准则所定义的会计政策变更。

（1）对初次发生的或不重要的交易或事项采用新的会计政策。对初次发生的某类交易或事项采用适用的会计政策，并没有改变原来的会计政策，因而不属于会计政策变更。例如，企业以前没有对外长期股权投资业务，当年对外进行长期股权投资，属于初次发生交易，企业采用成本法或权益法进行核算，并不属于会计政策变更。又如，某企业原在生产经营过程中使用少量的低值易耗品，并且价值较低，故企业于领用低值易耗品时一次计入费用；该企业于近期转产，生产新的产品，所需低值易耗品比较多，且价值较大，企业对领用的低值易耗品的处理方法改为以分期摊销的方法计入费用。该企业改变低值易耗品处理方法后，对损益的影响并不大，并且低值易耗品通常在企业生产经营中所占的比例不大，属于不重要的事项，因而不属于会计准则所定义的会计政策变更。

(2)本期发生的交易或事项与以前相比具有本质区别，因而采用新的会计政策。例如，某企业以往租入的设备均为临时需要而租入的，企业按经营租赁会计处理方法核算，但自本年度起租入的设备均采用融资租赁方式，则该企业自本年度起对新租赁的设备采用融资租赁会计处理方法核算。该企业原租入的设备均为经营租赁，本年度起租赁的设备均改为融资租赁，由于经营租赁和融资租赁有着本质差别，因而改变会计政策不属于会计政策变更。

(三)会计政策变更的会计处理

(1)企业依据法律、行政法规或者国家统一的会计制度等的要求变更会计政策的，应当按照国家相关规定执行。

例如，财政部发布并于 2007 年 1 月 1 日执行的《企业会计准则第 38 号——首次执行企业会计准则》对首次执行《企业会计准则》涉及长期股权投资的会计调整作了如下规定：

第一，根据《企业会计准则第 20 号——企业合并》属于同一控制下企业合并产生的长期股权投资，尚未摊销完毕的股权投资差额应全额冲销，并调整留存收益，以冲销股权投资差额后的长期股权投资账面余额作为首次执行日的认定成本。

第二，除上述第一条以外的其他采用权益法核算的长期股权投资，存在股权投资贷方差额的，应冲销贷方差额，调整留存收益，并以冲销贷方差额后的长期股权投资账面余额作为首次执行日的认定成本；存在股权投资借方差额的，应当将长期股权投资的账面余额作为首次执行日的认定成本。

(2)会计政策变更能够提供更可靠、更相关的会计信息的，应当采用追溯调整法处理，对于会计报表可比期间以前的会计政策变更的累积影响数，应调整会计报表最早期间的期初留存收益，其他相关项目的期初余额和列报前期披露的其他比较数据也应当一并调整，但确定该项会计政策变更累积影响数不切实可行的除外。

追溯调整法，是指对某项交易或事项变更会计政策视同该项交易或事项初次发生时即采用变更后的会计政策，并以此对会计报表相关项目进行调整的方法。

追溯调整法的运用通常由以下几步构成：

第一，计算会计政策变更累积影响数。会计政策变更累积影响数，是指按照变更后的会计政策对以前各期追溯计算的列报前期最早期初留存收益应有金额与现有金额之间的差额。会计政策变更累积影响数，是假设与会计政策变更相关的交易或事项在初次发生时即采用新的会计政策而得出的列报前期最早期初留存收益应有的金额与现有的金额之间的差额。这里的留存收益，包括当年和以前年度的未分配利润和按照相关法律规定提取并累积的盈余公积。会计政策变更累积影响数，是变更会计政策所导致的对净损益的累积影响，以及由此导致的对利润分配及未分配利润的累积影响金额，不包括分配的利润或股利。例如，由于会计政策变化，增加了以前期间可供分配的利润，该企业通常按净利润的 20% 分派现金股利。但在计算调整会计政策变更当期期初的留存收益时，不应当考虑由于以前期间净利润的变化而需要分派的现金股利。

　　上述变更会计政策当期期初现有的留存收益金额，即上期资产负债表所反映的留存收益期末数，可以从上期资产负债表项目中获得。追溯调整后的留存收益金额是指扣除所得税后的净额，即按新的会计政策计算确定留存收益时，应当考虑由损益变化所导致的补记所得税或减征所得税的情况。

　　会计政策变更的累积影响数，通常可以通过以下各步计算获得：①根据新的会计政策重新计算受影响的前期交易或事项；②计算两种会计政策下的差异；③计算差异的所得税影响金额；④确定前期中每一期的税后差异；⑤计算会计政策变更的累积影响数。

　　第二，相关的账务处理。

　　第三，调整报表相关项目。

　　第四，报表附注说明。

　　采用追溯调整法时，会计政策变更累积影响数应包括在变更当期期初留存收益中。如果提供可比会计报表，对于比较会计报表期间的会计政策变更，应调整各期间净损益各项目和会计报表其他相关项目，视同该政策在比较会计报表期间一直采用。对于比较会计报表可比期间以前的会计政策变更累积影响数，应调整比较会计报表最早期间的期初留存收益，会计报表其他相关项目的数据也应一并调整。

　　【例 6-1】　2007 年 1 月 1 日，新华股份有限公司按照《企业会计准则》规定，对建造合同的收入确认由完成合同法改为按完工百分比法，公司保存的会计资料比较齐备，可以通过会计资料追溯计算。税法按完工百分比法计算收入并计入应纳税所得额。该公司按净利润的 10% 提取法定盈余公积。两种方法计算的税前会计利润见表 6-1（2008 年 1 月 1 日以前该公司适用的所得税税率均为 33%）。

表 6-1　不同方法确认的建造合同税前会计利润　　　　单位：元

年度	完工百分比法	完成合同法
2003 年以前	2 000 000	1 500 000
2003 年	1 200 000	1 000 000
2004 年	900 000	1 200 000
2005 年	1 000 000	800 000
2006 年	1 300 000	1 100 000
2007 年	1 500 000	1 600 000

　　根据上述资料，该股份有限公司的会计处理如下：

　　第一，计算改变建造合同收入确认方法后的累积影响数，见表 6-2。

表 6-2　改变建造合同收入确认方法后的累积影响数　　　　单位：元

年度	完工百分比法	完成合同法	税前差异	所得税影响	税后差异
2003 年以前	2 000 000	1 500 000	500 000	165 000	335 000
2003 年	1 200 000	1 000 000	200 000	66 000	134 000

续表

年度	完工百分比法	完成合同法	税前差异	所得税影响	税后差异
2004 年	900 000	1 200 000	−300 000	−99 000	−201 000
2005 年	1 000 000	800 000	200 000	66 000	134 000
2006 年	1 300 000	1 100 000	200 000	66 000	134 000
小计	6 400 000	5 600 000	800 000	264 000	536 000
2007 年	1 500 000	1 600 000	−100 000	−33 000	−67 000
总计	7 900 000	7 200 000	700 000	231 000	469 000

新华股份有限公司在 2007 年以前按完工百分比法计算的税前利润为 6 400 000 元，按完成合同法计算的税前利润为 5 600 000 元，两者的所得税影响合计为 264 000 元，两者差异的税后净影响额为 536 000 元，即为该公司由完成合同法改为完工百分比法的"累积影响数"。

第二，会计处理。

①调整会计政策变更累积影响数。

借：工程施工 800 000
　贷：利润分配——未分配利润 536 000
　　递延所得税负债 264 000

②调整利润分配。

借：利润分配——未分配利润 53 600(536 000×10%)
　贷：盈余公积 53 600

第三，报表调整。新华股份有限公司在编制 2007 年度的会计报表时，应调整资产负债表的年初数(表 6-3)；利润表、股东权益变动表的上年数(表 6-4～表 6-5)应作相应调整。2007 年 12 月 31 日资产负债表的期末数栏、股东权益变动表的未分配利润项目上年数栏应以调整后的数据为基础编制。

表 6-3 资产负债表

编制单位：新华股份有限公司　　　　　2007 年 12 月 31 日　　　　　　　　单位：元

资产	年初余额		负债和股东权益	年初余额	
	调整前	调整后		调整前	调整后
...			...		
存货	9 800 000	10 600 000	盈余公积	1 700 000	1 753 600
			未分配利润	600 000	1 082 400
...			...		

表 6-4 利润表

编制单位：新华股份有限公司　　　　　2007 年度　　　　　　　　　　单位：元

项目	上年金额	
	调整前	调整后
一、营业收入	18 000 000	18 500 000
减：营业成本	13 000 000	13 300 000

续表

项目	上年金额	
	调整前	调整后
…		
二、营业利润	3 900 000	4 100 000
…		
三、利润总额	4 060 000	426 000
减：所得税费用	1 330 800	1 405 800
四、净利润	2 720 200	2 854 200
…		

表 6-5　股东权益变动表

编制单位：新华股份有限公司　　　　　　2007 年度　　　　　　　　单位：元

项目	上年金额			
…	…	盈余公积	未分配利润	…
一、上半年年末余额		1 700 000	600 000	
加：会计政策变更		53 600	482 400	
前期差错更正				
二、本年年初余额		1 753 600	1 082 400	
…				

　　第四，附注说明。2007 年新华股份有限公司按照《企业会计准则》规定，对建造合同的收入确认由完成合同法改为完工百分比法。此项会计政策变更采用追溯调整法，2006 年的比较报表已重新表述。2007 年运用新的方法追溯计算的会计政策变更累积影响数为 536 000 元。会计政策变更对 2007 年损益的影响为减少净利润 67 000 元，对 2006 年度报告的损益的影响为增加净利润 134 000 元，调增 2006 年的期初留存收益 402 000 元，其中，调增未分配利润 341 700 元。

　　（3）确定会计政策变更对列报前期影响数不切实可行的，应当从可追溯调整的最早期间期初开始应用变更后的会计政策。在当期期初确定会计政策变更对以前各期累积影响数不切实可行的，应当采用未来适用法处理。

　　第一，不切实可行的判断。不切实可行，是指企业在采取所有合理的方法后，仍然不能获得采用某项规定所必需的相关信息，而导致无法采用该项规定，则该项规定在此时是不切实可行的。

　　对于以下特定前期，对某项会计政策变更应用追溯调整法或进行追溯重述以更正一项前期差错是不切实可行的：①应用追溯调整法或追溯重述法的累积影响数不能确定。②应用追溯调整法或追溯重述法要求对管理层在该期当时的意图做出假定。③应用追溯调整法或追溯重述法要求对有关金额进行重新估计，并且不可能将提供的有关交易发生时存在状况的证据（例如，有关金额确认、计量或披露日期存在事实的证据，以及在受变更影响的当期和未来期间确认会计估计变更的影响的证据）和该期间会计报表批准报出时能够取得的信息这两类信息与其他信息客观地加以区分。

第二，未来适用法。未来适用法，是指将变更后的会计政策应用于变更日及以后发生的交易或事项，或者在会计估计变更当期和未来期间确认会计估计变更影响数的方法。

在未来适用法下，不需要计算会计政策变更产生的累积影响数，也无须重编以前年度的会计报表。企业会计账簿记录及会计报表上反映的金额，变更之日仍保留原有的金额，不因会计政策变更而改变以前年度的既定结果，并在现有金额的基础上再按新的会计政策进行核算。企业如果因账簿、凭证超过法定保存期限而销毁，或因不可抗力而毁坏、遗失，如火灾、水灾等，或因人为因素，如盗窃、故意毁坏等，也可能使会计政策变更的累积影响数无法计算。在这种情况下，会计政策变更可以采用未来适用法进行处理。

【例 6-2】　奇正公司原来采用先进先出法对存货计价，由于物价持续上涨，公司决定从 2010 年 1 月 1 日起采用加权平均法。2010 年 1 月 1 日存货按先进先出法计价的成本为 600 000 元，2010 年该公司购入存货的实际成本为 1 200 000 元，2010 年 12 月 31 日按加权平均法计算确定的期末存货成本为 700 000 元，当年销售收入为 1 600 000 元。假设当年无营业费用，其他间接费用(销售费用、管理费用、财务费用)共 180 000 元，所得税税率为 25%，并假设税法也认可企业采用加权平均法对存货计价，当年应税所得与税前利润相等。2010 年 12 月 31 日按先进先出法计算确定的期末存货成本为 850 000 元。

奇正公司由于经济环境发生变化而改变会计政策，属于会计政策变更。由于采用加权平均法难以进行追溯调整，因此采用未来适用法进行会计处理，即不必计算 2010 年 1 月 1 日及以前各期期末按加权平均法计价的应有余额，以及对留存收益的影响余额，只需从 2010 年开始采用加权平均法计价。但需要计算确定由于此项会计政策变更对 2010 年净利润的影响数，以便在报表附注中披露此信息。

存货按加权平均法计价条件下 2010 年的销售成本＝期初存货成本＋本期购入存货成本－期末存货成本＝600 000＋1 200 000－700 000＝1 100 000(元)

存货按先进先出法计价条件下 2010 年的销售成本＝期初存货成本＋本期购入存货成本－期末存货成本＝600 000＋1 200 000－850 000＝950 000(元)

会计政策变更对 2010 年净利润的影响数如表 9-6 所示。

可见，该公司 2010 年存货计价由先进先出法改为加权平均法，这项会计政策变更使当年净利润减少了 112 500 元。

表 6-6　对当前净利润的影响数计算表　　　　单位：元

项目	加权平均法	先进先出法
营业收入	1 600 000	1 600 000
减：营业成本和营业税金及附加	1 100 000	950 000
期间费用	180 000	180 000
利润总额	320 000	470 000
减：所得税费用	80 000	117 500
净利润	240 000	352 500
差额	－112 500	

（4）我国现行会计准则与制度的规定。根据《企业会计准则第28号——会计政策、会计估计变更和差错更正》的规定，企业发生会计政策变更，要分别根据下列具体情况进行相应的会计处理。

第一，企业依据法律或会计准则等行政法规、规章的要求变更会计政策的：①如果国家发布了相关的会计处理办法，则按照国家发布的相关会计处理规定处理。②如果国家没有发布相关的会计处理办法，而且会计政策变更的累积影响数能够合理确定，则采用追溯调整法进行会计处理。

第二，如果由于经济环境、客观情况发生变化，企业为了提供更可靠、更相关的有关企业财务状况、经营成果和现金流量等方面的会计信息而变更会计政策，而且会计政策变更的累积影响数能够合理确定，则应采用追溯调整法进行会计处理。

第三，如果会计政策变更的累积影响数不能合理确定，则无论因何种原因变更会计政策，均采用未来适用法进行会计处理。

可见，在我国，对于企业会计政策变更的会计处理，除了在法律或会计准则等行政法规、规章要求企业变更会计政策，且国家发布了相关的会计处理办法的情况下，要按照国家发布的相关会计处理规定进行处理之外，企业只能根据具体情况确定应采用追溯调整法还是未来适用法。

（四）会计政策变更的披露

企业应当在附注中披露与会计政策变更有关的下列信息：

（1）会计政策变更的性质、内容和原因。

（2）当期和各个列报前期会计报表中受影响的项目名称和调整金额。

（3）无法进行追溯调整的，说明该事实和原因以及开始应当变更后的会计政策的时点、具体应用情况。

在以后各期的财务报告中，不需要重复披露在以前期间的附注中已披露的会计政策变更。

二、会计估计变更

（一）会计估计变更的概念

会计估计，是指企业对其结果不确定的交易或事项以最近可利用的信息为基础所做的判断。企业需要对尚在延续中、其结果尚未确定的交易或事项予以估计入账，在实际工作中，会计经常需要运用判断和估计。

会计估计具有以下特点：

（1）会计估计的存在是由于经济活动中内在的不确定性因素的影响。在会计核算中，企业总是力求保持会计核算的准确性，但有些交易或事项本身具有不确定性，因而需要根据经验做出估计；同时，采用权责发生制原则编制会计报表这一事项本身，也使得有必要充分估计未来交易或事项的影响。可以说，在会计核算和信息披露过程中，会计估计是不可避免的。例如，估计固定资产折旧年限和净残值，需要根据固定资产消耗方式、性能、技术发展等情况进行估计。会计估计的存在是由于经济活动中内在的不确定性因素的影响所造成的。

(2)会计估计应当以最近可利用的信息或资料为基础。由于经营活动内在的不确定性，企业在会计核算中不得不经常进行估计。某些估计主要用于确定资产或负债的账面价值，如经济诉讼可能引起的赔偿等；另一些估计主要用于确定将在某一期间记录的收益或费用的金额，如某一期间的折旧、摊销费用的金额，在某一期间内采用完工百分比法核算长期建造合同已获取收益的金额等。企业在进行会计估计时，通常应根据当时的情况和经验，以最近可利用的信息或资料为基础进行。但是，随着时间的推移和环境的变化，进行会计估计的基础可能会发生变化。因此，进行会计估计所依据的信息或资料不得不经常发生变化。由于最新的信息是最接近目标的信息，以其为基础所做的估计最接近实际，所以，进行会计估计时应以最近可利用的信息或资料为基础。

(3)进行会计估计并不会削弱会计核算的可靠性。进行合理的会计估计是会计核算中必不可少的部分，它不会削弱会计核算的可靠性。企业为了定期、及时地提供有用的会计信息，将延续不断的经营活动人为地划分为一定的期间，并在权责发生制的基础上对企业的财务状况和经营成果进行定期确认和计量。例如，在会计分期的情况下，许多企业的交易跨越若干会计年度，以至于需要在一定程度上做出决定，如哪些费用可以在利润表中作为当期费用处理，哪些费用应当递延至以后各期等。由于存在会计分期和货币计量的前提，在确认和计量过程中，不得不对许多尚在延续中、其结果不确定的交易或事项予以估计入账。但是，估计是建立在具有确凿证据的前提下，而不是随意的。例如，企业估计固定资产预计使用年限，应当考虑该项固定资产的技术性能、历史资料、同行业同类固定资产的预计使用年限、本企业经营性质等诸多因素，并在掌握确凿证据后确定。企业根据当时所掌握的可靠证据做出的最佳估计，不会削弱会计核算的可靠性。

下列各项属于常见的需要进行估计的项目：①坏账；②存货遭受毁损、全部或部分陈旧过时；③固定资产的耐用年限与净残值；④无形资产的受益期；⑤或有事项中的估计；⑥收入确认中的估计等。

会计估计变更，是指由于资产和负债的当前状况及预期经济利益和义务发生了变化，从而需要对资产或负债的账面价值或者资产的定期消耗金额进行调整。

(二)会计估计变更的原因

由于企业经营活动中内在的不确定性因素的影响，某些会计报表项目不能精确地计量，而只能加以估计。如果赖以进行估计的基础发生了变化，或者由于取得了新的信息、积累了更多的经验以及后来的发展变化，可能需要对会计估计进行修订。

通常情况下，企业可能由于以下原因而发生会计估计变更。

(1)赖以进行估计的基础发生了变化。企业进行会计估计，总是依赖于一定的基础，如果其所依赖的基础发生了变化，则会计估计也应相应做出改变。例如，企业某项无形资产的摊销年限原定为10年，以后发生的情况表明，该资产的受益年限已不足

10 年，则应相应调减摊销年限。

（2）取得了新的信息，积累了更多的经验。企业进行会计估计是就现有资料对未来所做的判断，随着时间的推移，企业有可能取得新的信息、积累更多的经验，在这种情况下，也需要对会计估计进行修订。例如，企业原对固定资产采用年限平均法按 15 年计提折旧，后来根据新得到的信息——固定资产经济使用寿命不足 15 年，只有 10 年，企业改按 10 年采用年限平均法计提固定资产折旧。

（三）会计估计变更的会计处理

会计估计变更应采用未来适用法处理，即在会计估计变更当期及以后期间，采用新的会计估计，不改变以前期间的会计估计，也不调整以前期间的报告结果。

（1）如果会计估计的变更仅影响变更当期，有关估计变更的影响应于当期确认。

（2）如果会计估计的变更既影响变更当期，又影响未来期间，有关估计变更的影响在当期及以后各期确认。例如，应计提折旧的固定资产，其有效使用年限或预计净残值的估计发生的变更，常常影响变更当期及资产以后使用年限内各个期间的折旧费用。因此，这类会计估计的变更，应于变更当期及以后各期确认。

会计估计变更的影响数应计入变更当期与前期相同的项目中。为了保证不同期间的会计报表具有可比性，会计估计变更的影响数如果以前包括在企业日常活动的损益中，则以后也应包括在相应的损益类项目中，如果会计估计变更的影响数以前包括在特殊项目中，则以后也应作为特殊项目反映。

（3）企业难以对某项变更区分为会计政策变更或会计估计变更的，应当将其作为会计估计变更处理。

【例 6-3】 藤达公司于 2007 年 1 月 1 日起开始计提折旧的管理用设备一台，价值 84 000 元，预计使用年限为 8 年，预计净残值为 4 000 元，按平均年限法计提折旧。至 2011 年年初，由于新技术发展等原因，需要对原估计的使用年限和净残值做出修正，修改后该设备预计尚可使用年限为 2 年，预计净残值为 2 000 元。

该公司对上述会计估计变更的处理方式如下：

（1）不调整以前各期折旧，也不计算累积影响数。

（2）变更日以后发生的经济业务改按新的估计提取折旧。按原估计，每年折旧额为 10 000 元，已提折旧 4 年，共计 40 000 元，固定资产账面价值为 44 000 元，则第 5 年相关科目的期初余额如下：

固定资产　　　　84 000

减：累计折旧　　40 000

固定资产账面价值　44 000

改变预计使用年限后，2011 年起每年计提的折旧费用为 21 000 元〔（44 000 元－2 000元）÷2〕。2011 年不必对以前年度已提折旧进行调整，只需按重新预计的尚可使用年限和净残值计算确定年折旧费用，有关会计处理如下：

借：管理费用　　　　　21 000

　　贷：累计折旧　　　　　　21 000

(3)附注说明。本公司一台管理用设备的成本为 84 000 元，原预计使用年限为 8 年，预计净残值为 4 000 元，按平均年限法计提折旧。由于新技术发展，该设备已不能按原预计使用年限计提折旧，本公司于 2011 年年初将该设备的预计尚可使用年限变更为 2 年，预计净残值变更为 2 000 元，以反映该设备在目前情况下的预计尚可使用年限和净残值。此估计变更影响本年度净利润减少数为 8 250 元[(21 000 元－10 000 元)×(1－25%)]。

(四)会计估计变更的披露

企业应当在附注中披露与会计估计变更有关的下列信息：
(1)会计估计变更的内容和原因。
(2)会计估计变更对当期和未来期间的影响数。
(3)会计估计变更的影响数不能确定的，披露这一事实和原因。

(五)会计主体变更

严格来说，会计主体变更是指报告主体的变更，即会计报表所反映的会计主体的范围发生变化，本期报告主体较上期大，或较上期小。例如：①企业原来没有子公司，只需编制个别会计报表，而本期收购了一家达到控股程度的附属公司，因而从本期开始要编制合并报表。同样是该企业编制的报表，所反映的会计主体已不同。②原来纳入合并报表范围的某家子公司，因故不纳入本期的合并会计报表。

对于会计主体变更，通常采用追溯调整法。在会计主体发生变更的当年财务报告中，应当揭示这种变更的原因，要用追溯调整法重新编制前期报表，要在变更当年的比较会计报表中揭示这一变更对净利润、每股净利润的影响，但在变更年度以后各期财务报告中则不需要重复这一报告。至于用追溯调整法重编前期会计报表的方法，与前述"会计政策变更"部分所介绍的方法相似，不再重复。

三、前期差错更正

(一)前期差错的概念

前期差错，是指由于没有运用或错误运用下列两种信息，而对前期会计报表造成省略或错报。
(1)编报前期会计报表时预期能够取得并加以考虑的可靠信息。
(2)前期财务报告批准报出日才能够取得的可靠信息。
前期差错通常包括以下几方面：
(1)计算错误。例如，企业本期应计提折旧 5 000 万元，但由于计算出现差错，得出错误数据为 4 500 万元。
(2)应用会计政策错误。例如，按照《企业会计准则》规定，为购建固定资产而发生的借款费用，在固定资产达到预定可使用状态前发生的，满足一定条件时应予以资本化，计入所购建固定资产的成本；在固定资产达到预定可使用状态后发生的，计入当期损益。如果企业固定资产达到预定可使用状态后发生的借款费用，也予以资本化，计入该项固定资产价值，则属于采用法律、行政法规或者国家统一的会计制度等所不允许的会计政策。

（3）疏忽或曲解事实以及舞弊产生的影响。例如，企业对某项建造合同应按建造合同规定的方法确认营业收入，但该企业按确认商品销售收入的原则确认收入。又如，企业销售一批商品，商品已经发出，开出了增值税专用发票，商品销售收入确认条件均已满足，但企业在期末时未将已实现的销售收入入账。

（4）存货、固定资产盘盈等。例如，企业本期期末对财产进行清查盘点时，出现存货盘盈 3 000 万元、固定资产盘盈 5 000 万元，分别占企业当年年末存货和固定资产余额的 10％以上。

（二）会计差错分析

为了正确更正会计差错，对于发现的会计差错应当进行认真的分析，会计差错的分析应从以下几方面着手。

1. 辨明会计差错发生的会计期间

会计差错有的是发现差错的当期发生的，也有的是上期发生的，或在更早的以前期间发生的。会计差错发生的期间不同，更正的要求与方法也可能不同。

2. 注意会计差错发现的会计期间

会计差错的更正与差错发现的时间也有关系。按照《企业会计准则第 28 号——会计政策、会计估计变更和差错更正》的规定，需要明确会计差错是在上年度财务报告批准报出日前发现的，还是在此日之后发现的。

3. 判断会计差错的性质

对于会计前期差错，要进一步分析其重要性程度。企业应当采用追溯重述法更正重要的前期差错，但确定前期差错累积影响数不切实可行的除外。对于不重要的前期差错，可以采用未来适用法更正。前期差错的重要程度，应根据差错的性质和金额加以具体判断。

4. 分析会计差错对会计报表的影响

会计差错按其对会计报表的影响不同，可分为只影响资产负债表的会计差错、只影响利润表的会计差错、既影响资产负债表又影响利润表的会计差错。

（1）只影响资产负债表的会计差错。某些会计差错只影响资产负债表项目，例如，将一项长期银行借款误记为短期借款。显然，对该项银行借款的再分类只影响资产负债表。因此，如果这项会计差错发生在以前期间，则不需要编制更正分录；但如果本期要提供比较会计报表，则比较会计报表上的前期有关项目要通过重新归类予以更正。

（2）只影响利润表的会计差错。只影响利润表的会计差错通常是由于项目的归类出现差错。例如，将利息收入归入了销售收入。这类会计差错需要重新归类，但不影响净利润。因此，如果这类差错发生在以前期间，则不需要编制更正分录；但如果本期要提供比较会计报表，则比较会计报表上的前期有关项目要通过重新归类予以更正。

（3）既影响资产负债表又影响利润表的会计差错。有的会计差错既影响资产负债表，又影响利润表。这类差错中常见的有会计期末漏记一项应计负债。例如，期末漏记一项应计利息，则当期利润表上的利息费用少计，同时期末资产负债表上漏记一项应付利息。

（三）前期差错更正的会计处理

企业发现前期差错时，应当根据差错的性质及时纠正。会计处理方法如下：

（1）企业应当采用追溯重述法更正重要的前期差错，但确定前期差错累积影响数不切实可行的除外。

追溯重述法，是指在发现前期差错时，视同该项前期差错从未发生过，从而对会计报表相关项目进行更正的方法。追溯重述法的会计处理与追溯调整法相同。

对于不重要的前期差错，可以采用未来适用法更正。前期差错的重要程度，应根据差错的性质和金额加以具体判断。

（2）确定前期差错影响数不切实可行的，可以从可追溯重述的最早期间开始调整留存收益的期初余额，会计报表其他相关项目的期初余额也应当一并调整，也可以采用未来适用法。

（3）企业应当在重要的前期差错发现当期的会计报表中，调整前期比较数据。

【例6-4】　2010年12月31日，某公司发现2009年漏记了一项固定资产的折旧费用150 000元，但在所得税申报表中扣除了该项折旧。假设该公司采用会计方法计提的折旧额与按照税法规定计提的折旧额相同。除该事项外，无其他纳税调整事项。该公司按净利润的10%提取法定盈余公积。

（1）分析错误的后果。2009年少计提折旧费用150 000元，少计累计折旧150 000元，多计净利润150 000元。

（2）会计处理。

第一，补提折旧。

借：以前年度损益调整　　　　150 000

　　贷：累计折旧　　　　　　　　　150 000

第二，将"以前年度损益调整"项目的余额转入利润分配。

借：利润分配——未分配利润　　　150 000

　　贷：以前年度损益调整　　　　　　150 000

第三，调整利润分配有关数据。

借：盈余公积　　　　　　　　15 000

　　贷：利润分配——未分配利润　　15 000

（3）报表调整（略）。

（4）附注说明。本年度发现2009年漏记固定资产折旧150 000元，在编制2009年与2010年的比较会计报表时，已对该项差错进行了更正。由于此项错误的影响，2009年虚增净利润及留存收益150 000元，少计累计折旧150 000元。

（四）前期差错更正的披露

企业应当在附注中披露与前期差错更正有关的下列信息：

（1）前期差错的性质。

（2）各个列报的前期会计报表中受影响的项目名称和更正金额。

（3）无法进行追溯重述的，说明事实和原因以及对前期差错开始更正的时点、具体更正情况。

在以后期间的财务报告中，不需要重复披露在以前期间的附注中已披露的前期差错更正的信息。

由于会计政策、会计估计变更和会计差错更正之间的界线往往较为模糊，而且这两项内容的变化所涉及的不同会计处理方式会对上市公司的财务状况和经营成果产生不同的影响，因此我们在企业管理和上市公司的会计报表分析中要能够较好地区分哪些属于会计政策、会计估计的变更，哪些又属于会计差错的更正，并掌握合理的会计处理方式。这样才能够较好地把握企业或上市公司的真实经营状况。

第三节　关联方交易披露与分析

一、关联方的概念及其特征

（一）关联方的概念

一方控制、共同控制另一方或对另一方施加重大影响，以及两方或两方以上同受一方控制、共同控制或重大影响的，构成关联方。从纵向上看，关联方既包括直接控制、共同控制另一方或对另一方施加重大影响，又包括间接控制、共同控制另一方或对另一方施加重大影响。从横向上看，关联方既包括同受一方控制，又包括同受共同控制或重大影响两方或多方之间。

（二）关联方的特征

1. 关联方涉及两方或多方

关联方之间存在相互关系。关联方关系必须存在于两方或多方之间，任何单独的个体不能构成关联方关系。

2. 关联方以各方之间的影响为前提

关联方以各关联方之间的影响为前提，这种影响包括各方之间控制或被控制、共同控制或被共同控制、施加重大影响或被施加重大影响。因此，建立控制、共同控制或施加重大影响是关联方存在的主要特征。

3. 关联方的存在可能会影响交易的公允性

企业日常业务往来过程中，必然会涉及诸多方面，如供应商、特许商、代理商等，在不存在关联方关系的情况下，企业间发生交易时，往往会从各自的利益出发，一般不会轻易接受不利于自身的交易条款。这种在对交易各方互相了解、自由的、不受各方之间任何关系影响的基础上商定条款而形成的交易，视为公平交易。企业对外提供的财务报告一般被认为是建立在公平交易基础之上的，但在存在关联方关系时，关联方之间的交易可能不是建立在公平交易基础之上的。因为构成关联方之间的交易时，往往不存在竞争性的、自由市场交易的条件，而且交易双方的关系常常以一种微妙的方式影响交易。另外，即使关联方交易是在公平交易基础上进行的，对于重要关联方交易的披露也是有用的，因为它提供了未来可能再发生，而且很可能以不同形式发生的交易类型的信息。

（三）与关联方有关的几个概念

判断是否构成关联方，关键是看两方或多方之间是否具有控制、共同控制和重大影响。

1. 控制

控制是指有权决定一个企业的财务和经营政策，并能据此从该企业的经营活动中获得利益。控制具有以下特点：

（1）控制是决定一个企业的财务状况和经营政策的主要标志。在企业的日常经营活动中，确定经营方针、谋划经营策略、掌握资金调度和财务政策是至关重要的。当一个企业或个人能够决定某个企业的财务状况和经营政策时，可认为该企业或个人能控制这个企业。

（2）获取经济利益是控制的主要目的。一个企业或个人控制另一个企业的主要目的是为了获取一定的经济利益，这与投资的目的相同。例如，通过使用被控制方的专有技术，从而获得超额收益。又如，通过一方控制另一方或多方，形成产供销整体等。控制可以采取不同的途径，主要有：①以所有权方式达到控制的目的。这是指一方拥有另一方半数以上的表决权资本，包括直接控制、间接控制、直接或间接控制。②以所有权和其他方式达到控制的目的。这是指一方拥有另一方表决权资本的比例虽不超过半数，但通过其拥有的表决权资本和其他方式达到控制的目的。如通过与其他投资者的协议，拥有另一方半数以上表决权资本的控制权等。③以法律或协议形式达到控制的目的。这是指一方虽然不拥有另一方表决权资本的控制权，但通过法律或协议形式实质上能控制另一方的财务和经营政策。

2. 共同控制

共同控制是指按合同约定对某项经济活动所共有的控制，仅在与该项经济活动相关的重要财务和生产经营决策需要分享控制权的投资方一致同意时存在。这说明即使有长期的合同约定存在，也不能保证长期持续地实现共同控制，一旦分享控制权的投资各方对合同约定的某项经济活动涉及的相关重要财务政策或经营政策存在意见分歧，就无法形成合同约定的共同控制。共同控制的特征在于，两方或多方按合同约定共同决定某项经济活动的财务和经营政策。共同控制的基本方式是，投资各方按照出资比例控制被投资企业，从而形成共同控制；投资企业的财务和经营决策由投资各方共同决定，任何一方不能单方面做出决策，从而形成共同控制。

3. 重大影响

重大影响是指对一个企业的财务和经营政策有参与决策的权利，但并不能够控制或者与其他方一起共同控制这些政策的制定。重大影响的特征在于，当一方拥有另一方20％～50％的表决权股份，但实际上具有参与财务和经营决策的能力时，一般认为对另一方具有重大影响。在确定一方是否能对另一方施加重大影响时，应视其实际影响能力而定。获得表决权资本是实施重大影响的基本前提，在董事会或类似权力机构中派有代表、相互交换管理人员等，是实施重大影响的几种具体表现形式。重大影响和控制的主要区别在于，控制是指不仅能够参与企业的财务与经营策略的决策，还能够决定是否采纳这些政策；而重大影响仅仅是指能够参与企业的财务与经营政策的决策，但不具有是否采纳这些政策的最终决定权。

（四）关联方关系的判断

关联方关系包括横向关系和纵向关系两种。从纵向上讲，控制、共同控制和重大影响的企业之间都是关联方，企业与其主要的投资者和关键的管理人员以及这些人的家庭成员之间也构成关联方。从横向上讲，我国《企业会计准则》只是把同受一个企业控制的企业之间的关系认定为关联方关系，而受共同控制和同受重大影响的企业不作为关联方，同样，共同控制者之间，能施加重大影响的各方也不作为关联方。但是，企业主要投资者个人、关键管理人员或与其关系密切的家庭成员控制、共同控制或施加重大影响的其他企业与该企业视做关联企业。下列各方构成企业的关联方：

（1）该企业的母公司。

（2）该企业的子公司。

（3）与该企业受同一母公司控制的其他企业。

（4）对该企业实施共同控制的投资方。

（5）对该企业施加重大影响的投资方。

（6）该企业的合营企业。

（7）该企业的联营企业。

（8）该企业的主要投资者个人及与其关系密切的家庭成员。主要投资者个人是指能够控制、共同控制一个企业或者对一个企业施加重大影响的个人投资者。

（9）该企业或其母公司的关键管理人员及与其关系密切的家庭成员。关键管理人员是指有权力并负责计划、指挥和控制企业活动的人员；与主要投资个人或关键管理人员关系密切的家庭成员，是指在处理与企业的交易时可能影响该个人或受该个人影响的家庭成员。例如，甲企业为乙企业的子公司，则乙企业董事长李某及其配偶王某均为甲企业的关联方。

（10）该企业的主要投资者个人、关键管理人员或与其关系密切的家庭成员控制、共同控制或施加重大影响的其他企业。例如，甲企业董事长李某的子女拥有乙企业

30％的股权，则甲企业与乙企业为关联方，双方的关系及交易应当披露。

另外，在判断是否存在关联方关系时，还应当注意以下几个问题：

(1)与该企业发生日常往来的资金提供者、公用事业部门、政府部门和机构，不构成企业的关联方。

(2)与该企业发生大量交易而存在经济依存关系的单个客户、供应商、特许商或代理商，不构成企业的关联方。

(3)与该企业共同控制合营企业的合营者，不构成企业的关联方。该条款体现了实质重于形式的原则，即关联方关系的判断注重关系的实质，不仅仅是法律形式。例如，A企业、B企业共同合营甲企业，若A、B企业之间不存在经济业务关联或不能通过合营的甲企业建立业务关系，则A、B企业相互不应视为关联方。

(4)仅仅同受国家控制而不存在其他关联方关系的企业，不构成关联方。

二、关联方交易及其披露

(一)关联方交易的概念

关联方交易是指关联方之间转移资源、劳务或义务的行为，而不论是否收取价款。这一定义有以下几个要点：

(1)该交易是按照关联方的判断标准，构成关联方关系的企业之间、企业与个人之间的交易。即通常是在关联方关系已经存在的情况下，关联各方之间的交易。

(2)资源、劳务或义务的转移是关联方交易的主要特征。通常情况下，在资源、劳务或义务转移的同时，风险和报酬也相应转移。

(3)关联方之间资源、劳务或义务的转移价格是了解关联方交易的关键。关联方交易通常来说能在一般商业条款中使参与双方共同受益。一般商业条款是指那些不会比非关联方交易可望合理收益更多或更少的商业条款。

会计上确认资源、劳务或义务的转移通常以风险和报酬的转移为依据，并以各方同意的价格为计量标准。而在非关联方之间的交易中则没有这种弹性，非关联方之间的价格往往是公允价格。

(二)关联方交易的类型

关联方交易的类型通常有以下几种：

(1)购买或销售商品。购买或销售商品是关联方交易较常见的交易事项，例如，企业集团成员之间互相购买或销售商品，从而形成了关联方交易。

(2)购买或销售除商品以外的其他资产。例如，母公司出售给子公司设备或建筑物等。

(3)提供或接受劳务。例如，A公司为B公司的联营企业，A公司专门从事设备维修服务，B公司的所有设备均由A公司负责维修，B公司每年支付一定的设备维修费用。

(4)担保。担保是指在借贷和重大的交易合同中，为了保证企业债权债务关系的实现而提供担保。当存在关联方关系时，一方往往为另一方提供为取得借贷、买卖等经济活动中所需的担保。

(5)提供资金(贷款或股权投资)。提供资金是指对关联企业的实物或货币贷款以及对关联企业的权益性投资。

(6)租赁。租赁通常包括经营租赁和融资租赁等。关联方之间的租赁也是主要的交易事项。

(7)代理。代理主要是指依据合同条款，一方可为另一方代理某些业务，如代理销售货物，或代理签订合同等。

(8)研究与开发项目的转移。当存在关联方关系时，有时某一企业所研究或开发的项目会由于另一方的要求而放弃或转移给关联企业。

(9)许可协议。许可协议是指关联方之间通过合同的签订或协议的约定，承诺给企业的某种许可，如使用自己的品牌等。

(10)代表企业或由企业代表另一方进行债务结算。这是一种典型的在关联企业之间转移义务的情况，从而在关联企业之间转移风险。

(11)关键管理人员报酬。企业支付给关键管理人员的报酬，也是一项重要的关联方交易。实务工作中，一般只披露报告期和前一期的报酬总额，包括货币、实物形式和其他形式的工资、福利、奖金、特殊待遇及有价证券等。

(三)关联方交易的披露

关联方交易的披露要求包括以下几方面：

(1)企业应披露所有关联方关系及其交易的相关信息。对外提供合并会计报表的，对于已经包括在合并范围内各企业之间的交易不予披露，但应当披露与合并范围外各关联方的关系及其交易。也就是说，已经包括在合并范围内各企业之间的交易可以豁免披露外，与合并会计报表一同提供或发布的母公司会计报表中以及全资的子公司的会计报表中应当披露关联方交易。这是因为，母公司或全资子公司与其关联方的交易及其未结算余额的信息，对外部信息使用者理解母公司或全资子公司的财务状况很有帮助，特别是对于了解企业受到其关联方的支持程度非常重要。如果不加披露，可能无法达到公允的目的。

(2)企业无论是否发生关联方交易，均应当在附注中披露与母公司和子公司有关的下列信息：①母公司和子公司的名称。母公司不是该企业最终控制方的，还应披露最终控制方的名称。母公司和最终控制方均不对外提供会计报表的，还应当披露母公司之上与其最相近的对外提供会计报表的母公司名称。②母公司和子公司的业务性质、注册地、注册资本(或实收资本、股本)及其变化。③母公司对该企业或者该企业对子公司的持股比例和表决权。

(3)企业与关联方发生关联方交易的，应当在附注中披露该关联方关系的性质、交易类型及其交易要素。披露的交易要素至少包括：交易的金额；未结算项目的金额、条款和条件，以及有关提供或取得担保的信息；未结算应收项目的坏账准备(当期计提额、转销额以及余额)；定价政策。

（4）关联方交易应当分别按关联方以及交易类型予以披露。类型相似的关联方交易，在不影响会计报表阅读者正确理解关联方交易对会计报表影响的情况下，可全面披露。

（5）企业只有在提供确凿证据的情况下，才能披露关联方交易是公平交易。此条款强调关联方交易的公允性原则。企业应披露关联方交易的定价政策，但只有在提供充分证据的情况下，企业才能披露关联方交易采用了与公平交易相同的条款。例如，甲企业与其子公司乙企业发生商品交易，若有确凿证据表明该笔商品交易价格是参照同类商品的市场价格制定的，且企业对非关联方同期销售同类商品的比例占全部销售量的40%以上，企业可披露其交易为公平交易。

（四）关联方披露应关注的问题

关联方披露的目的是有利于信息使用者了解主体受关联方影响的程度，评价主体的经营情况，包括主体所面临的风险和机会。关联方交易的信息要作为对其投资、融资等决策有重要影响的财务信息予以考虑。在日常工作中，关联方披露需要关注以下几个方面的问题。

1. 充分披露关联方关系及其交易，增强会计信息的真实性和完整性

从国际、国内情况看，一些企业为了使投资者相信企业经营业绩好或出于其他目的，往往利用财务报告提供虚假信息，其中，利用关联方交易就是重要手段之一。因此，对关联方交易的充分、真实的披露，有助于会计信息使用者了解关联方的实质和企业对关联方交易的依赖程度，可以在某种程度上杜绝虚假关联方交易，为进一步提高会计信息质量提供保证。

2. 遵循关联方关系的判断标准，正确确认和计量关联方交易

正确判断关联方关系是否存在，是正确理解和合理运用会计准则的关键。在运用关联方关系是否存在的判断标准时，应当遵循实质重于形式的原则，结合企业各项因素加以综合考虑。在某些情况下，表面上看似乎不存在关联方交易，但实质上却是一种关联方交易，只是这种交易的表现形式不同而已。在确定存在关联方关系后，对于关联方交易的实质及结果，还应当运用会计核算原则加以正确确认和计量，因为关联方交易是以资源、劳务或义务的转移为主要特征的，并且随着资源、劳务或义务的转移，相关的风险和报酬也相应转移。

3. 充分披露关联方交易的定价政策，增强关联方交易价格的透明度

充分披露关联方之间的定价政策或者交易价格，有助于信息使用者充分了解关联方交易对企业财务状况、经营成果和现金流量的影响程度，以及关联方各方受益的具体情况。交易价格的公允性通常建立在公平交易基础上，即在交易各方互相了解、自由的、不受各方之间任何关系影响的基础上商定条款并进行交易，公平交易为价值的公允性提供了前提条件。同时，交易价格的公允性体现在交易各方均为维护自身利益确定最适宜的价格，双方所商定的价格通常是从各自的利益出发而协商的结果，一般不会轻易接受不利于自身利益的交易条款。当然，采用公平交易的条款披露关联方交

易,一方面使企业报表信息更加公允,但另一方面给企业增加了取得证据的难度和披露成本。另外,公允价值的公允性还体现在交易双方的自愿性,而在关联方交易中,其价格的公允性受到一定程度的影响,即使交易价格是公允的,充分披露关联方交易价格也有助于信息使用者了解其价格的公允性以及对关联各方财务状况和经营成果的影响。

4. 完善关联方信息披露制度,加大对信息违规披露的处罚力度

会计准则的制定是一个动态调整的过程,要适时根据企业关联方交易中可能出能的新情况、新问题,及时进行补充和完善;要有一定的前瞻性和指导性,争取能最大限度地避免不公平关联方交易的发生。此外,在完善关联方交易信息披露制度的同时,还应注意一些相关的方面,如对广大中小投资者的宣传教育、证券市场监管机制的健全完善、独立审计人员的公正鉴证、大力发挥独立董事的作用等。对于企业随意操纵关联方交易、粉饰会计报表或将某些关联方交易隐瞒不报、拒不披露或歪曲重要信息的行为,应当制定相应的处罚细则,加大对信息违规披露的处罚力度。

三、对关联方交易的分析

(一)对关联方交易目的的分析

关联方交易的目的主要可以分为以下两类:

首先是通过关联方交易实施利润转移和利润操纵。在具体操作上存在两种相反的利润流动方向:一是通过关联方交易将利润从子公司转出;二是母公司利用此种方式包装上市公司业绩,成为一些业绩差的公司迅速扭亏为盈的方法。尤其是当被收购公司在前两年满足配股资格,第三年出现效益滑坡时,新控股股东通过一次性利润输送确保当年可以配股。对于某些上市公司被收购前已经出现亏损,必须等满三年才有可能获得融资机会,新控股公司为了较快地收回收购成本,常常采用大规模输送利润的手段从账面上提高上市公司每股收益,利用投资者根据当期市盈率确定股价的心理,操纵股票市场价格,使其大幅度上涨,并从中牟取暴利。

其次是通过关联方交易达到避税的目的。关联方通过转移支付、高买低卖等手段,可以将利润私自隐藏在企业内部,而对外界呈现出低利润或亏损状况,以达到少纳税的目的。另外,由于政府对兼并重组具有税收优惠政策,关联方可以通过虚假的兼并重组得到真正的税收减免。

(二)关联方交易分析时的主要关注事项

关联方交易中滋生了大量的不等价交易、虚假交易,损害了大量中小投资者的利益,并有可能造成国有资产的流失。

在关联方交易的分析中,重点应关注关联方交易的实质,即关联方交易对财务状况和经营成果的影响。发现反常现象时,应深入审查,特别要注意以下几种情况:

(1)购销价格反常、售后短期内又重新购回、低价售给无需经手的中间企业、货款久拖不还、货款未清又赊欠等购销业务。例如,"某企业"就是将刚开挖的地基高价售给自己的子公司，形成巨额虚假利润，造成股票暴涨，坑害股民。又如，某企业为保证其上市子公司的业绩，将自己的产品按正常渠道销给客户后，指使客户将货款汇给子公司，然后在账上记录此业务是先销给子公司，再由子公司销给客户，中间的价差转给子公司，使子公司盈利。

(2)资金拆借低于或高于市场利率、借给不具备偿债能力的企业、逾期不还等资金融通业务。如某企业将款项借给其关联公司后，称该关联公司无力偿还，便分三次将该笔借款作为坏账注销，此种做法实质上是转移资金和利润。

(3)劳务、咨询、管理费价格不合理，对不存在或无法实现的咨询服务付费等费用支出业务。例如，某中外合资企业外方股东购入两套设备，价格比国际市场同类设备高出60%，企业称高出部分是技术服务费，其实外方股东是一家贸易公司，根本没有能力也从未提供过技术服务。又如，某企业每年向其设在深圳的子公司交纳近千万元的咨询服务费，名义为从特区窗口获取信息，实则是出国出境的招待费。

(4)反常的投资收益、利息收入、租金收入。如某上市公司为粉饰业绩，让子公司或其他关联企业先支付给它高额的投资收益、利息和租金，以抬高自己的利润。

第四节　资产负债表日后事项披露与分析

一、资产负债表日后事项概述

(一)资产负债表日后事项的概念

所谓资产负债表日后事项，是指从年度资产负债表日至财务报告批准报出日之间发生的需要调整或说明的事项。

(1)资产负债表日是指会计年度末和会计中期期末。按照《会计法》规定，我国的会计年度采用公历年度，即1月1日至12月31日。因此，年度资产负债表日是指每年的12月31日，中期资产负债表日是指各会计中期期末，包括月末、季末和半年末。

(2)财务报告批准报出日是指董事会或类似机构批准财务报告报出的日期，通常是指对财务报告的内容负有法律责任的单位或个人批准财务报告对外公布的日期。

对于公司制企业(包括有限责任公司和股份有限公司)，董事会有权批准对外公布财务报告。因此，公司制企业财务报告批准报出日是指董事会批准财务报告报出的日期，不是股东大会审议批准的日期，也不是注册会计师出具审计报告的日期。非公司制企业财务报告批准报出日是指经理(厂长)会议或类似机构批准财务报告报出的日期。

(3)资产负债表日后事项包括有利事项和不利事项，即对于资产负债表日后有利或不利事项的处理原则相同。

资产负债表日后事项，如果属于调整事项，对有利和不利的调整事项均应进行处理，并调整报告年度或报告中期的会计报表；如果属于非调整事项，对有利和不利的非调整事项均应在报告年度或报告中期的附注中进行披露。

(4)资产负债表日后事项不是在这个特定期间内发生的全部事项，而是与资产负债表日存在状况有关的事项，或虽然与资产负债表日存在状况无关，但对企业财务状况具有重大影响的事项。

例如，资产负债表日正在进行的诉讼案件，在资产负债表日后事项期间结案，这一事项是与资产负债表日存在状况有关的事项。又如，某公司董事会在资产负债表日后事项期间内通过以发行可转换公司债券方式筹集资金的决议，此事项与资产负债表日存在状况不存在直接的关系，但如果发行了可转换公司债券，则将对公司的财务状况产生重大影响。

(二)资产负债表日后事项涵盖的期间

资产负债表日后事项涵盖的期间是资产负债表日后至财务报告批准报出日之间。这一期间包括：

(1)报告年度次年的1月1日或报告期间下一期第一天至董事会或类似机构批准财务报告对外公布的日期，即以董事会或类似机构批准财务报告对外公布的日期为截止日期。

(2)董事会或类似机构批准的财务报告对外公布日期与实际对外公布日之间发生与资产负债表日后事项有关的事项，由此影响财务报告对外公布日期的，应以董事会或类似机构再次批准财务报告对外公布的日期为截止日期。

如果公司管理层由此修改了会计报表，注册会计师应当根据具体情况实施必要的审计程序，并针对修改后的会计报表出具新的审计报告。新的审计报告日期不应早于董事会或类似机构批准修改后的会计报表对外公布的日期。

【例 6-5】　某上市公司 2009 年度的财务报告于 2010 年 2 月 15 日编制完成，注册会计师完成整个年度审计工作并签署审计报告的日期为 2010 年 4 月 18 日，董事会批准财务报告对外公布的日期为 2010 年 4 月 22 日，财务报告实际对外公布的日期为 2010 年 4 月 25 日，股东大会召开日期为 2010 年 5 月 6 日。

根据资产负债表日后事项涵盖期间的规定，财务报告批准报出日为 2010 年 4 月 22 日，资产负债表日后事项涵盖的期间为 2010 年 1 月 1 日～2010 年 4 月 22 日。假如该上市公司在 4 月 22 日～4 月 25 日发生了重大事项，需要调整会计报表相关项目，经调整的财务报告再经董事会批准对外报出的日期为 2010 年 4 月 28 日，实际对外公布的日期为 2010 年 4 月 30 日，则资产负债表日后事项涵盖的期间为 2010 年 1 月 1 日～2010 年 4 月 28 日。

(三)资产负债表日后事项的内容

资产负债表日后事项包括资产负债表日后调整事项和资产负债表日后非调整事项。

1. 调整事项

资产负债表日后调整事项，是指对资产负债表日已经存在的情况提供了新的或进一步的证据的事项。

调整事项的特点是：①在资产负债表日已经存在，资产负债表日后得以证实的事项；②对按资产负债表日存在状况编制的会计报表产生重大影响的事项。

企业发生的资产负债表日后调整事项，通常包括下列各项：①资产负债表日后诉讼案件结案，法院判决证实了企业在资产负债表日已经存在现时义务，需要调整原先确认的与该诉讼案件相关的预计负债，或确认一项新负债；②资产负债表日后取得确凿证据，表明某项资产在资产负债表日发生了减值或者需要调整该项资产原先确认的减值金额；③资产负债表日后进一步确定了资产负债表日前购入资产的成本或售出资产的收入；④资产负债表日后发现了会计报表舞弊或差错。

【例 6-6】 甲公司应收乙公司账款 100 000 元，按合同约定应在 2009 年 11 月 10 日前偿还。在 2009 年 12 月 31 日结账时，甲公司尚未收到这笔款项，并已知乙公司财务状况不佳，近期内难以偿还债务，甲公司对该应收账款提取了 20% 的坏账准备。2010年 2 月 10 日，在甲公司对外报出财务报告之前收到乙公司通知，乙公司已经宣告破产，无法偿还部分欠款。

甲公司于 2009 年 12 月 31 日结账时已经知道乙公司财务状况不佳，在 2009 年 12月 31 日，公司财务状况不佳的事实已经存在，未得到乙公司破产的确切证据，表明根据 2009 年 12 月 31 日存在情况提供的资产负债表反映的应收乙公司款项中的大部分已经成为坏账，依据资产负债表日存在状况编制的会计报表所提供的信息已不能真实反映企业的实际情况，因此，应据此对会计报表相关项目的数字进行调整。

2. 非调整事项

资产负债表日后非调整事项，是指表明资产负债表日后发生的情况的事项。资产负债表日后非调整事项虽然不影响资产负债表日的存在情况，但若不加以说明，将会影响财务报告使用者做出正确估计和决策。

企业发生的资产负债表日后非调整事项，通常包括下列各项：①资产负债表日后发生重大诉讼、仲裁、承诺；②资产负债表日后资产价格、税收政策、外汇汇率发生重大变化；③资产负债表日后因自然灾害导致资产发生重大损失；④资产负债表日后发行股票和债券以及其他巨额举债；⑤资产负债表日后资本公积转增资本；⑥资产负债表日后发生巨额亏损；⑦资产负债表日后发生企业合并或处置子公司；⑧资产负债表日后，企业利润分配方案中拟分配的以及经审议批准宣告发放的股利或利润。

二、资产负债表日后调整事项

(一)调整事项的处理原则

企业发生的资产负债表日后调整事项，应当调整资产负债表日已编制的会计报表。由于资产负债表日后事项发生在次年，上年度的有关账目已经结转，特别是损益类项目在结账后已无余额。因此，资产负债表日后发生的调整事项，应分别根据以下情况进行处理。

(1)涉及损益的事项，通过"以前年度损益调整"项目核算。调整增加以前年度利润或调整减少以前年度亏损的事项，记入"以前年度损益调整"项目的贷方；调整减少以前年度利润或调整增加以前年度亏损的事项，记入"以前年度损益调整"项目的借方。

由于以前年度损益调整增加的所得税费用，记入"以前年度损益调整"项目的借方，同时贷记"应交税费——应交所得税"等项目;由于以前年度损益调整减少的所得税费用,记入"以前年度损益调整"项目的贷方,同时借记"应交税费——应交所得税"等项目。调整完成后,应将"以前年度损益调整"项目的贷方或借方余额,转入"利润分配——未分配利润"项目。

(2)涉及利润分配调整的事项,直接在"利润分配——未分配利润"项目核算。

(3)不涉及损益以及利润分配的事项,调整相关项目。

(4)进行上述账务处理的同时,还应调整会计报表相关项目的数字,包括:①资产负债表日编制的会计报表相关项目的期末或本年发生数;②当期编制的会计报表相关项目的期初数或上年数;③提供比较会计报表时,还应调整相关会计报表的上年数;④上述调整如果涉及附注内容,还应当调整附注相关项目的数字。

(二)调整事项的具体会计处理方法

(1)资产负债表日后诉讼案件结案,法院判决证实了企业在资产负债表日已经存在现时义务,需要调整原先确认的与该诉讼案件相关的预计负债,或确认一项新负债。这一事项是指在资产负债表日已经存在的现时义务尚未确认,资产负债表日后至财务报告批准报出日之间获得了新的或进一步的证据,表明符合负债的确认条件,应在财务报告中予以确认,从而需要对会计报表相关项目进行调整;或者资产负债表日已确认的某项负债,在资产负债表日至财务报告批准日之间获得新的或进一步的证据,表明需要对已经确认的金额进行调整。

【例6-7】 甲公司与乙公司签订一项供销合同,约定甲公司在2009年11月供应给乙公司一批物资。由于甲公司未能按照合同发货,致使乙公司发生重大经济损失。乙公司通过法律程序要求甲公司赔偿经济损失55 000万元,该诉讼案件在12月31日尚未判决,甲公司确认了45 000万元的预计负债,并将该项赔款反映在12月31日的会计报表中,乙公司未确认应收赔偿款。2010年2月7日,经法院一审判决,甲公司需要偿付乙公司经济损失50 000万元,甲公司不再上诉,赔款已经支付。假定甲、乙两公司均于2010年2月15日完成了2009年度所得税汇算清缴;根据税法规定,上述预计负债产生的损失不允许在税前扣除。假定甲、乙公司财务报告批准报出日都是次年3月31日,不考虑报表附注中有关现金流量表项目的数字,金额单位以万元表示。

本例中,2010年2月7日法院的判决证实了甲、乙公司在资产负债表日分别存在现时义务和获赔权利,因此都应按调整事项的处理原则进行会计处理。

(1)甲公司的会计处理(以万元为单位):

第一,记录支付的赔偿款。

借:以前年度损益调整　　　5 000
　　贷:其他应付款　　　　　　　5 000
借:预计负债　　　　　　　45 000
　　贷:其他应付款　　　　　　　45 000
借:其他应付款　　　　　　50 000
　　贷:银行存款　　　　　　　　50 000

注：资产负债表日后事项如涉及现金收支项目，均不调整报告年度资产负债表的货币资金项目和现金流量表各项目数字。本例中，虽然已经支付了赔偿款，但在调整会计报表相关数字时，只需调整上述第一笔和第二笔分录，第三笔分录作为 2010 年的会计事项处理。

第二，调整递延所得税资产。

借：以前年度损益调整　　　　　　　　11 250(45 000×25%)

　　贷：递延所得税资产　　　　　　　　　　　　11 250

第三，将"以前年度损益调整"项目余额转入利润分配。

借：利润分配——未分配利润　　　　　16 250

　　贷：以前年度损益调整　　　　　　　　　　　16 250

第四，调整利润分配有关数字。

借：盈余公积　　　　　　　　　　　　1 625

　　贷：利润分配——未分配利润　　　　　　　　1 625(16 250×10%)

第五，调整报告年度会计报表相关项目的数字(会计报表略)。

①资产负债表项目的调整：调减递延所得税资产 11 250 万元，调增其他应付款项目 50 000 万元，调减预计负债 45 000 万元，调减盈余公积 1 625 万元，调减未分配利润 14 625 万元。

②利润表项目的调整：调增营业外支出 5 000 万元，调减所得税费用 11 250 万元。

③所有者权益变动表项目的调整：调减净利润 16 250 万元，调减提取盈余公积 1 625 万元。

第六，调整 2010 年 2 月资产负债表相关项目的年初数。甲公司在编制 2010 年 1 月的资产负债表时，将调整前 2009 年 12 月 31 日的资产负债表的数字作为资产负债表的年初数，由于发生了资产负债表日后调整事项，甲公司除了调整 2009 年度资产负债表相关项目的数字外，还应当调整 2010 年 2 月资产负债表相关项目的年初数，其年初数按照 2009 年 12 月 31 日调整后的数字填列。

(2)乙公司的会计处理(以万元为单位)：

第一，记录已收到的赔偿款。

借：其他应收款　　　　　　　　　　　50 000

　　贷：以前年度损益调整　　　　　　　　　　　50 000

借：银行存款　　　　　　　　　　　　50 000

　　贷：其他应收款　　　　　　　　　　　　　　50 000

第二，调整应交所得税。

借：以前年度损益调整　　　　　　　　12 500

　　贷：应交税费——应交所得税　　　　　　　　12 500(50 000×25%)

第三，将"以前年度损益调整"项目余额转入利润分配。

借：以前年度损益调整　　　　　　　　37 500

　　贷：利润分配——未分配利润　　　　　　　　37 500(50 000-12 500)

第四，调整利润分配有关数字。

借：利润分配——未分配利润　　　3 750(37 500×10％)

　　贷：盈余公积　　　　　　　　　3 750

第五，调整报告年度会计报表相关项目的数字和 2010 年 2 月资产负债表项目的年初数(略)。

(2)资产负债表日后取得确凿证据，表明某项资产在资产负债表日发生了减值或者需要调整该项资产原先确认的减值金额。这一事项是指在资产负债表日，根据当时的资料判断某项资产可能发生了损失或减值，但没有最后确定是否会发生，因而按照当时的最佳估计金额反映在会计报表中；但在资产负债表日至财务报告批准报出日之间，所取得的确凿证据能证明该事实成立，即某项资产已经发生了损失或减值，则应对资产负债表日所做的估计予以修正。

企业在年度资产负债表日至财务报告批准报出日之间发生的涉及资产减值准备的调整事项，如发生在报告年度所得税汇算清缴之前，应相应调整报告年度的所得税；如果发生在报告年度所得税汇算清缴之后，应将与资产减值准备有关的事项产生的纳税调整金额，作为本年度的纳税调整事项，相应调整本年度应交所得税。

【例 6-8】 甲公司 2009 年 4 月销售给乙公司一批产品，货款为 58 000 万元(含增值税)，乙公司于 5 月份收到所购物资并验收入库，按合同规定，乙公司应于收到所购物资后一个月内付款。由于乙公司财务状况不佳，到 2009 年 12 月 31 日仍未付款。甲公司于 12 月 31 日编制 2009 年度会计报表时，已为该项应收账款提取坏账准备 2 900 万元(假定坏账准备提取比例为 5％)；12 月 31 日资产负债表上"应收账款"项目的金额为 76 000 万元，其中 55 100 万元为该项应收账款。甲公司于 2010 年 2 月 2 日(所得税汇算清缴前)收到乙公司通知，乙公司已宣告破产清算，无力偿还所欠部分货款，甲公司预计可收回应收账款的 40％。

本例中，公司在收到乙公司通知时，先判断是属于资产负债表日后事项中的调整事项，根据调整事项的处理原则进行如下处理(以万元为单位)。

第一，补提坏账准备。

应补提的坏账准备＝58 000×60％－2 900＝31 900(万元)。

借：以前年度损益调整　　　　　31 900

　　贷：坏账准备　　　　　　　　31 900

第二，调整递延所得税资产。

借：递延所得税资产　　　　　　7 975

　　贷：以前年度损益调整　　　　7 975(31 900×25％)

第三，将"以前年度损益调整"项目的余额转入利润分配。

借：利润分配——未分配利润　　23 925

　　贷：以前年度损益调整　　　　23 925(31 900－7 975)

第四，调整利润分配有关数字。

借：盈余公积　　　　　　　　　2 392.5

　　贷：利润分配——未分配利润　2 392.5(23 925×10％)

第五，调整报告年度会计报表相关项目的数字(会计报表略)。

①资产负债表项目的调整：调减应收账款 31 900 万元，调增递延所得税资产 7 975 万元，调减盈余公积 2 392.5 万元，调减未分配利润 21 532.5 万元。

②利润表项目的调整：调增管理费用 31 900 万元，调减所得税费用 7 975 万元。

③所有者权益变动表项目的调整：调减净利润 23 925 万元，调减提取盈余公积 2 392.5 万元。

第六，调整 2010 年 2 月资产负债表相关项目的年初数（资产负债表表略）。甲公司在编制 2010 年 1 月的资产负债表时，将调整前 2009 年 12 月 31 日的资产负债表的数字作为资产负债表的年初数，由于发生了资产负债表日后调整事项，甲公司除了调整 2009 年度资产负债表相关项目的数字外，还应当调整 2010 年 2 月资产负债表相关项目的年初数，其年初数按照 2009 年 12 月 31 日调整后的数字填列。

（3）资产负债表日后进一步确定了资产负债表日前购入资产的成本或售出资产的收入。这类调整事项包括两方面的内容：

第一，若资产负债表日前购入的资产已经按暂估金额等入账，资产负债表日后获得证据，可以进一步确定该资产的成本，则应该对已入账的资产成本进行调整。例如，购建固定资产已经达到预定可使用状态，但尚未办理竣工决算，企业已办理暂估入账，在资产负债表日后办理决算时，应根据竣工决算的金额调整暂估入账的固定资产成本等。

第二，企业在资产负债表日已根据收入确认条件确认资产销售收入，但资产负债表日后获得关于资产收入的进一步证据，如发生销售退回等，此时也应调整会计报表相关项目的金额。需要说明的是，资产负债表日后发生的销售退回，既包括报告年度或报告中期销售的商品在资产负债表日后发生的销售退回，也包括以前期间销售的商品在资产负债表日后发生的销售退回。

发生在资产负债表所属期间或以前期间所售商品的退回，在会计处理时作为资产负债表日后调整事项处理。按照税法规定，企业年度申报纳税汇算清缴后发生的属于资产负债表日后事项的销售退回所涉及的应纳税所得额的调整，应作为本年度的纳税调整，而不作为报告年度的纳税调整。因此，发生于资产负债表日后至财务报告批准报出日之间的销售退回事项，可能发生于年度所得税汇算清缴之前，也可能发生于年度所得税汇算清缴之后。

第一种情况：资产负债表日后事项中涉及报告年度所属期间的销售退回发生于报告年度所得税汇算清缴之前，应调整报告年度利润表的收入、成本等，并相应调整报告年度的应纳税所得额以及报告年度应缴的所得税等。

第二种情况：资产负债表日后事项中涉及报告年度所属期间的销售退回发生于报告年度所得税汇算清缴之后，应调整报告年度会计报表的收入、成本等，但按照税法规定在此期间的销售退回所涉及的应缴所得税，应作为本年度的纳税调整事项。

（4）资产负债表日后发现了会计报表舞弊或差错。这一事项是指资产负债表日至财务报告批准日之间发生的属于资产负债表期间或以前期间存在的会计报表舞弊或差错，这种舞弊或差错应当作为资产负债表日后调整事项，调整报告年度的年度财务报告或中期财务报告相关项目的数字。具体会计处理可以参见本章第二节中的会计政策、会计估计变更和差错更正。

三、资产负债表日后非调整事项

（一）非调整事项的处理原则

资产负债表日后发生的非调整事项，是指表明资产负债表日后发生的情况的事项，不影响资产负债表日的存在状况，不应当调整资产负债表日的会计报表。但由于事项重大，如不加以说明，将会影响财务报告使用者做出正确估计和决策，因此，应在附注中加以披露。

（二）非调整事项的具体会计处理方法

资产负债表日后发生的非调整事项，应当在报表附注中披露每项重要的资产负债表日后非调整事项的性质、内容，及其对财务状况和经营成果的影响。无法做出估计的，应当说明原因。

资产负债表日后非调整事项的主要例子有：

（1）资产负债表日后发生重大诉讼、仲裁、承诺。例如，甲公司销售房地产，2009年与丁企业签订该房地产的购销合同。2010年1月，丁企业通知甲公司，其在获得银行贷款方面有困难，但仍然能够履行合同。之后不久，甲公司将该房地产另售他人。2010年2月，丁企业通过法律手段起诉甲企业违背受托责任。2010年3月，甲公司同意付给丁企业500 000元的现金以使其撤回法律诉讼。

由于资产负债表日后发生的重大诉讼、仲裁、承诺等事项影响较大，为防止误导投资者及其他财务报告使用者，应当在报表附注中进行相关披露，即甲公司和丁企业应在2009年度报表附注中披露诉讼事项的信息。

（2）资产负债表日后资产价格、税收政策、外汇汇率发生重大变化。例如，某公司有一笔长期美元贷款，在编制2009年12月31日的会计报表时已按2009年年末的汇率进行折算（假设2009年年末的汇率为1美元兑换6.8元人民币）。假设由于金融危机等因素2010年人民币对美元的汇率发生重大变化。

由于该公司在资产负债表日已经按照当天的资产计量方式进行处理，或按规定的汇率对有关账户进行调整，因此，无论资产负债表日后的资产价格和汇率如何变化，均不应影响资产负债表日的财务状况和经营成果。但是，如果资产负债表日后资产价格、外汇汇率发生重大变化，应对由此产生的影响在报表附注中进行披露。同样，国家税收政策发生重大改变将会影响企业的财务状况和经营成果，也应当在报表附注中及时披露该信息，即该公司应在报表附注中披露汇率的变化。

（3）资产负债表日后因自然灾害导致资产发生重大损失。例如，甲公司拥有日本某上市公司（乙企业）15％的股权，无重大影响，投资成本2 000 000元。在编制2010年12月31日的资产负债表时，甲公司对乙企业投资的账面价值按初始投资成本反映。2011年3月，日本发生海啸，造成乙企业的股票市场价值大幅下跌，甲公司对乙企业的股权投资遭受重大损失。

由于自然灾害导致资产重大损失对企业资产负债表日后财务状况的影响较大，如果不加以披露，有可能使财务报告使用者做出错误的决策，因此应作为非调整事项在报表附注中进行披露。该例中海啸发生在 2011 年 3 月，是资产负债表日后才发生或存在的事项，应当作为非调整事项在 2010 年度报表附注中进行披露。

(4)资产负债表日后发行股票和债券以及其他巨额举债。例如，Y 公司于 2011 年 1 月 15 日经批准发行三年期债券 500 000 万元，面值为 100 元，年利率为 10%，企业按 110 元的价格发行，并于 2011 年 3 月 15 日结束发行。

企业发行股票、债券以及向银行或非银行金融机构举借巨额债务都是比较重大的事项，虽然这一事项与企业资产负债表日的存在状况无关，但这一事项的披露能使财务报告使用者了解与此有关的情况及可能带来的影响，故应披露。

(5)资产负债表日后资本公积转增资本。例如，W 公司经批准，于 2011 年 2 月将 5 600 万元资本公积转增资本。

由于企业以资本公积转增资本将会改变企业的资本(或股本)结构，影响较大，需要在报表附注中进行披露。

(6)资产负债表日后发生巨额亏损。例如，F 公司 2011 年 1 月出现巨额亏损，净利润由 2010 年 12 月的 18 000 万元变为亏损 300 万元。

由于企业资产负债表日后发生巨额亏损将会对企业报告期以后的财务状况和经营成果产生重大影响，应当在报表附注中及时披露该事项，以便为投资者或其他财务报告使用者做出正确决策提供信息。

(7)资产负债表日后发生企业合并或处置子公司。例如，K 公司于 2011 年 1 月 20 日将其全资子公司丙企业出售给乙企业。

企业合并或者处置子公司的行为可以影响股权结构、经营范围等方面，对企业未来的生产经营活动会产生重大影响。因此甲企业应在 2010 年报表附注中披露处理子公司的信息。

(8)资产负债日后，企业利润分配方案中拟分配的以及经审议批准宣告发放的股利或利润。该事项不确认为资产负债表日后负债，但应当在附注中单独披露。

第五节 财务情况说明书及其分析

一、财务情况说明书的内容

会计报表附注主要是以文字和数字形式对基本会计报表的内容以及其他有助于理解会计报表的有关事项进行必要的说明，包括基本的会计政策以及运用的主要会计方法等内容。而财务情况说明书则是对公司当期财务分析结果进行总结的文字说明，能够披露一些与上市公司财务分析有关的其他重要信息。其既包括对企业在报告期的财务状况和经营成果的总评价，还包括哪些业务经营得好、哪些业务经营得不好等具体信息。

一个完整的财务情况说明书应包括多方面的内容。

（1）企业生产经营的基本情况。

第一，企业主营业务范围和附属其他业务，纳入年度会计决算报表合并范围内企业从事业务的行业分布情况；未纳入合并的应明确说明原因；企业人员、职工数量和专业素质的情况；报表编报口径说明。

第二，本年度生产经营情况，包括主要产品的产量、主营业务量、销售量（出口额、进口额）及同比增减量，在所处行业中的地位，如按销售额排列的名次；经营环境变化对企业生产销售（经营）的影响；营业范围的调整情况；新产品、新技术、新工艺开发及投入情况。

第三，开发、在建项目的预期进度及工程竣工决算情况。

第四，经营中出现的问题与困难，以及需要披露的其他业务情况与事项等。

（2）利润实现、分配及企业亏损情况。

第一，主营业务收入的同比增减额及主要影响因素，包括销售量、销售价格、销售结构变动和新产品销售，以及影响销售量的滞销产品种类、库存数量等。

第二，成本费用变动的主要因素，包括原材料费用、能源费用、工资性支出、借款利率调整对利润增减的影响。

第三，其他业务收入、支出的增减变化，若其收入占主营业务收入的10％（含10％）以上，则应按类别披露有关数据。

第四，同比影响其他收益的主要事项，包括投资收益，特别是长期投资损失的金额及原因；补贴收入各款项来源、金额，以及扣除补贴收入的利润情况；影响营业外收支的主要事项、金额。

第五，利润分配情况。

第六，利润表中的项目，如两个期间的数据变动幅度达30％（含30％）以上，且占报告期利润总额10％（含10％）以上的，应明确说明原因。

第七，会计政策变更的原因及其对利润总额的影响数额，会计估计变更对利润总额的影响数额。

第八，其他。

（3）资金增减和周转情况。

第一，各项资产所占比重，应收账款、其他应收款、存货、长期投资等变化是否正常，增减原因；长期投资占所有者权益的比率及同比增减情况、原因、购买和处置子公司及其他营业单位的情况。

第二，资产损失情况，包括待处理财产损益的主要内容及其处理情况，按账龄分析三年以上的应收账款和其他应收款未收回的原因及坏账处理办法，长期积压商品物资、不良长期投资等产生的原因及影响。

第三，流动负债与长期负债的比重，长期借款、短期借款、应付账款、其他应付款的同比增加金额及原因；企业偿还债务的能力和财务风险状况；三年以上的应收账款和其他应付款金额、主要债权人及未付原因；逾期借款本金和未还利息情况。

第四，企业从事证券买卖、期货交易、房地产开发等业务占用资金和效益情况。

第五，企业债务重组事项及对本期损益的影响。

第六，资产、负债、所有者权益项目中，如两个期间的数据变动幅度达30％（含30％）以上，且占报告期资产总额5％（含5％）以上的，应明确说明原因。

（4）所有者权益增减变动情况。

第一，会计处理追溯调整影响年初所有者权益（或股东权益）的变动情况，并应具体说明增减差额及原因。

第二，所有者权益（或股东权益）本年年初与上年年末因其他原因变动情况，并应具体说明增减差额及原因。

第三，所有者权益（或股东权益）本年度内经营因素增减情况。

第四，对国有资本保值增值产生影响的主要客观因素情况及增减数额。

（5）对企业财务状况、经营成果和现金流量有重大影响的其他事项。

（6）对企业收支利指标进行全面分析，通过数据阐述问题的原因，从分析中得出企业的经营情况，提出新年度拟采取的改进管理和提高经营业绩的具体措施。

二、财务情况说明书的编制

编制财务情况说明书时应注意几下几点：

（1）突出重点、兼顾一般。对上级领导比较关心的问题和当前经济运行的重点、热点以及变动指标比较大的情况进行分析，如涨价、加息、地震等因素对支出的影响，宏观调控对支出的影响等。

（2）观点明确、主次分明。有主有次，抓住问题，要让人明白、让人看出所写的当期经营情况到底如何，不能模棱两可，总之要明确所讲的是什么。

（3）注重实效、抓住关键。时效性对报告质量影响很大，目前报表清算数出得慢，已经严重影响了报表质量，因为时效不强对决策意义不大，甚至出现负面影响。

（4）客观公正、真实可靠。依赖于会计报表的质量，报表数据越是真实的、完整的，报告就越有科学性。

（5）报告清楚、文字简练。财务情况说明书是对公司当期财务分析结果进行总结的文字说明，只有报告结构清楚，使用者看着才舒服，如果缺乏条理和逻辑，即使分析得再好，也可能达不到效果。

第七章

分部会计报表编制与分析

第一节　分部会计报表概述

一、分部会计报表的含义

分部会计报表是反映企业在各行业、各地区经营业务的收入、成本、费用、营业利润、资产总额及负债总额的报表。分部会计报表是企业财务报告的主要内容。

按反映的内容不同，其可以分为业务分部报表和地区分部报表。

（一）业务分部

业务分部，是指企业内可区分的、能够提供单项或一组相关产品或劳务的组成部分。该组成部分承担了不同于其他组成部分的风险和报酬。企业根据反映的业务不同，编制业务分部报表。

企业在确定业务分部时，应当结合企业内部管理要求，并考虑下列因素：

（1）各单项产品或劳务的性质，包括产品或劳务的规格、型号、最终用途等。通常情况下，产品或劳务的性质相同，其面临的风险、回报率及其成长率通常可能较为接近，一般可将其划分到同一业务分部中。如果产品或劳务的性质不同，则不能将其划分到同一业务分部中。

（2）生产过程的性质，包括采用劳动力密集或资本密集方式组织生产、使用相同或者相似设备和原材料、采用委托生产或加工方式等。生产过程性质相似，其面临的风险和回报通常较为接近，可以将其划为一个业务分部，如按劳动力密集型和资本密集型划分业务分部。对于劳动力密集型的部门来说，其使用的劳动力较多，相对来说劳动力的成本，即人工费用的影响较大，其经营成果受人工成本的升降影响较大；对于资本密集型的部门来说，其占用的设备较为先进，占用的固定资产较多，相应负担的折旧费也较多，其经营成果受资产折旧费用的影响较大，受技术进步因素的影响也很大。

(3)产品或劳务的客户类型，包括大宗客户、零散客户等。对于同一类型的客户，一般来说销售条件基本相同，如相同或相近的销售价格、现金折扣条件、商业折扣条件，相同或相近的售后服务等，因而具有相同或相似的风险和回报率。对于不同类型的客户，其销售条件不尽相同，由此产生的经营风险和回报率也各不相同。例如，计算机生产企业，其生产的计算机分为商用计算机和个人用计算机。其中，商用计算机的主要销售客户是企业，一般是大宗购买，对计算机的专用性要求较高，售后服务要求相对较为集中；而个人用计算机，其客户对计算机的通用性要求较高，售后服务要求相对较为分散。

(4)销售产品或提供劳务的方式，包括批发、零售、自产自销、委托销售、承包等。一般来说，采用直销方式销售产品，直接发生的销售费用较高；采用代销方式销售产品，将发生代理销售费用。在赊销的情况下，其有利于销售规模的扩大，但发生的收账费用较大，发生坏账的风险也很大；在收款销售的情况下，不存在应收账款的坏账问题，不会发生收账费用，但销售规模的扩大有限。

(5)生产产品或提供劳务受法律、行政法规的影响，包括经营范围或交易定价限制等。企业生产产品或提供劳务总是处于一定的经济法律环境之中，环境必然对其产生影响，生产产品或提供劳务所处的法律环境的发展变化以及稳定与否，可能直接影响到该产品生产和劳务提供的收缩和扩张，影响该产品生产或劳务提供的收入、费用及盈利状况。对不同环境的产品生产或劳务提供进行分类，向财务报告使用者提供不同法律环境下产品生产或劳务提供的信息，有利于对企业的未来发展做出判断和预测。例如，商业银行、保险公司等易受政府管制的金融企业，就不应与其他分部合并为一个业务分部。

需要说明的是，业务分部与一般意义上的部门并不完全相同。要求企业提供分部信息的主要目的在于分析企业的经营成果，把握企业的经营风险。对于某些企业来说，某一业务部门可以是一个业务分部，也可以由若干个业务部门组成一个业务分部；可以将生产某一产品或提供某种劳务的部门作为一个业务分部，也可以将若干种产品生产或劳务提供的部门组成一个业务分部，在这种情况下，这些若干种产品生产或劳务提供的部门，其生产的产品或提供的劳务应当具有相似的风险和回报。

(二)地区分部

地区分部，是指企业内可区分的、能够在一个特定的经济环境内提供产品或劳务的组成部分。该组成部分承担了不同于在其他经济环境内提供产品或劳务的组成部分的风险和报酬。企业根据反映的地区不同，编制地区分部报表。企业在确定地区分部时，应当结合企业内部管理要求，并考虑下列因素：

(1)所处经济、政治环境的相似性，包括境外经营所在地区经济和政治的稳定程度等。所处经济和政治环境有差异，意味着其生产经营活动所面临的经济和政治风险不同，不能将各分部归并为一个地区分部。经济和政治环境基本相似的国家和地区，其生产经营活动所面临的经济政治环境、经营风险基本相当，可以归并为一个地区分部。

（2）在不同地区经营之间的关系，包括在某地区进行产品生产，而在其他地区进行销售等。如果企业在不同地区的经营之间存在密切的联系，就意味着不同地区的经营具有相同的风险和回报，应当将其作为一个地区分部；反之，则不能作为一个地区分部。

（3）经营的接近程度大小，包括在某地区生产的产品是否需在其他地区进一步加工生产等。经营接近程度较高的地区，在生产经营方面面临的风险和回报也基本相当，应将其作为一个地区分部；反之，则表明面临的风险和回报差异较大，不应确定为一个地区分部。

（4）与某一特定地区经营相关的特定风险，包括气候异常变化等。如果某一特定地区在生产经营上存在着特定的风险，那么就不能将其与其他地区分部合并作为一个地区分部。

（5）外汇管理规定，即境外经营所在地区是否实行外汇管制。外汇管制的规定直接影响着企业内部资金的调度和转移，从而影响着企业的经营风险。在外汇管制的国家或地区，从其转移资金相对较为困难，承受着较大的资金风险；而外汇可以自由流动的国家或地区，转移资金则较为容易，其资金风险相对较小。

因此，不能将外汇管制国家和地区与外汇自由流动的国家和地区作为一个地区分部；对于外汇管制的地区，也应当区分其管制程度大小，而不能一概而论，将其确定为一个地区分部。

（6）外汇风险。外汇汇率变动不大的国家或地区，企业面临的风险和回报基本相同，可以作为一个地区分部；外汇汇率变动较大的国家或地区，企业面临的风险和回报差异较大，不能作为一个地区分部。

需要说明的是，地区分部与一般意义上的地区也不完全相同。划分地区分部的一个重要依据就在于各分部之间具有不同的风险和回报，而不单纯以某行政区域作为划分依据。

通常情况下，单个地区分部中不包括风险和报酬具有显著差异的经济环境，因此，某个地区分部中的各组成部分应当具有相同或相近的风险和回报。地区分部可以是单一国家，也可以是两个或两个以上具有相同或相近经营风险和回报的国家的组合；可以是一个国家内的一个行政区域，也可以是一个国家中两个或两个以上行政区域的组合。对于在具有重大不同风险和回报环境中经营的分部，不能将其作为一个地区分部。

企业的风险和回报既受其产品生产或劳务提供活动所在地影响，也受产品销售或劳务接受所在地影响。所以，地区分部可以按企业生产产品或提供劳务设施及其他资产所在地进行划分，也可以按其市场或客户所在地进行划分。也就是说，地区分部可以以资产所在地为基础确定，也可以以客户所在地为基础确定。通常情况下，企业的组织结构和管理结构，以及内部财务报告制度，能够表明企业的风险和回报主要是来自于资产所在地，还是来自于客户所在地。

两个或两个以上的业务分部或地区分部同时满足下列条件的，可以予以合并。

（1）具有相近的长期财务业绩，包括具有相近的长期平均毛利率、资金回报率、未来现金流量等。

(2)确定业务分部或地区分部所考虑的因素类似。

二、分部会计报表编制的范围

凡是满足下列三个条件之一的,应当纳入分部会计报表编制的范围。

(1)分部营业收入占所有分部营业收入合计的10%或以上(营业收入是指主营业务收入和其他业务收入)。

(2)分部的营业利润占所有盈利分部营业利润合计的10%或以上,或分部的营业亏损占所有亏损分部营业亏损合计的10%或以上。

(3)分部资产总额占所有分部资产总额合计的10%或以上。

第二节　分部报表编制与分析

一、分部的确定

企业应当以业务分部或地区分部为基础确定报告分部,业务分部或地区分部的大部分收入是对外交易收入,且满足下列条件之一的应当将其确定为报告分部。

(一)重要性的标准——10%

一个分部是否作为报告分部,取决于其是否具有重要性,对于具有重要性的分部,则应将其作为报告分部。一般情况下,判断其重要性主要依据其是否达到下列各项目中至少一项标准。

(1)一个分部的收入(包括对外营业收入和对其他分部的营业收入)达到企业分部收入总额的10%以上。但当某一分部仅对内部其他分部提供产品和劳务,并不对外销售产品或提供劳务时,则不能将其作为报告分部对待。各分部从企业外部取得的利息收入,以及分部相互之间发生应收款项(列入分部可辨认资产者)而取得的利息收入,应当将其作为分部收入处理。对其他分部预付款或贷款所发生的利息收入,则不能包括在分部收入中。但当企业内部设立有融资机构时,由于其主要业务为融资、贷款给其他部门,其贷款收入则应计入该融资分部的分部收入之中。

(2)一个分部的营业利润(或营业亏损)达到下列两项中绝对值较大者的10%:①所有盈利分部的分部营业利润合计额;②所有亏损分部的分部营业亏损合计额。

在这里,分部营业利润(或营业亏损)是指分部收入扣除分部费用后的余额。其中,分部费用是指分部从经营活动中产生的、可直接归属于该分部的费用,以及能按合理的基础分配给该分部的费用份额。

(3)分部资产达到各分部资产总额的10%以上。当某一分部的营业收入、营业利润或营业亏损及其可辨认的资产,每一项均达到全部分部合计数的90%以上时,则企业的合并会计报表即可以提供该分部风险及经营业绩的会计信息。此时,只需在会计报表附注中予以说明即可,而没有必要提供分部报告。

（二）报告分部 75％的标准

企业的业务分部或地区分部符合上述 10％的标准确认为报告分部后，确定为报告分部的各业务分部或地区分部对外营业收入合计额应达到合并总收入（或企业总收入）75％的比例。也就是说，在分部报告中披露的对外营业收入合计额必须达到合并总收入（或企业总收入）的 75％。如果未达到总收入的 75％的标准，则必须增加报告分部的数量，直到达到 75％的比例。

（三）报告分部的数量不超过 10 个

报告分部的数量不宜过多，一般不得超过 10 个。如果将过多的分部作为报告分部，对其会计信息予以披露，则将导致披露的信息过多，使对外披露的会计信息流于琐碎，反而不利于会计信息使用者的使用。如果重要的业务分部或地区分部超过 10 个时，则应当将某些相类似的业务分部或地区分部予以合并，使报告分部的数量达到这一要求。将两个或多个业务分部或地区分部合并为单一的业务分部或地区分部时，必须考虑其实质上相似。所谓实质上相似，是指两个或多个业务分部或地区分部表现出相似的长期财务业绩，以及在经营风险和报酬等方面相似。

除遵循上述标准外，某一分部确定是否应作为报告分部，还应当注意与其他会计期间的情况相比较，注意保持报告分部在不同会计期间的一贯性。对于某一分部，因某一会计年度特殊事项而导致其不符合上述标准时，在该会计年度仍然应当将其作为报告分部披露其会计信息。反之，在正常情况下不符合报告分部的定义，而由某一特殊事项导致其达到 10％的标准时，在该会计年度也不应将其作为报告分部披露其会计信息。但是，当某一分部以前年度未达到报告分部的标准，但在本会计年度达到上述标准，并且预计在以后的会计年度也将达到上述标准的要求时，则应将该分部作为报告分部披露其相关的会计信息。在这种情况下，对该报告分部以前会计年度相关的分部信息应当予以重编，以便该报告分部的相关信息相互可比。

二、分部报表的编制

分部报告的主要形式就是分部报表。分部报表应该按照业务分部和地区分部分别编制。列示的栏目为营业收入（包括对外交易收入与分部间交易收入）、营业费用、营业利润或亏损、资产总额、负债总额、补充信息。由此可见，分部报表明显是作为利润表（损益表）的一个补充而存在的。母公司的分部报表应根据企业所属的各个子公司、分公司或分部提供的报表中的有关数据分析填列。如果母公司的会计报表和合并会计报表一并提供，该表只需在合并会计报表的基础上编制。

分部报表中的"对外营业收入"和"对外营业成本"是指各业务分部对整个企业以外的单位销售所产生的收入、成本；"分部间营业收入"和"分部间营业成本"是指各个业务分部之间的销售业务所产生的收入、成本等。

对外营业成本与分部间营业成本，可以按照对外营业收入占全部业务（地区）分部营业收入总额的比例进行分配。企业对于成本的分配，也可以根据具体情况，采用合理的方法在各分部间进行分配。

报表中的各分部资产总额，是指各分部在其经营活动中使用的，并可直接归属于该分部的资产总额；各分部负债总额，是指各分部在经营活动中形成的，并可直接归属于该分部的负债总额。

分部报表应按业务分部和地区分部分别编制。对于主要报告形式是业务分部的，企业应当在附注中披露分部收入、分部费用、分部利润（亏损）、分部资产总额和分部负债总额等。主要报告形式是业务分部的分部报表格式见表 7-1。主要报告形式是地区分部的分部报表格式与表 7-1 基本相同。

表 7-1 分部报表（业务分部）

项目	××业务		××业务		…	其他		抵销		合计	
	本期	上期	本期	上期		本期	上期	本期	上期	本期	上期
一、营业收入											
其中：对外交易收入											
分部间交易收入											
二、营业费用											
三、营业利润（亏损）											
四、资产总额											
五、负债总额											
六、补充信息											
1. 折旧和摊销费用											
2. 资本性支出											
3. 折旧和摊销以外非现金费用											

（1）分部收入是指可归属于分部的对外交易收入和分部间交易收入。其主要由可归属于分部的对外交易收入构成，通常为营业收入。下列项目不包括在内：①利息收入和股利收入，如采用成本法核算的长期股权投资的股利收入（投资收益）、债券投资的利息收入、对其他分部贷款的利息收入等。但是，分部的日常活动是金融性质的除外。②采用权益法核算的长期股权投资在被投资单位实现的净利润中应享有的份额以及处置投资产生的净收益。但是，分部的日常活动是金融性质的除外。③营业外收入，如处置固定资产、无形资产等产生的净收益。

（2）分部费用是指可归属于分部的对外交易费用和对其他分部交易费用。其主要由可归属于分部的对外交易费用构成，通常包括营业成本、营业税金及附加、销售费用等。下列项目不包括在内：①利息费用，如发行债券、向其他分部借款的利息费用等。但是，分部的日常活动是金融性质的除外。②采用权益法核算的长期股权投资在被投资单位发生的净损失中应承担的份额以及处置投资发生的净损失。但是，分部的日常活动是金融性质的除外。③与企业整体相关的管理费用和其他费用。但是，企业代所属分部支付的、与分部经营活动相关的，且能直接归属于或按合理的基础分配给该分部的费用，属于分部费用。④营业外支出，如处置固定资产、无形资产等发生的净损失。⑤所得税费用。

关于分部收入与分部费用，需要再强调指出一下，当分部的日常活动是金融性质的，其利息收入和利息费用应当作为分部收入和分部费用进行披露，而一般性企业则完全不同。

（3）分部利润（亏损）是指分部收入减去分部费用后的余额。在合并利润表中，分部利润（亏损）应当在调整少数股东损益前确定。

（4）分部资产是指分部经营活动使用的可归属于该分部的资产，不包括递延所得税资产。分部资产的披露金额应当按照扣除相关累计折旧或摊销额以及累计减值准备后的金额确定。披露分部资产总额时，当期发生的在建工程成本总额、购置的固定资产和无形资产的成本总额应当单独披露。

（5）分部负债是指分部经营活动形成的可归属于该分部的负债，不包括递延所得税负债。通常情况下，短期借款、长期借款、应付债券等不属于分部负债。

（6）补充信息。除了以上五个方面外还需要填列补充信息，包括折旧和摊销费用、资本性支出、折旧和摊销费用以外的非现金费用。

三、分部报告的报告形式与披露

（一）分部报告的报告形式

分部报告的报告形式包括主要分部报告形式和次要分部报告形式。《企业会计准则第 35 号——分部报告》第 13 条规定，企业应当区分主要分部报告形式和次要分部报告形式披露分部信息。

所谓主要分部报告形式，是指在财务报告中按该分部披露其基本信息的分部。不作为主要分部报告形式披露的分部信息，则属于次要分部报告形式。可以采用业务分部作为主要分部报告形式，也可以采用地区分部作为主要分部报告形式。企业应根据自身的经营风险和报酬的主要来源及其性质，确定其主要分部报告形式。经营风险和报酬的主要来源应作为确定分部报告的主要报告形式的依据；经营风险和报酬的次要来源应作为确定分部报告的次要报告形式的依据。

一般来说，企业的风险和报酬主要受其生产的产品和劳务的差异的影响，通常应当采用业务分部作为分部报告的主要分部报告形式，而将地区分部作为次要分部报告形式。但当企业的风险和报酬主要受其在不同的国家或其他地区经营方面的影响时，应当采用地区分部作为分部报告的主要分部报告形式，而将业务分部作为次要分部报告形式。

当企业的风险和报酬同时强烈地受其生产的产品和劳务的差异以及经营所在地区的差异的影响时，则企业应采用业务分部作为其主要分部报告形式，将地区分部作为次要分部报告形式。

（二）分部报告的披露

以业务分部为主要分部报告形式的情况下，应当按照确定作为报告分部的业务分部，分别对每一业务分部披露以下会计信息。

1. 分部营业收入

分部营业收入是指在企业利润表中报告的、可直接归属于某一分部的收入，以及企业收入中能按合理的基础分配给该分部的相关部分收入。分部营业收入分为对外部客户的营业收入和与企业内其他分部交易的收入。分部营业收入不包括非常项目取得的收入、利息收入和股利收益，以及投资的出售形成的利得等。

在披露分部会计信息时，应当将分部对外部的营业收入、对其他分部的营业收入分别列示。分部收入应按企业集团内部交易抵销之前的数额确定。

2. 分部销售成本

分部销售成本是指与某一分部营业收入相对的销售成本，即指企业利润表中直接归属于某一分部的销售成本，以及能按合理的方法分配给该分部的费用。

在披露分部会计信息时，应当将分部对外部的销售成本、对其他分部的销售成本分别列示。分部销售成本数额的确定与分部营业收入的确定相同，应按集团内部交易抵销之前的数额确定。

3. 分部期间费用

分部期间费用是指某一分部在经营活动中发生的，并可以直接归属于该分部的期间费用，以及能按合理的方法分配给该分部的期间费用。分部期间费用包括归属于某一分部的营业费用、管理费用和财务费用，不包括所得税费用以及其他与整个企业相关的费用等。企业期间费用中某些由企业代表分部支付的费用，当这些费用与分部的经营活动相关，且能直接归属于或按合理的方法分配给该分部时，则属于分部费用。

分部期间费用应按集团内部交易抵销之前的数额确定。在披露分部会计信息时，对于不归属于某一分部的营业费用、管理费用和财务费用等期间费用，应当作为分配项目在分部报告中列示。

4. 分部营业利润

分部营业利润即某一分部的经营成果，是指某一分部营业收入减去该分部销售成本及分部期间费用后的余额。对于企业利润中不归属于任何一个分部的利润，应当作为未分配项目在分部报告中列示。

5. 分部资产

分部资产是指分部在其经营活动中使用的，并可直接归属于该分部的经营资产。分部资产包括用于分部经营活动的流动资产、固定资产（包括融资租入的固定资产）以及无形资产等。分部资产不包括用于企业总部一般用途的资产和递延所得税借项。

分部资产按集团内部交易抵销之前的数额确定。对于企业资产总额中不归属于任何一个分部的资产，应当作为未分配项目在分部报告中列示。

6. 分部负债

分部负债是指分部在其经营活动中形成的，并可直接归属于该分部的经营负债。分部负债包括应付账款、其他应付款、应计负债、预收货款、产品担保准备等，不包括借款、与融资租入资产相关的负债以及其他为非经营目的而承担的负债，也不包括递延所得税贷项。

分部负债按集团内部交易抵销之前的数额确定。对于企业负债总额中不归属于任何一个分部的负债，应当作为未分配项目在分部报告中列示。

7. 披露的分部信息与合并会计报表（或个别会计报表）中的总额信息之间的调节情况

分部信息与会计报表中总额信息之间的调节情况的披露，其目的在于通过调节，使披露的各分部信息与会计报表相应项目的总额之间建立核对钩稽关系。在披露分部会计信息时，对于不能直接归属于某一分部的期间费用、资产和负债，应当在会计报告中予以披露。通过这些项目的披露，使披露的各分部各项目的金额调节到企业会计报表各项目的总额。

总之，企业披露的分部信息，应当与合并财务报表或企业财务报表中的总额信息相衔接。分部收入应当与企业的对外交易收入（包括企业对外交易取得的、未包括在任何分部收入中的收入）相衔接；分部利润（亏损）应当与企业的营业利润（亏损）和企业的净利润（净亏损）相衔接；分部资产总额应当与企业的资产总额相衔接；分部负债总额应当与企业的负债总额相衔接。

第八章

会计报表综合分析

第一节　会计报表综合分析的特征及方法

一、会计报表综合分析的特征

所谓会计报表综合分析，就是将营运能力、发展能力、偿债能力和盈利能力等诸方面的分析纳入一个有机的整体之中，全方位地评价企业的财务状况、经营成果和现金流量情况，从而对企业的经济效益做出准确的评价与判断。与单项分析相比较，会计报表综合分析具有以下特点：

（1）分析方法不同。单项分析通常采用由一般到个别，把企业财务活动的总体分解为每个具体部分，然后逐一加以考查分析；而综合分析则是通过归纳综合，对个别财务现象从财务活动的总体上做出总结。因此，单项分析具有实务性和实证性，综合分析则具有高度的抽象性和概括性，着重从整体上概括财务状况的本质特征。单项分析能够真切地认识每一个具体的财务现象，可以对财务状况和经营成果的某一方面做出判断和评价，并为综合分析提供良好的基础。但如果不在此基础上抽象概括，把具体的问题提高到理性高度认识，就难以对企业的财务状况和经营业绩做出全面、完整和综合的评价。因此，综合分析要以各单项分析指标及其各指标要素为基础，要求各单项指标要素及计算的各项指标一定要真实、全面和适当，所设置的评价指标必须能够涵盖企业盈利能力、偿债能力及营运能力等诸方面总体分析的要求。只有把单项分析和综合分析结合起来，才能提高财务报告分析的质量。

（2）分析重点和基准不同。单项分析的重点和基准是财务计划、财务理论标准，而综合分析的重点和基准是企业整体发展趋势。因此，单项分析把每个分析的指标视为同等重要的地位来处理，它难以考虑各种指标之间的相互关系。而综合分析强调各种指标有主辅之分，一定要抓住主要指标。只有抓住主要指标，才能抓住影响企业财务状况的主要矛盾。在主要财务指标分析的基础上再对其辅助指标进行分析，这样才能分析透彻，把握准确、详尽。各主辅指标功能应相互协调匹配，在利用主辅指标时，还应特别注意主辅指标间的本质联系和层次关系。

因此，把会计报表综合分析同单项分析加以区分是十分必要的，它有利于会计报表分析者把握企业财务的全面状况，而不至于把精力仅局限于个别的具体问题上。

二、会计报表综合分析的方法

会计报表综合分析方法比较多，较为典型的有杜邦财务分析体系和沃尔比重分析法，这两部分的内容详见本章第二节和第三节。

第二节　杜邦财务分析体系

一、杜邦财务分析体系的含义和特点

杜邦财务分析体系，简称杜邦体系，又称杜邦分析法，是利用各主要财务比率指标间的内在联系，对企业财务状况及经济效益进行综合系统分析和评价的方法。该体系是以净资产收益率为龙头，以总资产利润率为核心，重点揭示企业获利能力及其前因后果。其最初由美国杜邦公司成功应用，因此而得名。

杜邦财务分析体系的特点在于，它通过几种主要的财务比率之间的相互关系，全面、系统、直观地反映出企业的财务状况，从而大大节省了会计报表使用者的时间。杜邦财务分析体系中的几种主要的财务指标关系为

净资产收益率＝总资产净利率×权益乘数

总资产净利率＝销售净利率×总资产周转率

净资产收益率＝销售净利率×总资产周转率×权益乘数

权益乘数＝1÷（1－资产负债率）

此外，特别要注意以下几点：

(1)净资产收益率是一个综合性最强的财务分析指标，是杜邦财务分析体系的核心。财务管理及会计核算的目标之一是使股东财富最大化，净资产收益率反映企业所有者投入资本的获利能力，说明企业筹资、投资、资产营运等各项财务及其管理活动的效率，不断提高净资产收益率是所有者权益最大化的基本保证。所以，这一财务分析指标是企业所有者、经营者都十分关心的。而决定净资产收益率高低的因素主要有三个方面，即销售净利率、总资产周转率和权益乘数。这样分解之后，就可以将净资产收益率这一综合指标发生升降变化的原因具体化，比只用一项综合性指标更能说明问题。

(2)销售净利率反映企业利润与销售收入的关系，它的高低取决于销售收入与成本总额的高低。要想提高销售净利率，一是要扩大销售收入，二是要降低成本费用。扩大销售收入既有利于提高销售净利率，又可以提高总资产周转率。降低成本费用是提高销售净利率的一个重要途径，从杜邦财务分析体系图可以看出成本费用的基本结构是否合理，从而找出降低成本费用的途径和加强成本费用控制的办法，如果企业财务

费用支出过高，就要进一步分析其负债比率是否过高，如果是管理费用过高，就要进一步分析其资金周转情况等。从杜邦财务分析体系图中还可以看出，提高利润率的另一途径是提高其他利润，想办法增加其他业务利润，适时适量进行投资以取得收益，千方百计降低营业外支出等。为了详细了解企业成本费用的发生情况，在具体列示成本总额时，还可根据重要性原则，将那些影响较大的费用单独列示（如利息费用等），以便寻求解释。

(3)影响总资产周转率的一个重要因素是资产总额。资产总额由流动资产与非流动资产组成，它们的结构合理与否将直接影响资产的周转速度。一般来说，流动资产直接体现企业的偿债能力和变现能力，而非流动资产则体现该企业的经营规模和发展潜力。两者之间应保持一种合理的比率关系，如果发现某项资产比重过大，影响资金周转，就应深入分析原因。例如，企业持有的货币资金超过业务需要，就会影响企业的盈利能力；如果企业占有过多的存货和应收账款，则既会影响获利能力，又会影响偿债能力。因此，还应进一步分析各项资产的占用数额和周转速度。

(4)权益乘数主要是受资产负债率指标的影响。资产负债率越大，权益乘数就越高，说明企业的负债程度比较高，给企业带来了较多的杠杆利益，同时，也带来了较多的风险。对权益乘数的分析要联系销售收入分析企业的资产使用是否合理，联系权益结构分析企业的偿债能力。在资产总额不变的条件下，开展合理的负债经营可以减少所有者权益所占的份额，从而达到提高所有者权益净利率的目的。

二、杜邦财务分析体系图

利用杜邦财务分析体系进行综合分析时，可把各项财务指标之间的关系绘制成杜邦财务分析体系图，并用数字说明它们之间的相互关系，如图8-1所示。

三、杜邦财务分析体系的作用

通过杜邦财务分析体系自上而下或自下而上地分析，不仅可以了解企业财务状况的全貌以及各项财务分析指标间的结构关系，而且可以查明各项主要财务指标增减变动的影响因素及存在的问题。杜邦财务分析体系提供的上述财务信息，较好地解释了指标变动的原因和趋势，这为进一步采取具体措施指明了方向，而且还为决策者优化经营结构和理财结构、提高企业偿债能力和经营效益提供了基本思路，即提高净资产收益率的根本途径在于扩大销售，改善经营结构，节约成本费用开支，合理资源配置，加速资金周转，优化资本结构等。在具体应用杜邦财务分析体系时，应注意这一方法不是另外建立新的财务指标，它是一种对财务比率进行分解的方法。因此，它既可以通过所有者权益净利率的分解来说明问题，也可通过分解其他财务指标（如总资产净利率）来说明问题。总之，杜邦财务分析体系和其他财务分析方法一样，关键不在于指标的计算，而在于对指标的理解和运用。

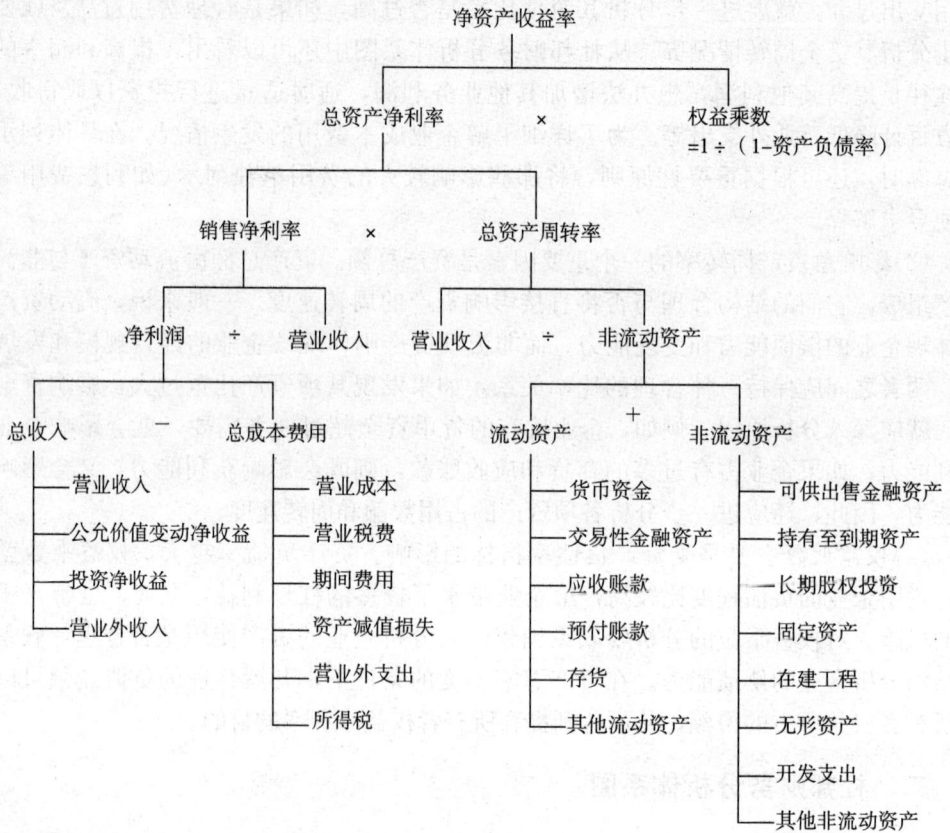

图 8-1 杜邦财务分析体系图

第三节 沃尔比重分析法

一、沃尔比重分析法基本原理

对财务状况进行综合评价的早期探索者之一是亚历山大·沃尔。他在 20 世纪初出版了《信用晴雨表研究》和《财务报表比率分析》两部专题研究著作，其中提出了信用能力指数的概念，把若干个财务比率用线性关系结合起来，以此来评价企业的信用水平。他选择了七种财务比率，即流动比率、产权比率、固定资产比率、存货周转率、应收账款周转率、固定资产周转率、自有资金周转率，分别给定了各比率在总评价中所占的比重，总和为 100 分。然后确定标准比率，并与实际比率相比较，评出每项指标的得分，最后求出总评分，并据此对企业财务状况做出评价。我们用沃尔比重分析法给某公司的财务状况进行评分，其结果如表 8-1 所示。

表 8-1 利用沃尔比重分析法对某公司财务状况评分表

财务比率	比重(1)	标准比率(2)	实际比率(3)	关系比率(4)=(3)÷(2)	评分(1)×(4)
流动比率	25	1.00	1.17	1.17	29.25
产权比率	25	1.5	0.88	0.59	14.75
固定资产比率	15	2.5	3.33	1.33	19.95
存货周转率	10	8	12	1.5	15
应收账款周转率	10	8	10	1.25	12.5
固定资产周转率	10	4	2.68	0.67	6.7
自有资金周转率	5	3	1.63	0.54	2.7
合计	100	—	—	—	100.85

沃尔比重分析法的评价理念就是为立体地观察、评价企业，全面综合地对企业打分。该方法所选择的七项指标主要是反映偿债能力和营运能力的指标。从理论上讲，沃尔比重分析法存在着一定的缺陷，就是未能证明为什么要选择这七个指标，而不是更多或更少些，或者选择别的财务比率，也未能证明每个指标所占比重的合理性。尽管沃尔比重分析法有一定缺陷，但是该方法还是得到了广泛的应用，并且在应用的过程中得到了适当的改进。

二、沃尔比重分析法应用程序

运用沃尔比重分析法对企业财务状况进行分析的程序如下：

(1)选定评价企业财务状况的比率指标。通常要选择能够说明问题的重要指标，一般认为企业财务评价的内容主要是盈利能力，其次是偿债能力，此外还有发展能力。盈利能力的主要指标是总资产净利率、销售净利率和净资产收益率。偿债能力有 4 个常用指标，分别是自有资本比率、流动比率、应收账款周转率和存货周转率。发展能力有 3 个常用指标，分别是销售增长率、净利润增长率和资产增长率。

(2)根据各项比率指标的重要程度，确定其评分值，各项比率指标的评分值之和应等于 100。当今社会与沃尔的时代比较而言，已有很大的变化。一般认为，构成财务评价主要指标的盈利能力、偿债能力和发展能力之间大致可按 5∶3∶2 来分配比重。反映盈利能力指标的总资产净利率、销售净利率和净资产收益率三者中，虽然净资产收益率最重要，但前两个指标已分别使用了净资产和净利润，为了减少重复影响，3 个指标可按 2∶2∶1 来分配比重。

(3)确定各项比率指标的标准值。财务比率指标的标准值是指各该指标在本企业现时条件下的最理想的数值，即最优值。

(4)计算企业在一定时期各项比率指标的实际值。

(5)求出各指标实际值与标准值的比率，称为关系比率或相对比率。该比率的计算要区分三种情况，分别采用不同的方法。

第一，凡实际值大于标准值为理想的，其计算公式为

关系比率＝实际值÷标准值

如销售净利率＝21％÷20％＝1.05。

第二，凡实际值大于标准值为不理想的，其计算公式为

$$关系比率＝[标准值－(实际值－标准值)]/标准值$$

如存货周转率按周转天数计算，标准天数为90天，实际值为100天，则其关系比率可计算如下：

$$[90－(100－90)]/90＝0.888\ 9$$

第三，凡实际值脱离标准值均为不理想的，其计算公式为

$$关系比率＝[标准值－(实际值－标准值)]/标准值$$

如自有资本比率标准值为60％，某企业其实际值为48％，则其关系比率如下：

$$[0.6－(0.48－0.6)]/0.6＝1.2$$

(6)求得各项比率指标的综合指数及其合计数。各项比率指标的综合指数，是关系比率和评分值的乘积，其合计数可作为评价企业财务状况的依据。一般而言，综合指数合计数如果为100或接近100，表明其财务状况基本上符合标准要求；如与100有较大差距，则表明企业财务状况偏离标准要求。

三、沃尔比重分析法举例

某企业代表盈利能力指标的3个指标总资产净利率、销售净利率和净资产收益率分别为15％、12％和13％，其行业标准比率分别为15％、15％、15％；代表偿债能力的4个指标自有资本比率、流动比率、应收账款周转和存货周转分别为60％、150％、500％和800％，其行业标准比率分别为40％、200％、600％和800％；代表发展能力的3个指标销售增长率、净利润增长率和人均净利润增长率分别为21％、16％和16％，其行业标准比率分别为30％、20％和20％，则可根据上述资料编制该企业的沃尔综合评分表8-2。

表8-2　沃尔综合评分表

指标	评分值	标准值/%	实际值/%	关系比率	综合得分
盈利能力：					
总资产净利率	20	15	15	1	20
销售净利率	20	15	12	0.8	16
净资产收益率	10	15	13	0.87	8.7
偿债能力：					
自有资本比率	8	40	60	1.5	12
流动比率	8	200	150	0.75	6
应收账款周转	8	600	500	0.83	6.64
存货周转率	8	800	800	1	8
发展能力：					
销售增长率	6	30	21	0.7	4.2
净利润增长率	6	20	16	0.8	4.8
人均净利润增长率	6	20	16	0.8	4.8
合计	100	—	—	—	91.14

从技术上讲，沃尔比重分析法有一个问题，就是某一个指标严重异常时，会对总

评分产生不合逻辑的重大影响，这是由于关系比率与评分值相"乘"引起的。财务比率提高一倍，其评分增加100%；而降低1/2，其评分只减少50%。鉴于此，可将沃尔比重分析法进行如下改进：将财务比率的标准值由企业最优值调整为本行业平均值，在给每个指标评分时，规定上限和下限，以减少个别指标异常对总分造成的不合理影响。上限可定为正常评分值的1.5倍，下限定为正常评分值的1/2倍。此外，给分时不再采用"乘"的关系，而采用"加"或"减"的关系来处理，以克服沃尔比重分析法的缺点。例如，销售净利率的标准值为10%，评分值为20分；行业最高比率为20%，最高评分值为30分，则每分的财务比率差为1%＝[(20%－10%)÷(30－20)]。销售净利率每提高1%，多给1分，但该项得分不超过30分。仍以上例资料为例，则评分的标准分配如表8-3所示。

表8-3 综合评分的标准

指标	评分值	标准比率/%	行业最高比率/%	最高评分	最低评分	每分比率的差/%
盈利能力：						
总资产净利率	20	10	15	30	10	0.25
销售净利率	20	6	15	30	10	0.45
净资产收益率	10	8	15	15	5	0.7
偿债能力：						
自有资本比率	8	40	100	12	4	7.5
流动比率	8	150	200	12	4	6.25
应收账款周转率	8	400	600	12	4	25
存货周转率	8	600	800	12	4	25
发展能力：						
销售增长率	6	15	30	9	3	2.5
净利润增长率	6	10	20	9	3	1.67
人均净利润增长率	6	10	20	9	3	1.67
合计	100	—	—	150	50	

按此标准，重新对该企业进行综合评分，如表8-4所示。

表8-4 某公司财务情况评分

指标	实际比率(1)/%	标准比率(2)/%	差异(3)＝(1)－(2)	每分比率的差(4)	调整分(5)＝(3)÷(4)	标准评分值(6)	得分(7)＝(5)+(6)
盈利能力：							
总资产净利率	15	10	5	0.25	20	20	40
销售净利率	12	6	6	0.45	13.33	20	33.33
净资产收益率	13	8	5	0.7	7.14	10	17.14
偿债能力：							
自有资本比率	60	40	20	7.5	2.67	8	10.67
流动比率	150	150	0	6.25	0	8	8
应收账款周转率	500	400	100	25	4	8	12

续表

指标	实际比率(1)/%	标准比率(2)/%	差异(3)=(1)-(2)	每分比率的差/%(4)	调整分(5)=(3)÷(4)	标准评分值(6)	得分(7)=(5)+(6)
存货周转率	800	600	200	25	8	8	16
发展能力：							
销售增长率	21	15	6	2.5	2.4	6	8.4
净利润增长率	16	10	6	1.67	3.59	6	9.59
人均净利润增长率	16	10	6	1.67	3.59	6	9.59
合计	—	—	—	—	—	100	164.72

　　沃尔比重分析法是一种比较可取的评价企业总体财务状况的方法，但该方法的正确性取决于指标的选定、标准值的合理程度、标准值评分值的确定等。如上例中，同一企业由于标准值确定不同而产生两种完全不同的评分结果。只有经过长期连续实践、不断修正，才能取得较好效果。

第四节　财务分析报告的编写

一、财务分析报告的类型及特点

　　财务分析报告应按其分析的内容、范围分类。企业一般都应根据企业财务通则和行业会计制度的规定，结合本企业业务的特点，对企业的财务活动进行综合分析和专题分析，有时还要根据具体需要进行简要分析，相应的财务分析报告也就有综合分析报告、专题分析报告、简要分析报告，它们的特点各有不同。

1. 综合分析报告

　　综合分析报告，又称全面分析报告，是企业通过资产负债表、利润表、现金流量表、所有者权益变动表等主要会计报表、财务分析表以及财务和经济活动所提供的丰富、重要的信息及其内在联系，运用一定的科学分析方法，对企业的业务经营情况，利润实现情况和分配情况，资金增减变动和周转利用情况，税金缴纳情况，存货、固定资产等主要财产的盘盈、盘亏、毁损变动情况及对本期或下期财务状况将发生重大影响的事项等做出客观、全面、系统的分析和评价，并进行必要的科学预测和决策，从而形成的书面报告。

　　综合分析报告具有内容丰富、涉及面广、对会计报表使用者做出各项决策有深远影响的特点。另外，它还具有以下两方面明显的作用。

　　(1)为当前企业财务管理及宏观上的重大财务决策提供科学依据。

　　(2)全面、系统的综合分析报告，可以作为今后企业对财务管理进行动态分析等的重要历史参考资料。

2. 专题分析报告

专题分析报告，又称单项分析报告，是指针对某一时期企业经营中的某些关键问题、重大经济措施或薄弱环节等，进行专门分析后形成的书面报告。

专题分析报告具有不受时间限制、一事一议、易被经营管理者接受、收效快的特点。因此专题分析报告在企业经营管理工作中起着不可缺少的作用，主要体现在：

(1)专题分析报告一般采用两种形式，一是对涉及面虽小，但对企业财务管理和生产经营状况有着普遍或深远影响的事例进行专题分析，如银行降息对企业的影响等；二是涉及面虽宽，但分析不可能面面俱到，可抓住其中的重点问题进行深入分析，如我国加入世界贸易组织(WTO)后对企业影响的专题分析等，只要做到论据充分、分析有理，专题分析报告能起到不断总结经验，引起有关领导和业务部门重视，从而提高管理水平的作用。

(2)专题分析报告有助于客观、微观财务管理问题的进一步研究及为提出更高层次的财务管理决策开辟很有价值的思路。

专题分析的内容很多，如关于企业清理积压库存，处理逾期应收账款方面的经验，企业对资金、成本、费用、利润等方面的预测分析，企业资产管理，如何处理母公司与分公司、子公司各方面的关系等问题均可进行专题分析和论述，从而为各级领导做出决策提供现实的依据。

专题分析不受时间约束，可根据经营管理的实际需要，不定期地进行并形成专题分析报告，有利于总结经验，解决问题。

3. 简要分析报告

简要分析报告是围绕主要经济指标，对那些比较突出的问题进行概要分析而形成的书面报告。

简要分析报告具有简明扼要、切中要害的特点。通过分析，能反映和说明企业在分析期内业务经营的基本情况，以及企业累计完成各项经济指标的情况，预测今后的发展趋势。简要分析报告主要适用于定期分析，可按月、季等进行编制。

此外，财务分析报告也可以按其分析的时间分为定期分析报告与不定期分析报告。

(1)定期分析报告。定期分析报告一般是上级主管部门或企业内部规定的每隔一段相等时间应予编制和上报的财务分析报告，如目前由企业主管部门布置的半年度、年度编制和上报的综合财务分析报告及企业内部规定的每隔半年或一季度自行编制、供有关领导参阅的财务分析报告等，均属定期分析报告。

(2)不定期分析报告。不定期分析报告是从企业财务管理和业务经营的实际需要出发，不作统一时间规定而编制和上报的财务分析报告。如上述的专题分析报告就属于不定期分析报告。

二、财务分析报告的结构

报告的结构根据报告的内容可以多种多样，没有固定的格式，一般来说，综合分析报告的结构大致如下。

1. 标题

标题应简明扼要，准确反映报告的主题思想。

2. 基本情况

首先，应标明财务分析报告的分析期，即报告的范围段。其次，应对企业分析期内的经营管理状况作简要说明，对企业的计划执行情况和各项经济指标的完成情况作大致介绍，概括地反映分析期企业经营的基本面貌。

3. 各项财务指标的完成情况和分析

这是财务分析报告的主要部分。一般要对企业的盈亏额、营业收入额、成本费用水平、资产运营情况及偿债能力等项目的实际指标与其各项计划指标进行对比分析，与上年同期各项指标进行对比分析，与历史同期最好水平进行对比分析，也可与同行业其他企业进行简单的对比分析。要采用绝对数指标与相对数指标结合的办法，分析各项经济指标的已完成情况，未完成的原因，采用了哪些措施并取得了哪些成绩，有哪些经营管理上的经验，存在哪些问题。总之，要做到有数据、有比较、有分析。

此外，股份制上市公司还必须计算分析每股收益、每股净资产等指标。有时为使财务分析报告清晰明了，应编制财务分析报告，即根据分析报表的目的，将会计报表资料及有关经济活动资料，经过科学再分类、再组合，适当补充资料，配以分析计算栏目，采用表格，简明扼要地表达资料各项目间的内在联系。它有助于层次清晰地显示各指标之间的差异及变动趋势，使论证的内容更形象。如编制主要财务指标情况表、盈亏情况分析表、流动资金分析表、主要商品销售收入情况表、费用明细表等。

4. 建议和要求

会计报表分析应根据企业的具体情况，有针对性地提出意见和建议。对企业经营管理中的成绩和经验，应提出加以推广的建议；对发现的问题，应提出一些克服缺点、挖掘潜力的有建设性的意见和建议，以利于问题的解决。

简要分析报告的结构与上述综合分析报告的结构大体一致，只是内容较综合分析报告简明扼要。专题分析报告一般一事一议，其结构可灵活多样，这里不再赘述。

三、编制财务分析报告应注意的问题

财务分析报告能否充分发挥其作用，关键在于报告的编制水平。分析人员在编制报告时应注意以下问题，克服财务分析报告中常见的弊病，以提高报告的质量。

在实际工作中，由于各个企业的具体情况千差万别，企业的经营管理水平和报表分析人员的素质也不同，各个企业的会计报告的质量也不尽相同。一份内容翔实、条理清晰、有理有据、富含说服力的分析报告，能给使用者耳目一新的感觉，能获得大量的有利于做出正确决策的信息，特别是有利于提高企业的经营管理水平。而内容空洞、不分主次、平铺直叙的分析报告，不但起不到其应有的作用，反而会束缚决策者的思路，甚至会使其做出错误的决策。下面列举一些财务分析报告中常见的弊病，分析者在编制报告时应尽量避免。

(1)不收集资料或不认真整理核实所收集的资料。这样会使分析没有足够的依据或

使内容不真实、不合法、无可比性的资料成为分析的依据，从而使分析报告缺乏真实性、可靠性和实用性，导致企业决策失误，后果不堪设想。

(2)报喜不报忧。这种现象很常见，有的分析报告只反映经营业绩和预测美好的发展前景，对发现的问题却只字不提，使企业经营管理者好大喜功，做出错误的判断。

(3)不分主次，重点不突出。有的分析报告篇幅虽长，但主次不分，不突出重点，应详细作分析评价的内容寥寥几语，该一笔带过的内容却侃侃而谈，使人看后感觉平淡无味，得不到真正有用的信息。

(4)内容空洞，数字罗列。有的财务分析报告不是围绕分析的目的将有用的数字进行对比分析，从中发现问题并探索解决的办法，而是就表说表，甚至是分析报表上数字的简单罗列或摘抄，对问题避而不谈，缺乏必要的分析说明，内容空洞。这样的分析报告是毫无价值的。

(5)字句冗长，论据不充分，说服力不强。有的分析报告字句冗长，套话连篇，晦涩难懂，且论据不充分，缺乏逻辑性，这样的分析报告就很难具有说服力。

为避免上述弊病在分析报告中出现，分析人员除应不断提高自身业务能力外，还应注意以下几点：

(1)对各种资料收集齐全后，要认真核实，保证资料的合法性、真实性、可比性。

(2)要全面地分析问题，坚持一分为二，既要肯定成绩，又要揭露矛盾和存在的问题。

(3)要抓住关键、突出重点，不要事无大小、面面俱到。

(4)要内容充实，根据实际情况实事求是地进行分析，抓住主要矛盾，找出薄弱环节。切忌不作调查、主观臆断、凭空推测。

(5)文字力求言简意赅、综合概括、通俗易懂、条理清楚、结构紧凑、有说服力。

四、财务分析报告中的数字运用

我们知道，定量分析是会计报表分析的工具和手段。没有定量分析就弄不清数量界限、阶段性和特殊性。而数字构成了会计报表的主要内容，它是对会计报表进行定量分析的依据。值得一提的是，进行分析时会计报表资料中的各项具体数据固然重要，但若运用不当，也达不到分析的目的。因此问题的关键是如何运用各项数据的内在联系及变动趋势来分析、评价企业经营成果、财务状况及其发展趋势，即"用数字说话"，用数字之间的内在必然联系来揭示事物的内在本质。会计报表分析必须透过数字看本质，没有数字的恰当运用就得不出正确的结论。

应该指出，进行分析时不能光看表面数据，而应兼顾数据外面的环境。也就是说，经济和行业环境的好坏直接影响对公司财务状况的评价。这里主要介绍会计报表分析报告中的数字运用应注意的几个问题。

(1)要注意分析所依据的会计核算口径和会计报表资料编制方法有无变化。若有明显变化，进行分析时对有关数据进行调整，确保分析报告所依据的数据资料口径有可比性。

(2)在进行比较分析时，对各项指标的绝对数与相对数的比较必须同时进行。因为绝对数指标与企业生产经营规模的大小有直接关系，采用绝对数指标对比分析虽然能反映出各项财务指标的表面差异，但不能深入揭示问题的内在本质，采用相对数指标对比则能做到这一点。

（3）对金额较大的项目应重点分析。如在进行损益分析时，产品销售收入和产品销售成本是影响经营利润的主要因素，且金额也较大，就应重点分析其增减变动的原因及对经营利润的影响程度。

（4）要注意分析数字的反常现象。若某一项目金额上升或下降的幅度较大，就出现了数字反常现象，应针对反常的数字进行深刻分析，查明原因，这正是企业经营管理的问题所在或应发扬宏大之处。

（5）要注意利用数字进行分析时对各项指标的计算应准确无误，以保证分析报告的真实可靠。

第九章

会计报表粉饰与识别

会计报表粉饰是指企业管理者为了自身利益,采用编造、变造、伪造等手段编制会计报表,向资本市场进行的有目的、有意图的虚假会计报表信息的传递,是一种人为的会计操纵。近些年来,会计报表粉饰现象非常普遍,上市公司披露虚假会计信息的案例不绝于报端,例如,国外的世通公司财务舞弊案、安然事件,国内的红光实业、银广夏会计造假案件。会计报表粉饰行为可能会误导投资人与债权人,使他们在决策过程中做出错误的判断。此外,会计报表粉饰行为还可能会误导政府监管部门,使它们不能利用正确的财务信息对企业实施管理。因此,会计报表粉饰行为对国家和社会的危害性非常大。

第一节 粉饰会计报表的主要动机

现代企业制度的重要特征是财产所有权与经营管理权相分离,两权分离形成了一种受托经济责任关系,委托者与受托者或代理者信息不对称,尤其是受托者或代理者由于具有信息上的相对优势,有可能发生财务会计报告粉饰行为。受托者或代理者粉饰财务会计报告的主要动机有以下几个方面。

一、业绩考核的需要

经营业绩的考核,不仅会影响企业总体经营情况的评价,还会影响厂长、经理的业绩评定,并可能影响其晋职职务、奖金福利等。如果企业的经营业绩与企业领导及其他管理者的利益挂钩,领导是否可以晋升职务,或者可以获得奖金的多少,直接与企业的经营业绩有关,这就会成为企业管理层造假的主要动机。当企业的经营业绩无法达到考核指标的要求时,企业管理者就会千方百计地粉饰会计报表以改变现有的业绩考核指标,使其达到考核指标的要求。

二、获取银行及商业信用

企业在息税前利润高于借款利率时,会通过负债获得财务杠杆效应。但是,银行等债权人从控制风险的角度出发，愿意将款项借给财务状况好、经营业绩好、发展能力强的企业，不愿为财务状况差、经营亏损严重的企业提供贷款。经营状况不佳又急需资金的企业要想获得银行及商业信用，必然要通过粉饰会计报表的方法来达到目的。这种情况在资金短缺且财务状况差的企业中非常普遍。

三、发行股票和上市

按照我国有关规定，股份有限公司在首次公开发行股票(IPO)时，业绩必须达到一定的标准。例如，《中华人民共和国公司法》(简称《公司法》)规定，改组设立股份有限公司的，要求公司在最近三年连续盈利。上市公司通过发行股票可获得几千万元甚至数亿元的资金，而且不用还本和支付利息，因而被认定是一个"圈钱"的好渠道。同时，证监会还规定，股票发行价格可以模拟计算的改制前各年度的每股税后利润作为定价依据。因此，股份有限公司为了满足发行条件和抬高发行价格，可能会粉饰会计报表，提高经营业绩。而股份有限公司要想上市，必须开业时间在三年以上，并且最近三年连续盈利。为了达到发行股票和上市的目的，一些股份有限公司会通过粉饰会计报表来达到业绩要求，此种情况在我国股份有限公司中非常普遍。

四、获得配股和增发股票资格

配股是上市公司权益筹资的重要渠道。通过配股和增发方式筹资，不用还本，筹资风险小，且能增加公司信誉，可谓一举多得。可是，配股也对经营业绩有一定的业绩要求，证监会规定，申请配股的上市公司最近三个会计年度加权平均净资产收益率不低于6%，而增发新股则要求一般情况下公司最近三个会计年度加权平均净资产收益率平均不低于6%，而且预测本次发行完成当年加权平均净资产收益率也不低于6%。可见，证监会以净资产收益率作为上市公司配股和增发股票资格的重要参数。而净资产收益率容易受到会计处理方法、会计政策选择等方面的影响。如果拟配股和增发股票的上市公司达不到证监会规定的条件，就会通过操纵利润、粉饰会计报表的手段来获取配股和增发股票资格。

五、减少应纳税额

企业的应纳税额对于企业来说是一项税收负担，将会成为企业的现金流出之一。有些企业为了达到逃税、漏税、减少或者推迟纳税的目的，采取做假账、粉饰会计报表的行为。比较常见的做法是漏记收入、虚增费用、减少利润。也有的企业可能准备多套报表，以满足各方面的需要。通常，利润高的一套报表上报主管部门，以体现其经营业绩；利润水平低甚至是亏损的一套报表上报税务部门；还有一套报表专供内部使用，不对外提供。

六、避免处罚

根据证监会的规定，上市公司要增发配股的应编制盈利预测。如果年报利润实现数低于预测数20%以上的，除需公开做出解释和道歉外，将停止发行公司两年内的配股资格。针对此项规定，如果上市公司高估了预测数，而在报告期内无法实现预测利润时，为避免被证监会处罚以及丧失配股资格，往往会粉饰会计报表。

七、隐瞒违法行为

在企业监督机制不健全的情况下，有些公司领导利欲熏心，采取贪污、挪用公款、转移公司财产等手段谋求个人私利，或者在企业出现经营困难时，有些企业非法拆借资金，擅自改变募集资金用途，这些违法行为不论是个人行为还是企业行为，企业均不敢对外如实披露。因此，为了隐瞒此类违法行为，企业就会粉饰会计报表。

八、配合股票炒作

通常情况下，上市公司的股份与公司的盈利能力和发展能力有关，而且股份越高，说明投资者对公司越有信心，就越愿意购买公司股票。股价越高，说明公司价值就越大，并可以提高公司在整个证券市场中的形象，有利于扩大企业的竞争力。而有些上市公司实行股权激励制度，公司高管甚至职工都持有公司股票，公司股价上涨会给股票持有人带来直接的好处。为了达到刺激股价上涨的目的，公司经常配合券商对本公司股票进行操作，通过粉饰经营业绩，发布一些虚假财务信息，以实现炒作公司股票的动机。

第二节　粉饰会计报表的常见手段

财务报告粉饰会带来较大的负面影响，财务报告使用者为了识别被粉饰的财务会计报告，应当熟悉常见的财务报告粉饰手段。

一、虚构交易事实

虚构交易事实是企业粉饰财务报告最常使用的手法之一。据报道，在2011年受查处的上市公司中，虚构经济交易事实的违规事件约占40%。企业通过虚拟各种实质上并不存在的交易来粉饰财务报告，假账真做，故意提供虚假的财务信息，使报告使用者无法得知企业的真实财务状况和经营成果。常见的手段有以下两种。

1. 虚增收入

有些企业为了满足指标考核的需要，采取虚增收入的办法，常见的造假手段包括虚构销售对象，开具虚假发票和出库单，具体表现有以下几种形式：

(1)虚开销售发票。为了达到虚增收入、粉饰经营业绩的目的，某些企业不惜付出多缴纳增值税的代价，虚开销售发票。为了达到非常逼真的效果，往往是，企业从上到下一条龙造假，包括假购销合同、假货物出库单、假销售发票、假保管记录等。例如，在2001年遭受处罚的黎明股份，就是通过一系列造假手段，以编造假购销合同、假货物出库单，虚开销售发票等方式虚增收入，最终使得营业利润虚增1.53亿元，利润总额虚增8 679万元。

(2)对开增值税销售发票。有些企业不愿意多缴纳增值税款，想到了比较"高明的"

的一举两得的招数，既能达到虚增收入和利润的目的，又可以不用交纳过多的增值税。例如，黎明股份下属的黎明毛纺织厂通过与多家能控制的企业对开增值税发票，虚增营业收入 1.07 亿元，虚转成本 0.78 亿元，虚增利润 0.29 亿元。黎明股份巧妙地利用增值税抵扣制度，通过对开增值税发票，既达到了虚增收入和利润的目的，又未增加较多的税收负担。被曝光的银广夏股份有限公司，在 2000 年通过伪造购销合同、伪造出口报关单、虚开增值税专用发票、伪造免税文件等手段，虚增利润 5.67 亿元。

2. 虚拟资产

按照《企业会计准则——基本准则》中资产的定义，资产是指企业过去的交易或者事项形成的，由企业拥有或者控制的，预期会给企业带来经济利益的资源。然而一些公司经常以权责发生制、配比原则等为借口，不及时确认、少摊销或不摊销已发生的费用和损失，故意混淆收益性支出和资本性支出的界限，把本应当计入当期财务费用的借款费用，作为资本化利息计算固定资产价值，从而达到虚增企业资产和利润的目的。有些企业将已经实际发生的费用计入待摊费用或者已超过受益期限的待摊费用仍作为资产，留待以后再处理；把已不能为企业带来经济利益的无形资产仍作为资产核算而不及时转销，对于应计提各项资产减值准备的资产却不计提减值准备，这些所谓的资产实际上不能为企业带来经济利益，并不是企业真实的资产，只是一种虚拟资产。这种虚拟资产的存在，为企业操纵利润提供了一个"蓄水池"。例如，丰乐种业股份有限公司于 l997～2001 年，通过虚构资产方式虚增在建工程 1.87 亿元。达尔曼股份有限公司于 2003 年，通过虚假签订建设施工合同、设备采购合同等方式，虚增在建工程 2.16 亿元。深中浩股份有限公司 2000 年被出具了保留意见的审计报告，其中涉及公司对 8 065 万元的呆账没有及时处理和对 4 824 万元的待处理流动资产损失未予处理等问题。

二、不恰当地选择会计核算方法

我国财政部制定的《企业会计准则》和《企业会计制度》具有一定的灵活性，对于同一交易和事项的会计处理，《企业会计准则》给出了多种可供选择的会计处理方法，新《企业会计准则》的实施更多地要依赖于会计人员的主观判断。因此，利用会计政策的选择进行财务会计报告粉饰，对于企业来说无疑是一种比较隐蔽的好方法。有些企业会采取不恰当的折旧方法、运用不恰当的借款费用核算方法、使用不恰当的收入确认方法以及不恰当的资产减值计提方法来进行财务会计报告粉饰。不恰当的会计核算方法主要有以下三种。

1. 不恰当的借款费用核算方法

根据《企业会计准则——借款费用》的规定，企业为在建工程和固定资产等长期资产而支付的利息费用，在这些长期资产达到预定可使用状态之前，可予以资本化计入这些长期资产的价值。当长期资产达到预定可使用状态时，应停止借款利息资本化。然而有不少企业利用报告使用者无法得知资产达到预定可使用状态的真实情况，随意地调节利息资本化的时间，因而会影响利息资本化的金额。例如，将资产已交付使用、之后再办理竣工决算手续时间作为利息资本化终止的时间，这样做一方面可以减少应计入当期财务费用的数额；另一方面可以少提固定资产折旧，达到虚增资产和虚增利润的双重目的。另外有些企业的做法更为隐蔽，如果企业自有资金和借入资金未专户存储，将很难界定清楚是何种资金来源，企业通过人为划定资金来源和资金用途，将非资本性支出的利息资本化，从而增加当期利润。

2. 确认收入和结转成本费用的时间不恰当

美国权威审计部门 2002 年的一份研究报告表明，在众多会计违规案件的处理中，由于操纵收入和成本费用的确认金额、时间而引起的财务会计报告更正次数占 50% 以上。财政部为规范上市公司收入的确认、计量等问题，发布了《企业会计准则——收入》，其中，对于收入的确定条件做出了明确规定，即在下列条件均能满足时予以确认：企业已将商品所有权上的主要风险和报酬转移给购货方；企业既没有保留通常与所有权相联系的继续管理权，也没有对已经售出的商品实施控制；与交易相关的经济利益能够流入企业；相关的收入和成本能够可靠地计量。

上述确认条件体现了"实质重于形式"的原则，收入的确认应严格按照上述标准来执行，不得提前或推迟收入的确认时间。但是这项准则较多地依赖于会计人员的主观判断，有些企业为了粉饰经营业绩，未按照收入准则的相关规定，采用不当的收入确认方法，把不完全符合收入确认条件的事项确认为收入，比如对于新产品的销售，如果允许客户退货，在没有充分估计客户退货可能性的情况下就全额确认了收入，这种做法是不恰当的。还有些公司当期虚增收入，而在财务会计报告对外披露以后再进行退货。由于按现行会计制度规定，此种情况的退货若未被确认为重大会计差错，应冲减退货当期的利润，因而可以达到虚增报告当期利润的目的。

而按照收入与费用的配比原则，如果本期确认了收入，那么与之相应的成本费用亦应在当期予以确认，然而企业为了虚增当期利润水平，可能不遵循配比原则，故意推迟结转相应的成本费用。例如，1997 年张家界股份有限公司与张家界土地房产开发公司等三家公司签订了土地转让协议，金额合计 4 295 万元。协议约定，受让方需在半年内付清全部价款，才能得到土地使用权证。然而公司在未开具发票和收到款项、土地使用权尚未转移的情况下，将以上土地转让金额确认为当年收入，使收入虚增 4 295 万元。

3. 不恰当地计提资产减值准备

按照《企业会计制度》的规定，要求执行《企业会计制度》的单位主要是上市公司，要从 2001 年 1 月 1 日起，全面计提八项资产减值准备。然而计算资产减值准备的依据如存货可变现净值、固定资产的可收回金额等确定起来比较困难，需要依赖于管理当局的估计和判断，对于审计上市公司的会计师事务所来说，确定资产减值准备计提是否恰当也是困难的，往往要借助于专业人员的评定估价才能确定，这就给企业操纵利润提供了很大的空间。在前几年有些上市公司利用资产减值准备政策，一次性计提巨额资产减值准备，以至于当年出现巨亏，这种做法的好处可谓一举多得，一方面，以后可以少提一些资产减值准备，对于存货减值准备等还可以转回一部分利润；另一方面，对于已全额计提减值准备的固定资产，不再计提折旧，可以增加以后各期的利润。例如，2004 年四川长虹股份有限公司当年计提各项资产减值准备 37 亿元，2003 年该公司还盈利 2 亿元，而 2004 年由于计提减值准备造成巨额亏损 36.72 亿元，撼动了整个证券市场，当年一次性计提如此巨额的减值准备，该公司资产减值准备的计提是否恰当呢？这很难不引起人们的猜测。

三、不恰当地变更会计政策和会计估计

会计政策和会计估计变更可能会对当期损益产生重大影响，并可能对前后各期损益也有影响。企业可能采用的变更会计政策和会计估计的方法主要有以下几种。

1. 变更固定资产折旧政策

一些上市公司通过改变固定资产使用年限、折旧方法来调节利润。《企业会计制度》允许对固定资产折旧方法选择不同的会计政策，例如，既可以选用平均年限法计提折旧，也可以报税务机关批准后采用加速折旧法。选用不同的固定资产折旧政策会对公司利润产生较大影响。由于企业可以选择变更固定资产折旧政策或者变更固定资产的折旧年限等，这就为企业调节利润提供了较大的空间。企业之所以选择变更固定资产折旧政策，是因为：固定资产一般在资产总额中所占的比重很大，固定资产金额大，相应计提的折旧就多，因而企业才会千方百计地通过变更固定资产折旧政策的办法来粉饰经营业绩；影响折旧的因素复杂，比较容易找出支持变更的理由；预计尚可使用年限的估计弹性大，比较容易操作。一般来说，改变折旧计提政策只影响会计利润，却不影响应税利润，不会增加所得税负担。

2. 变更存货计价方法

存货的计价方法有很多，包括个别认定法、加权平均法、移动加权平均法、先进先出法等。不同的存货计价方法对企业利润的影响是不一样的，上市公司可能会通过改变发出存货的计价方法来调节利润，如将"先进先出法"改为"加权平均去"或其他方法来调节利润。

3. 变更长期投资核算方法

一些上市公司通过增持或减持被投资企业的股份来变更对外投资的核算方法，从而达到调整投资收益的目的。《企业会计准则——长期股权投资》规定，投资企业能够对被投资企业实施控制或者对被投资单位不具有共同控制或重大影响，并且在活跃市场中没有报价、公允价值不能可靠计量的长期股权投资应采用成本法核算，如果投资企业对被投资单位具有共同控制或重大影响，应采用权益法核算。企业可能会通过调整股权比例来改变长期股权投资的核算方法，然后达到调整利润的目的。

4. 变更坏账准备的计提方法

坏账准备的计提按照《企业会计制度》的规定，应该运用备抵法核算，而采用备抵法核算的企业又可以根据自身的情况，选用个别认定法、应收账款余额百分比法、账龄分析法等。如果企业采用的是应收账款余额百分比法，企业可自行决定计提比例；

如果企业采用的是账龄分析法，企业可自主确定账龄划分和提取比例，这种选择的自主性往往成为上市公司操纵利润的工具。

另外，企业还有可能变更其他资产减值准备政策。由于计提资产减值准备的政策可以在不违反《企业会计准则》和《企业会计制度》的前提下自主决定，上市公司有可能通过自主选择资产减值准备政策来调节利润。

四、利用往来账户进行调节

企业常用的往来账户包括其他应收款、其他应付款、应收账款、预收账款、应付账款、预付账款等。其中其他应收款和其他应付款是反映企业应收（应付）、暂付（暂收）其他单位或个人的款项；应收账款和预收账款是反映由于销售业务而形成的往来款项；而应付账款和预付账款一般是反映由于采购业务而形成的往来款项。企业常利用其他应收款等隐藏潜亏，将费用挂账，抬高利润；利用其他应付款等隐瞒收入，压低利润。由于往来账户余额函证起来比较困难，因而有些企业利用这一特点虚构往来账户金额，以调节利润、粉饰财务会计报告。例如，有些企业为了虚增收入，而货款无法收回，就暂记到应收账款当中，这一应收账款金额实际上是虚拟的，然后以后年度通过计提坏账准备逐步消化，或者通过将体外循环的资金当做货款收回来冲减应收账款。而对于某些不想体现利润的企业来说，可能会把应确认收入的货款记入预收账款而不确认收入，利用预收账款来调节各年的利润水平。还有些企业把已经发生的费用或形成的损失不予确认，挂到其他应收款中，形成了一项虚资产，实际上是企业的一项潜亏；如果企业出于减少当期税收的考虑，可能会把已形成的收益暂记入其他应付款中，不体现收益，这样可以达到减少纳税的目的。有些企业把往来账户当做调节利润的"蓄水池"，企业利用往来账户调节利润的情况比较普遍。

还有些企业利用与往来账户功能类似的账户来达到调节利润的目的，主要是通过"待摊费用"和"预提费用"两个账户，这两个账户是为体现权责发生制而设置的，然而却成为了某些企业任意调节利润的工具，为抬高利润，把已发生的费用反挂到待摊费用账户或者将应摊销的费用不及时摊销；为压低利润，多预提费用计入当期的成本费用，这两个账户的使用和往来账户的使用手法大体相同。

五、利用关联方交易来调节利润

关联方是指在企业财务和经营决策中，如果一方有能力直接影响或间接控制、共同控制另一方或对另一方施加重大影响，或者两方或多方同受一方控制，我们将其称之为关联方。而关联方交易是指在关联方之间发生转移资源或义务的事项，而不论是否收取价款。关联方交易包括关联方之间的资产购销、提供劳务、受托经营、提供资金、费用分担等。

关联方交易不一定导致财务会计报告的粉饰，如果关联方交易的定价是以公允价格为依据，就不会影响会计信息的公允性。然而，我国还未形成一个成熟的交易市场，公允价值的确定是很困难的。因而，有些上市公司利用关联方交易中公允价值不易确定的特点，大肆地在关联方之间转移利润、粉饰财务报告。为了提高上市公司的利润，故意抬高上市公司向关联方的销售价格或者降低上市公司从关联方采购货物的价格，尤其是在国有企业改制而成的上市公司中这种情况更为普遍。一些大股东使上市公司维持良好的财务状况和经营成果，使其可以通过配股、融资方式获取大量资金，然后大股东再从上市公司拆借资金，使得上市公司成了大股东的"提款机"。利用关联方交易调节利润的方式多种多样，主要方式有以下几种：

（1）按远远高于公允价值的价格向关联方销售商品，进行资产置换或股权置换，以及按远远低于公允价值的价格向关联方购买商品，将关联方的利润向上市公司转移。

（2）采用委托经营或受托经营方式获取利润。上市公司可以将不良资产委托关联方进行经营，定额收取回报；另外，上市公司还可能采取受托经营关联方资产的方式，关联方可以将稳定、高获利能力的资产以低收益的形式由上市公司托管，直接计入上市公司利润。通过委托或受托经营方式，都可以实现增加上市公司利润的目的。

（3）利用分摊共同费用来调节利润。我国很多上市公司都是国有企业利用部分优质资产改制以后上市的，有些上市公司与其控股股东还无法做到资产、人员完全分开，可能办公地点在一起，电费、水费、保险费等费用都是一起交纳，然后再按一定的标准进行分摊，而合理的分摊依据不是很好确定，这就又变成了上市公司调节利润的工具，上市公司为了多体现利润，可能由控股股东负担较多的费用。

（4）通过向关联方收取资金占用费获取利润。尽管法律不允许企业之间相互拆借资金，但上市公司的关联企业之间发生资金往来和相互拆借的现象非常普遍、屡禁不止。大股东占用上市公司资金，金额巨大，有时候关联方占用上市公司上亿元的资金，某些上市公司甚至被大股东给掏空了；还有很多关联方周转使用上市公司的资金，在报告年度中间借款期末归还，在财务报告附注上不体现，资金占用状况比较隐蔽，并可能支付较多的资金占用费。对于一些上市公司来说，向关联方收取资金占用费甚至成为其获得利润的主要来源。

（5）利用资产租赁来调节利润。上市公司与关联方之间可能存在资产租赁关系，由于公允的资产租赁价格难以确定，因此资产租赁可能成为上市公司调节利润的手段。如果上市公司从关联方租入资产，在上市公司利润水平很低的情况下，关联方可能通过降低租金价格或只是象征性地收取一点费用来提高上市公司利润；如果关联方从上市公司租入资产，那么上市公司可能以远高于公允价值的租金水平将资产租给关联方使用，这些手段都可能达到调节上市公司利润的目的。

（6）利用资产重组实现利润。上市公司尤其是经济效益较差的上市公司，如果已经连续两年亏损，在预计第三年仍然亏损并扭亏无望时，为了避免被摘牌的命运，可能会争取地方财政给予的补贴，但这种财政补贴方式是比较困难的，更多的上市公司会利用资产重组实现重组收益并争取扭亏为盈。资产重组往往具有使上市公司一夜扭亏为盈、避免被摘牌的神奇功效，因此资产重组也经常被上市公司当做"救命稻草"用于粉饰财务报告。通常情况下，上市公司在接近会计期末如果预计本年度仍将亏损，可能会采取债务重组这种资产重组方式，把一些闲置资产按较高的价格抵偿关联方债务，或者债务重组方虽然不能直接看出与上市公司有关联方关系，但该重组方出于某种目的愿意与上市公司联手造假，这时就会形成债务重组收益。另外还可以采用资产置换的资产重组方式，由关联方等将优质资产置换上市公司的劣质资产或者由关联方将盈利能力强的下属企业廉价出售给上市公司，都可以达到增加利润的目的。这种情况下资产重组的重要特征是上市公司与关联方之间进行的是不平等交易，交易价格一定是不公允的，这样才能达到虚增利润、粉饰会计报表的目的。

关联方交易的利润大都体现为"其他业务利润"、"投资收益"或者"营业外收入"，利用资产重组方式调节利润的行为不是经常性的，即使达到了扭亏的目的，但是实质上并不能提高上市公司的实际盈利能力，具有较大的欺骗性。如果与上市公司进行关联交易的关联方为国有企业，可能出现将国有企业的资产低价转移给上市公司或者将国有企业的利润转移给上市公司，导致国有资产流失的情况，会造成较大的危害。

六、利用财政补贴调节利润

地方政府为了政绩的需要或其他目的，有时候会以支付财政补贴的方式扶持本地区的上市公司。财政补贴的方式主要有增值税返还、所得税优惠、批复减免债务或直接给予补贴等，形式虽然多种多样，但都可以不同程度地提高上市公司的经营业绩。在获得了地方财政等的相关补贴后，许多公司脱离了亏损边缘或获得了配股资格。对业绩较好的公司可能较多地采取税收返还政策，可以使这些上市公司的业绩达到指标考核的要求；对业绩较差的公司可能主要采取直接给予补贴的方式，将上市公司从退市的边缘拯救回来。

七、利用资产评估消除潜亏挂账

按照《企业会计制度》的有关规定，企业的潜亏应按照一定的程序在利润表中予以体现。然而有些企业尤其是国有企业，利用在股份制改组、清产核资时允许按评估值调整相关账目的情况，通过各种手段影响资产评估过程，使资产评估结果对企业有利，将大部分资产评估增值，同时将以前未记入亏损额的潜亏挂账，如坏账、滞销和毁损存货、长期投资的损失、固定资产损失以及其他潜亏确认为评估减值，直接冲减所有者权益，而掩盖了企业经营者经营决策失误导致企业亏损的责任，达到了粉饰会计报告、虚增利润的目的。

八、采取隐瞒交易或事实的手段

报表使用者如果想充分了解公司的财务状况和经营成果等情况，仅仅看几张会计报表是不够的，还应该充分研读审计报告和会计报表附注，企业比较详细、具体的信息会在报表附注中披露。但如果企业要粉饰财务报告，可能会隐瞒很多对公司不利的交易或事实。上市公司经常会隐瞒的交易和事实主要有委托理财、重大诉讼、担保事项、其他事项等。

1. 委托理财

上市公司在发行新股或增发、配股过程中募集到的资金，应当按照募集资金项目进行专款专用，不能随意变更用途，证监会对于募集资金的使用情况也比较关注，要求在财务报告中披露募集资金的使用情况。但有很多上市公司违规使用募集资金，未经批准擅自改变募集资金用途，将募集资金用于委托理财。由于股市风险很大，即使上市公司冒险成功，但从股市中获得的收益毕竟不是公司的主业，不利于企业的长远发展。如果一旦冒险失败，将会血本无归。有些上市公司把募集资金体外循环，将证券市场上获取的现金收益用于归还销售货款，使企业虚假的主营业务收入更加逼真，增加可信度，这一做法将严重干扰投资者的判断，可能会导致投资者做出错误的决策。不管委托理财的结果如何，对于上市公司来说，委托理财的风险是很大的，而且用募集资金委托理财属于严重的违规行为，会受到证监会的严肃处理。因此，上市公司就会隐瞒用募集资金委托理财这一事实。例如，银鸽投资股份有限公司曾经将 1.2 亿元用于委托理财，虽然规定了保底条款，但因全部购买银广夏股票，后因银广夏股份有限公司受证监会查处而股价暴跌，投入资金基本上无法收回，才披露委托理财并发生损失这一事实。

2. 重大诉讼

有些上市公司可能面临重大诉讼，按照《企业会计制度》的相关规定，企业应按照诉讼的影响程度以及发生的时间，分别预计可能发生的诉讼损失，计入当期损益，或者要在报表附注中进行披露。可是涉及重大诉讼的上市公司担心预计诉讼可能发生的损失，会使企业利润大大降低，或者披露重大诉讼会对公司造成不利影响，因而隐瞒该重大诉讼，这也是一种粉饰会计报表的行为。

3. 担保事项

作为上市公司，如果为其他单位提供了担保，应该在报表附注中如实披露，然而有些上市公司心存侥幸，认为上市公司提供担保的事项不容易被发现，如果在担保到期时担保责任如期解除，不披露也不会发生问题。然而，如果在担保到期时，被担保人无法偿还到期债务，这时上市公司作为担保人就要承担连带责任，就有可能被债权人告上法庭。这时候为他人提供担保的情况可能就没法再隐瞒下去了，才会在发生诉讼的当期进行披露，这样的做法会严重损害投资者的利益，剥夺了投资者的知情权。例如，2001 年中关村股份有限公司为其参股公司北京中关村通讯网络发展有限公司的借款提供了 25.6 亿元的担保，占该公司净资产的 145%，然而中关村对该担保事项予以隐瞒，未及时履行信息披露义务。

4. 其他事项

上市公司出于某种目的，可能会采取隐瞒负债等其他事项来达到粉饰财务状况和经营成果的目的。例如，2003 年天一科技股份有限公司采用银行借款不入账，少计短期借款 1.69 亿元，由此少计当期财务费用 1 367 万元。除此之外，天一科技股份有限公司还隐瞒了 2.25 亿元的应付票据和 3.21 亿元的银行承兑汇票，隐瞒存货盘亏和毁损 4 453 万元的事实。

第三节　会计报表粉饰的识别方法

如何识别会计报表粉饰以评价企业的真实盈利能力，是广大会计信息使用者所关心的问题。针对我国企业粉饰会计报表的惯用手段,采用下列方法将有助于发现会计报表粉饰。

一、异常变动项目关注法

对于企业披露的会计报表和附注中相关项目的财务信息,以及企业重要的财务指标及财务比率的异常变动,报表使用者应当予以充分关注,尤其是异常变动项目。在审计中常使用分析性复核的方法来确定审计重点,作为报表使用者也一样,一定要关注重大的异常变动项目,那么如何确定哪些变动项目是我们要关注的重大异常变动项目呢?我们一般可以按以下标准来掌握。如果是资产负债表项目,当其变动率超过30%且占资产总额的比重达5%,或者利润表项目的变动率超过30%且占收入总额的比重达10%时,其就是我们要重点关注的异常变动项目。

在确定我们要关注的重大异常变动项目以后,我们要分析该项目的异常变动是否有合理原因,如果违背了行业的发展规律和企业自身的特点,很有可能这一报表项目就是经过粉饰的虚假财务信息,要予以剔除。例如,琼民源股份有限公司公布的1996年年报显示,净利润比上年同期增长1 290倍,一跃从"垃圾股"变成了投资者追捧的"绩优股",其利润的剧增引起了证监会的注意,1997年证监会正式介入调查,公布的调查结果显示,公司当年5.71亿元利润中有5.4亿元是虚构的。该利润是在未取得土地使用权的情况下,通过与关联方及他人签订的未经国家有关部门批准的合作建房、权益转让等无效合同编造的;同时该公司还虚增6.57亿元资本公积,其也是在土地使用权未经批准的情况下,通过对四个投资项目的虚拟资产评估编造出来的。

二、不良资产或虚拟资产剔除法

不良资产是指资产的质量差,丧失了部分价值或使用价值,或者资产不能参与企业的正常生产经营。总之,不良资产是指有问题的资产,基本已不能为企业带来预期的经济利益。而虚拟资产并不是真正的资产,而是一些已经发生的费用或损失挂账,只是由于权责发生制的要求或其他特殊原因,才予以挂账处理,这部分资产已不能为企业带来经济利益。这里所说的不良资产或虚拟资产,主要包括待摊费用、长期待摊费用、固定资产清理挂账、三年以上的应收款、毁损报废的存货以及无使用价值的无形资产等资产项目。不良资产或虚拟资产剔除法的运用主要是通过查看会计报表和报表附注中相关项目的说明,了解不良资产和虚拟资产项目的构成,对于待摊费用、长期待摊费用要看摊销政策,注意本年新增的待摊项目及期初待摊项目有无应摊未摊的,是否属于该科目核算的范围。对于固定资产清理长期挂账的,要看附注中解释的原因,一般情况下是可以作为损失项目直接剔除掉的。而三年以上的应收款收回的可能性比较小,为谨慎起见,作为报表分析者来说,也可以把它作为损失剔除。如果经过分析发现企业的不良资产和虚拟资产在资产中所占比重较大,则说明企业的财务状况差,持续经营能力可能存在问题,在以前年度可能存在虚增利润的行为。例如,红光实业股份有限公司在申报上市时,在其关键的生产设备已提足折旧,不能再继续正常生产的情况下,隐瞒这一重要事实,也未将不良资产剔除,该公司已被证监会严厉处罚。

三、异常关联方交易剔除法

异常关联方交易剔除法是指要分析关联方之间的关联交易项目，将异常的、违背公平交易原则的关联方交易所带来的收入和利润剔除。如果一个企业的收入和利润主要来自于关联方交易，那么会计信息使用者就应当特别关注关联方交易的定价政策，分析该项关联交易是否为关联方之间以不等价交换的方式进行的财务报告粉饰行为。关联方交易可能是虚构的交易，也可能是真实交易，但将关联方交易一方的利润转移到另一方。

由于我国的许多上市公司都是由集团公司（母公司）剥离一部分资产改制而成的，这种"先天不足"容易导致母公司与上市公司之间发生关联方交易。关联方交易最主要的形式是关联购销业务。为帮助上市公司操纵利润，母公司往往以较低价格向上市公司提供原料，又高价购买上市公司产品，让上市公司体现高额利润。利用关联方交易粉饰财务报告的方式主要有利用产品和原材料的转移价格调节收入和成本，此外，还有利用资产重组获取资产增值收益、利用委托经营方式获取高额利润、利用共同费用分摊或为其负担费用等方式调节利润等。以上关联方交易的形式除关联购销和分摊费用外，主要涉及"其他业务利润"、"投资收益"、"营业外收入"及"财务费用"等利润表项目。如果某项关联方交易经常发生，且其带来的利润额所占比重不大，那么我们不必重点关注，如果上市公司要从资本市场融资或处于可能要被摘牌的敏感时期，那么很有可能出现通过关联方交易进行的财务报告粉饰行为。如果该年度出现了一些新形式的关联交易，且交易金额比较大，那么通过关联交易造假的可能性将大大提高，要引起报告使用者的极大关注。

在具体分析识别关联交易时，要充分关注报表附注中有关关联方交易的说明。判断一项关联方交易是否异常的重要标志就是看关联方交易价格是否公允。将关联交易双方的交易价格与市价进行对比，对价格差距很大的关联方交易应予以充分关注。

为了规范关联交易行为的会计处理，财政部于 2001 年发布了《关联方之间出售资产等有关会计处理问题暂行规定》。该规定明确指出，对于上市公司与关联方之间的交易，如果没有确凿证据表明交易价格是公允的，对显失公允的交易价格部分，一律不得确认为当期利润，而应该作为资本公积处理。下面主要介绍关联方之间的正常商品销售的相关规定：如果上市公司对关联方进行正常商品销售，分两种情况分别处理。第一种情况是，若当期对非关联方的销售量占该商品总销售量的较大比例（通常为 20%及以上），应将对非关联方销售的加权平均价格作为对关联方之间同类交易的计量基础，并将按此价格确定的金额确认为收入。关联方之间实际交易价格超过确认为收入的部分，计入资本公积（关联交易差价）。第二种情况是，若商品的销售仅限于上市公司与关联方之间，或者与非关联方之间的商品销售未达到商品总销售量的较大比例的（通常为 20%以下），应按以下规定进行处理：实际交易价格不超过商品账面价值120%的，按实际交易价格确认为收入；实际交易价格超过商品账面价值120%的，将商品账面价值的 120%确认为收入，实际交易价格超过确认为收入的部分，计入资本公积(关联交易差价)。如果有确凿证据(如历史资料、同行业同类商品销售资料等)表明销售该商品的成本利润率高于20%，应按合理的方法计算。例如，按商品账面价值加上按最近两年历史资料等确定的加权平均成本利润率与账面价值的乘积计算的金额确认为收入，实际交易价格超过确认为收入的部分，计入资本公积(关联交易差价)。此外，其还对关联方之间的下列交易行为做出了明确规定，如非正常商品销售及其他销售、关联方之间承担债务、由关联方承担费用、委托及受托经营、上市公司与关联方之间占用资金等。

总之，在利用异常关联方交易剔除法时，应该按照财政部规定的基本原则和具体办法，分析这些关联交易的公正性，将不公正关联方交易所产生的利润从上市公司的利润中剔除掉，这样才能比较真实地反映上市公司的经营成果。例如，ST粤海发股份有限公司曾发生一笔关联交易，通过与子公司进行一笔资产交换，不仅掩盖了全部亏损，而且还获利2 000多万元。

四、异常利润剔除法

异常利润剔除法是指要对一些不经常发生的例外项目予以特别关注，分析其发生的合理性和账务处理的合规性。这些异常利润主要是通过资产置换、股权置换、债务重组、非货币性交易等手段实现的，主要在"其他业务利润"、"投资收益"、"补贴收入"以及"营业外收入"几个项目中核算。按照证监会的有关规定，这些项目应当作为非经常性损益项目扣除，报告使用者可以结合非经常性损益明细表及相关附注说明进行分析。如果经过分析以后认为这些利润的发生比较异常，作为财务报告使用者，应将该部分利润从企业的利润总额中剔除，以反映企业通过正常生产经营获取利润的能力。

五、其他方法

会计报表粉饰的识别方法还有很多，我们无法一一列举，下面再介绍两种现实中较常见的识别方法。

1. 利用利息资本化调节利润的识别方法

作为借款费用，其可以分为资本性支出和收益性支出两大类。企业为购建固定资产等专门借款所发生的利息费用，在固定资产达到预定可使用状态之前，应计入固定资产的成本予以资本化；在固定资产达到预定可使用状态之后发生的利息则应记入财务费用。正确划分借款费用的资本化还是费用化非常重要，因为借款费用金额一般都比较大，如果企业为了达到粉饰经营业绩的目的，把本应计入当期利润的财务费用却予以资本化，会对企业的经营成果造成很大的影响，使投资者无法做出正确的判断，以致发生投资损失。识别利用利息资本化调节利润有一定难度，一般来说要用大体估算的办法，如果予以资本化的利息支出额大于按在建工程项目的平均余额与银行借款利息率的乘积，那么可以肯定存在混淆资本性支出和收益性支出的情况，这时财务报告使用者就要引起充分关注。

2. 利用往来款项调节利润的识别方法

企业的往来款项主要包括反映销售业务的应收账款、预收账款，反映采购业务的应付账款、预付账款，以及反映企业应收（应付）、暂付（暂收）其他单位或个人款项的其他应收款和其他应付款等。对于上市公司来说，为了制造公司业绩良好、稳定增长的假象，可能较多地利用应收账款和其他应收款来粉饰财务报告。上市公司如果发现企业的利润难以达到预期水平，可能会采取虚增收入的办法，而虚增的收入是很难有款项收回的，这种情况会导致应收账款大量增加，作为财务报告分析者应重点关注企业应收账款披露的相关信息，关注一年以内应收账款是否增加很多，而且证监会要求上市公司披露公司销售前五名客户的名单及销售金额，这些都是分析虚假主营业务收入的重要线索。对于形成的应收款项，如果企业要消化掉，可能会采取退货的方式。但如果在财务报告批准报出前体现退货，会冲减退货当年的利润，这种做法会使退货当年利润有所降低，也不是上市公司希望得到的结果，因而上市公司可能会采取一直挂账，然后分期计提坏账准备的方式予以消化。对于企业长期挂账的应收账款，尤其是三年以上尚未收回的巨额应收账款，很有可能是以前期间虚做收入所导致的。有些企业明知这些应收账款已经形成坏账损失，但为了虚增利润却仍然挂账不予处理。识别利用应收账款造假的关键是要特别关注年末应收账款的变化情况，如果中期或期末有巨额的主营业务收入，很可能是发生了财务报告粉饰行为。

通过其他应收款虚增利润的方法主要是将已形成损失的资产转入其中而不体现亏损。在正常情况下，其他应收账款和其他应付款的余额不应过大，如出现余额过大的情况应关注报表附注中披露的前五名客户名单及销售金额，分析有无异常。

第四节　审计报告阅读及分析

会计报表是企业或其他组织管理者向外部信息使用者提供有关企业或组织财务状况、经营成果及现金流量等方面财务信息的手段。作为审计主体之一的注册会计师，以第三方的身份对企业或有关组织管理当局提供的会计报表进行检查，并对会计报表的合法性、公允性和一贯性以审计报告的方式做出独立鉴证，以增强会计报表的可信性。对于审计报告的阅读要关注其内容与格式、基本类型。而对于审计报告的分析要关注审计报告中的意见，这有助于鉴别财务报告中的数据、指标是否真实、可信。

一、审计报告的内容与格式

审计报告是指注册会计师根据《中国注册会计师审计准则》的规定，在实施审计工作的基础上对被审计单位年度会计报表发表审计意见的书面文件。审计报告是审计工作的最终成果，具有法定的证明效力。

1. 审计报告的内容

根据《中国注册会计师审计准则》的规定，审计报告应当包括下列基本内容：①标题；②收件人；③引言段；④管理层对财务报表的责任段；⑤注册会计师的责任段；

⑥审计意见段；⑦注册会计师的签名和盖章；⑧会计师事务所的名称、地址及盖章；⑨报告日期。

注册会计师可以根据需要，在审计意见段之后增加强调事项段。

2. 审计报告的格式要求

(1)审计报告的标题应统一规范为"审计报告"。

(2)审计报告的收件人是指注册会计师按照业务约定书的要求致送审计报告的对象，一般是指审计业务的委托人。审计报告应当按照审计业务的约定载明收件人的全称。

(3)审计报告的引言段应当说明：注册会计师审计了后附的被审计单位的财务报表，包括指明适用的财务报告编制基础规定的构成整套财务报表的每一财务报表的名称、日期或涵盖的期间以及重要会计政策概要和其他解释性信息。

(4)管理层对财务报表的责任段应当说明，编制财务报表是管理层的责任，这种责任包括：①按照适用的财务报告编制基础编制财务报表，并使其实现公允反映；②设计、执行和维护必要的内部控制，以使财务报表不存在由于舞弊或错误导致的重大错报。

(5)注册会计师的责任段应当说明下列内容：

第一，注册会计师的责任是在执行审计工作的基础上对财务报表发表审计意见。

第二，注册会计师按照《中国注册会计师审计准则》的规定执行了审计工作。

第三，审计工作涉及实施审计程序，以获取有关财务报表金额和披露的审计证据。

第四，注册会计师相信获取的审计证据是充分、适当的，为其发表审计意见提供了基础。

(6)审计意见段应当说明，财务报表是否在所有重大方面按照适用的财务报告编制基础编制，公允地反映了被审计单位的财务状况、经营成果和现金流量。

(7)审计报告应由注册会计师签名并盖章。

(8)审计报告应当载明会计师事务所的名称和地址，并加盖会计师事务所公章。

(9)审计报告应当注明报告日期。审计报告日不应早于注册会计师获取充分、适当的审计证据(包括管理层认可对财务报表的责任且已批准财务报表的证据)，并在此基础上对财务报表形成审计意见的日期。

二、审计报告的基本类型

注册会计师根据审计结果和被审计单位对有关问题的处理情况，形成不同的审计意见，出具标准审计报告和非标准审计报告。其中标准审计报告即无保留意见的审计报告，非标准审计报告包括带强调事项段的无保留意见的审计报告和非无保留意见的审计报告。其中非无保留意见审计报告包括保留意见的审计报告、否定意见的审计报告和无法表示意见的审计报告。

1. 标准审计报告

标准审计报告，是注册会计师对被审计单位财务报表不带说明段的无保留意见报告。无保留意见是指注册会计师对被审计单位的报表，依照《中国注册会计师审计准则》的要求进行检查后确认：被审计单位采用的会计处理方法遵循了会计准则及有关规定；财务报表反映的内容符合被审计单位的实际情况；财务报表内容完整，表达清楚，无重要遗漏；报表项目的分类和标准方法符合规定要求，因而对被审计单位的财务报表无保留地表示满意。无保留意见意味着注册会计师认为会计报表的反映是公允的，能满足非特定多的利害关系人的共同需要，并对发表的意见负责。无保留意见也是委托人最希望获得的审计意见，它表明被审计单位的会计控制制度较为完善，可以使审计报告的使用者对被审计单位的财务状况、经营成果和现金流量具有较高的信赖。

注册会计师经过审计后，认为被审计单位财务报表的编制符合下列情况时，应出具标准无保留意见的审计报告。

(1)财务报表的编制符合《企业会计准则》及国家其他有关财务会计法规的规定。

(2)会计报表在所有重大方面公允地反映了被审计单位的财务状况、经营成果和现金流量。

(3)注册会计师已按照《中国注册会计师审计准则》的规定计划和实施审计工作，在审计过程中未受到限制。

当出具无保留意见的审计报告时，注册会计师应当以"我们认为"作为意见段的开头，并使用"在所有重大方面"、"公允反映"等术语。

2. 带强调事项段的无保留意见的审计报告

(1)审计报告的强调事项段是指注册会计师在审计意见段之后增加的对重大事项予以强调的段落。强调事项应当同时满足下列条件：①可能对财务报表产生重大影响，但被审计单位进行了恰当的会计处理，且在财务报表中做出充分披露。②不影响注册会计师发表的审计意见。

(2)当存在可能导致对持续经营能力产生重大疑虑的事项或情况，但不影响已发表的审计意见时，注册会计师应当在审计意见段之后增加强调事项段对此予以强调。

(3)当存在可能对财务报表产生重大影响的不确定事项(持续经营问题除外)，但不影响已发表的审计意见时，注册会计师应当考虑在审计意见段之后增加强调事项段对此予以强调。

不确定事项是指其结果依赖于未来行动或事项，不受被审计单位的直接控制，但可能影响财务报表的事项。

(4)除以上两种情形以及其他审计规定的增加强调事项段的情形外，注册会计师不应在审计报告的审计意见段之后增加强调事项段或任何解释性段落，以免财务报表使用者产生误解。

(5)注册会计师应当在强调事项段指明，该段内容仅用于提醒报表使用者关注，并不影响已发表的审计意见。

3. 非无保留意见的审计报告

非无保留意见是指保留意见、否定意见或无法表示意见。

当存在下列情形之一时，注册会计师应当在审计报告中发表非无保留意见：

（1）根据获取的审计证据，得出财务报表整体存在重大错报的结论。

（2）无法获取充分、适当的审计证据，不能得出财务报表整体不存在重大错报的结论。

注册会计师确定恰当的非无保留意见类型，取决于下列事项：①导致非无保留意见的事项的性质，是财务报表存在重大错报，还是在无法获取充分、适当的审计证据的情况下，财务报表可能存在重大错报；②注册会计师就导致非无保留意见的事项对财务报表产生或可能产生影响的广泛性做出的判断。

注册会计师对导致发表非无保留意见的事项的性质和这些事项对财务报表产生或可能产生影响的广泛性做出的判断，以及注册会计师的判断对审计意见类型的影响见表9-1。

表 9-1　导致发表非无保留意见的事项与审计意见类型关系表

导致发表非无保留意见的事项的性质	这些事项对财务报表产生或可能产生影响的广泛性	
	重大但不具有广泛性	重大且具有广泛性
财务报表存在重大错报	保留意见	否定意见
无法获取充分、适当的审计证据	保留意见	无法表示意见

1）发表保留意见

当存在下列情形之一时，注册会计师应当发表保留意见。

（1）在获取充分、适当的审计证据后，注册会计师认为错报单独或汇总起来对财务报表影响重大，但不具有广泛性。

（2）注册会计师无法获取充分、适当的审计证据以作为形成审计意见的基础，但认为未发现的错报财务报表可能产生的影响重大，但不具有广泛性。

当由于财务报表存在重大错报而发表保留意见时，注册会计师应当根据适用的财务报表编制基础在审计意见段中说明：注册会计师认为，除了导致保留意见的事项段所述事项产生的影响外，财务报表在所有重大方面按照适用的财务报告编制基础编制，并实现公允反映。

当无法获取充分、适当的审计证据而导致发表保留意见时，注册会计师应当在审计意见段中使用"除……可能产生的影响外"等措辞。

2）发表否定意见

在获取充分、适当的审计证据后，如果认为错报单独或汇总起来对财务报表的影响重大且具有广泛性，注册会计师应当发表否定意见。

当发表否定意见时，注册会计师应当根据适用的财务报告编制基础在审计意见段中说明：注册会计师认为，由于导致否定意见的事项段所述事项的重要性，财务报表没有在所有重大方面按照适用的财务报告编制基础编制，未能实现公允反映。

3）发表无法表示意见

如果无法获取充分、适当的审计证据以作为形成审计意见的基础，但认为未发现的错报对财务报表可能产生的影响重大且具有广泛性，注册会计师应当发表无法表示意见。

当由于无法获取充分、适当的审计证据而发表无法表示意见时，注册会计师应当在审计意见段中说明：由于导致无法表示意见的事项段所述事项的重要性，注册会计师无法获取充分、适当的审计证据以为发表审计意见提供基础，因此，注册会计师不对这些财务报表发表审计意见。

三、审计报告与会计报表的关系

会计报表是企业或其他组织管理当局向外部信息使用者（包括所有者、债权人、雇员、政府部门、证券交易所及社会公众等）提供有关各项企业或组织财务状况、经济成果及现金流量等方面财务信息的手段。一般来讲，会计报表主要包括资产负债表、利润表（损益表）、现金流量表等，而报表的有关附注属于会计报表的有机组成部分。管理当局有责任或义务按现行的《企业会计准则》及时编制正确、完整的会计报表。

审计报告是审计工作的结果。注册会计师以第三者身份，对企业或有关组织管理当局提供的会计报表进行检查，并对会计报表的合法性、公益性和一贯性做出独立鉴证，以增强会计报表的可信性。所以，审计报告只是注册会计师表述审计结论的手段，它本身不包括被审计单位或组织的财务信息或具体数据资料，不能代替会计报表。

实际上，会计报表属于审计对象，其编制质量的最终责任是由管理当局而非注册会计师来承担的。注册会计师的责任只限于检查会计报表的合法性、公允性和一贯性。根据检查的结果，注册会计师可以发表不同形式的审计报告来表达意见，但他无权修改和编制会计报表。在审计过程中，注册会计师可以建议被审计单位根据《企业会计准则》的要求，调整和修改会计报表的内容或格式，或者被审计单位委托注册会计师根据检查结果代为编制审定的会计报表及其附注。可见，审计报告与会计报表是属于性质不同的两种报告文件。

另外，审计报告又与会计报表密切相关。它们通常要同时并列呈送委托人或正式对外公布。审计报告的重要作用是，对会计报表的合法性、公允性和一贯性加以鉴证，作为委托人和其他信息使用者信赖会计报表，并据以进行合理经济决策的直接依据。没有注册会计师鉴证，会计报表的可信性及使用价值就会打折扣。但是，如果审计报告编写不当，就会削弱会计报表的效用。审计报告的正确性取决于两个方面：一是审计证据的充分性与可靠性，二是审计结论或意见的适当表述。

四、从审计报告分析企业会计报表

财务报告向投资者提供了企业财务状况、经营成果与现金变动等方面的信息，但财务报告是由企业经营管理层编制和提供的，如果没有注册会计师对其审计、监督，财务报告提供信息的可靠性、真实性就值得怀疑，投资者就可能在不可靠信息的指引下做出错误的判断与决策。注册会计师按独立审计原则提供的财务报告，已替投资者就年报中财务报告的质量做出了专业的评判。注册会计师会从财务报告的公允性、合法性、一贯性等方面去审计上市公司所提供的财务报告是否已经对其财务状况、经营成果及现金变动情况公允反映，有无夸大和隐瞒业绩、亏损、资产、债务等情况；会计处理方法是否遵循了一贯性原则，从而得出审计意见，即无保留意见、保留意见、否定意见和无法表示意见四种。因此，投资者在看财务报告之前要特别重视对审计报告的分析。审计报告中的意见有助于投资者鉴别财务报告中的数据、指标是否真实、可信。

（一）标准审计报告分析

1. 标准审计报告举例

例如，××××会计师事务所的注册会计师在对 XYZ 股份有限公司的会计报表依照《中国注册会计师审计准则》的要求进行审查后确认：XYZ 股份有限公司会计报表的编制符合《企业会计准则》及国家其他有关财务会计法规的规定，会计报表在所有重大方面公允地反映了被审计单位的财务状况、经营成果和现金流量；会计处理方法的选用遵循了一贯性原则；其审计已按照《中国注册会计师审计准则》的要求，实施了必要的审计程序，在审计过程中未受到阻碍和限制；XYZ 股份有限公司会计报表不存在应调整而未予调整的重要事项。因而对 XYZ 股份有限公司的会计报表无保留地表示满意，出具了标准审计报告，如案例 9-1 所示。

【案例 9-1】

审计报告

XYZ 股份有限公司全体股东：

我们审计了后附的 XYZ 股份有限公司（以下简称 XYZ 公司）财务报表，包括 2011 年 12 月 31 日的资产负债表，2011 年度的利润表、现金流量表、所有者权益变动表以及会计报表附注。

一、管理层对财务报表的责任

按照《企业会计准则》的规定编制财务报表是 XYZ 公司管理层的责任。这种责任包括：①设计、实施和维护与财务报表编制相关的内部控制，以使财务报表不存在舞弊或错误而导致的重大错报；②选择和运用恰当的会计政策；③做出合理的会计估计。

二、注册会计师的责任

我们的责任是在实施审计工作的基础上对财务报表发表审计意见。我们按照《中国注册会计师审计准则》的规定进行了审计工作。《中国注册会计师审计准则》要求我们遵守职业道德规范，计划和实施审计工作以对财务报表是否不存在重大错报获取合理保证。

审计工作涉及审计程序，以获取有关财务报表金额和披露的审计证据。选择的审计程序取决于注册会计师的判断，包括对舞弊或错误导致的财务报表重大错报风险的评估。在进行风险评估时，我们考虑与财务报表编制相关的内部控制，以设计恰当的审计程序，但目的并非对内部控制的有效性发表意见。审计工作还包括评价管理层选用会计政策的恰当性和做出会计估计的合理性以及评价财务报表的总体列报。我们相信，我们获取的审计证据是充分、恰当的，为发表审计意见提供了基础。

三、审计意见

我们认为，XYZ 公司财务报表在所有重大方面已经按照权益会计准则的规定编制，公允地反映了 XYZ 公司 2011 年 12 月 31 日的财务状况以及 2011 年度的经营成果和现金流量。

×××× 会计师事务所　　　　　　　　　　　　中国注册会计师×××

（盖章）　　　　　　　　　　　　　　　　　　（签名并盖章）

中国××市　　　　　　　　　　　　　　　　　2012 年×月×日

2. 标准审计报告具体分析

无保留意见意味着注册会计师认为 XYZ 股份有限公司会计报表的反映是公允的，能满足非特定多数的利害关系人的共同需要，并对发表的意见负责。无保留意见也是委托人最希望获得的审计意见，表明被审计单位的内部控制制度较为完善，可以使审计报告的使用者对被审计单位的财务状况、经营成果和现金流量具有较高的信赖。

但注册会计师发表的是自己的判断或意见，不能对会计报表的合法性、公允性和一贯性做出绝对保证，以避免会计报表使用人产生误解，同时也可明确注册会计师仅仅承担审计责任，而并不减除被审计单位对会计报表承担的会计责任。

（二）带强调事项段的无保留意见审计报告的具体分析

带强调事项段的无保留意见的审计报告举例：

例如，×××× 会计师事务所的注册会计师在对北方股份有限公司的会计报表依照《中国注册会计师审计准则》的要求进行审查后，出具了带强调事项段的无保留意见的审计报告，如案例 9-2 所示。

【案例 9-2】

审计报告

北方股份有限公司全体股东：

我们审计了后附的北方股份有限公司（以下简称北方公司）财务报表，包括 2011 年 12 月 31 日的资产负债表，2011 年度的利润表、现金流量表、所有者权益变动表以及会计报表附注。

一、管理层对财务报表的责任（略）

二、注册会计师的责任（略）

三、审计意见

我们认为，北方公司财务报表在所有重大方面已经按照权益会计准则的规定编制，公允地反映了北方公司 2011 年 12 月 31 日的财务状况以及 2011 年度的经营成果和现金流量。

四、强调事项

我们提醒会计报表使用者关注，如会计报表所述，北方公司在 2011 年发生亏损 16 万元，在 2011 年 12 月 31 日，流动负债高于资产总额 45 万元。北方公司已在会计报表附注中充分披露了拟采取的改善措施，但其持续经营能力仍然存在重大的不确定性。本段内容不影响已发表的审计意见。

×××ㅡ会计师事务所 　　　　　　　　　　中国注册会计师×××

（盖章） 　　　　　　　　　　　　　　　　（签名并盖章）

中国××市 　　　　　　　　　　　　　　　2012年×月×日

通过分析审计报告，结合分析北方公司的具体情况发现，北方公司出现一定的营业亏损或营运资本减值。如2011年度冰箱生产不及上年的85.75％，且退货较多，正在组织对各销售网点的老型冰箱进行清理，目前清理损失尚无法估计；电热水器的新产品开发未能实现预期的效益，同时又因质量问题造成产品退货、停产等严重后果，导致了2011年度主营业务效益较大幅度地滑坡（其中库存产成品成本偏高及内在质量的影响将递延到以后年度）。另外，以前年度在公司成果中占有一定比重的股票投资收益，本年度也由于各种原因出现亏损。

（三）保留意见的审计报告分析

1. 保留意见的审计报告举例

××××会计师事务所的注册会计师在对东进股份有限公司的会计报表依照《中国注册会计师审计准则》的要求进行审查后，出具了保留意见的审计报告，如案例9-3所示。

【案例9-3】

审计报告

东进股份有限公司全体股东：

我们审计了后附的东进股份有限公司（以下简称东进公司）财务报表，包括2011年12月31日的资产负债表，2011年度的利润表、现金流量表、所有者权益变动表以及会计报表附注。

一、管理层对财务报表的责任（略）

二、注册会计师的责任（略）

三、导致保留意见的事项

东进公司2011年12月31日的应收账款数额为567万元，占资产总额的34％。其中一部分应收账款牵涉诉讼，一部分应收账款由于东进公司未能提供债务人地址，我们无法实施函证及其他审计程序，以获取充分、适当的审计证据。

四、审计意见

我们认为，除了前段所述未能实施函证可能产生的影响外，东进公司财务报表在所有重大方面已经按照《企业会计准则》的规定编制，公允地反映了东进公司2011年12月31日的财务状况以及2011年度的经营成果和现金流量。

××××会计师事务所 　　　　　　　　　　中国注册会计师×××

（盖章） 　　　　　　　　　　　　　　　　（签名并盖章）

中国××市 　　　　　　　　　　　　　　　2012年×月×日

2. 保留意见的审计报告具体分析

通过分析审计报告我们可以看到，东进公司的部分应收账款牵涉到诉讼案等或有关事项，一旦败诉，公司的资产可能受到一定的损失。大宗的应收账款、其他应收款也因账龄时间长或债务人经营困难，回收存在很大的难度，可能给公司造成较大损失。

(四)否定意见的审计报告分析

1. 否定意见的审计报告举例

例如，××××会计师事务所的注册会计师在对和胜股份有限公司的会计报表依照《中国注册会计师审计准则》的要求进行审查后，出具了否定意见的审计报告，如案例9-4所示。

【案例9-4】

审计报告

和胜股份有限公司全体股东：

我们审计了后附的和胜股份有限公司(以下简称和胜公司)财务报表，包括2011年12月31日的资产负债表，2011年度的利润表、现金流量表、所有者权益变动表以及会计报表附注。

一、管理层对财务报表的责任(略)

二、注册会计师的责任(略)

三、导致否定意见的事项

和胜公司将应计入财务费用的借款及应付债券利息7 035万元资本化计入了建造工程成本，予以资本化。同时，未计提所欠工商银行借款利息634万元，两项共影响7 669万元，从而导致和胜公司由盈利156万元变为亏损4 567万元。

四、审计意见

我们认为，由于受到前段所述事项的重大影响，和胜公司财务报表没有在所有重大方面按照《企业会计准则》的规定编制，未能公允反映和胜公司2011年12月31日的财务状况以及2011年度的经营成果和现金流量。

××××会计师事务所	中国注册会计师×××
(盖章)	(签名并盖章)
中国××市	2012年×月×日

2. 否定意见的审计报告具体分析

和胜公司的审计报告表明，和胜公司将应计入财务费用的借款和应付债券利息计入了建造工程成本，同时没有按照《企业会计准则》的规定计提所欠银行的借款利息，两项共影响7 669万元。因此，和胜公司的会计报表未能在所有重大方面公允反映该公司2011年12月31日的财务状况以及2011年度的经营成果和现金流量。

（五）无法表示意见的审计报告分析

1. 无法表示意见的审计报告举例

例如，××××会计师事务所的注册会计师在对胜益股份有限公司的会计报表依照《中国注册会计师审计准则》的要求进行审查后，出具了无法表示意见的审计报告，如案例 9-5 所示。

【案例 9-5】

审计报告

胜益股份有限公司全体股东：

我们审计了后附的胜益股份有限公司（以下简称胜益公司）财务报表，包括 2011 年12 月 31 日的资产负债表，2011 年度的利润表、现金流量表、所有者权益变动表以及会计报表附注。

一、管理层对财务报表的责任（略）

二、注册会计师的责任（略）

三、导致无法表示意见的事项

胜益公司未对 2011 年 12 月 31 日的存货进行盘点，该金额为 454 万元，占期末资产总额的 40%，我们无法实施存货监盘，也无法实施替代审计程序，以对期末存货的数量和状况获取充分、适当的审计证据。

四、审计意见

由于上段所述事项的重要性，我们无法获取充分、适当的审计证据以为发表审计意见提供基础，因此，我们不对胜益公司财务报表发表审计意见。

××××会计师事务所　　　　　　　　　　　中国注册会计师×××

（盖章）　　　　　　　　　　　　　　　　　　（签名并盖章）

中国××市　　　　　　　　　　　　　　　　2012 年×月×日

2. 无法表示意见的审计报告具体分析

根据审计报告提供的资料，胜益公司的存货不仅数额大，而且存放时间长，有些存货已经过时，质量存在严重问题。同时由于账面价值高于市价等原因，变现能力较差。公司因为存在这些不良资产，不但影响其正常经营发展，而且存在较大的或有损失，如果损失发生，将给企业的经营带来很大的风险。

主要参考文献

董学秀 . 2002. 财务报告分析 . 北京：石油工业出版社：107～108

弗里德森，阿尔瓦雷斯 . 2010. 财务报表分析 . 第三版 . 朱丽译 . 北京：中国人民大学出版社：86

李敏 . 2011. 财务报表解读与分析 . 上海：上海财经大学出版社：56～66

李忠波 . 2005. 企业财务报告分析 . 北京：科学出版社：212～217

刘德红，胡文萍 . 2003. 企业财务分析技术 . 北京：中国经济出版社：97～98

刘李胜，刘东辉 . 2011. 上市公司财务分析 . 第二版 . 北京：经济科学出版社：197～208

苏布拉马尼亚姆，怀尔 . 2009. 财务报表分析 . 第十版 . 宋小明译 . 北京：中国人民大学出版社：145

孙娟 . 2006. 财务报表分析 . 北京：清华大学出版社：27～29

田国双，郭红 . 2007. 财务会计报告分析 . 北京：科学出版社：114～119

张金昌 . 2002. 财务分析与决策 . 北京：经济科学出版社：17～18

张林，李新海 . 2008. 财务报告编制与分析 . 哈尔滨：黑龙江人民出版社：86～94

张先治 . 2006. 财务分析 . 第二版 . 大连：东北财经大学出版社：36～38

张新民 . 2001. 企业财务报表分析 . 北京：对外经济贸易大学出版社：45～57

张新民 . 2006. 企业财务报表分析案例精选 . 大连：东北财经大学出版社：58～67

中国注册会计师协会 . 2011a. 财务成本管理 . 北京：中国财政经济出版社：245～257

中国注册会计师协会 . 2011b. 会计 . 北京：中国财政经济出版社：245～257

中华人民共和国财政部 . 2006a. 企业会计准则 . 北京：经济科学出版社：137～186

中华人民共和国财政部 . 2006b. 企业会计准则——应用指南 . 北京：中国财政经济出版社：66～150